文史哲學集成

朱培庚編纂

歷代名賢典範

文史哲出版社印行

國家圖書館出版品預行編目資料

歷代名賢典範 / 朱培庚編纂. -- 初版 -- 臺北市：文史哲, 民 103.06
頁； 公分（文史哲學集成；654）
ISBN 978-986-314-184-6（平裝）

856.9　　　　103010041

文史哲學集成 654

歷代名賢典範

編　纂：朱培庚
出版者：文史哲出版社
http:// www.lapen.com.tw
e-mail：lapen@ms74.hinet.net
登記證字號：行政院新聞局版臺業字五三三七號
發行人：彭正雄
發行所：文史哲出版社
印刷者：文史哲出版社
臺北市羅斯福路一段七十二巷四號
郵政劃撥帳號：一六一八〇一七五
電話886-2-23511028・傳真886-2-23965656

實價新臺幣六六〇元

中華民國一〇三年（2014）六月初版

ISBN 978-986-314-184-6　　00654

卷前敬白

一、本書以短文撰述，簡明精要，一篇閱畢，只費三五分鐘。沒有偉論長談，符合現今忙碌社會之需求，絕不影響正務。

二、本書每篇，各自獨立，任翻一題，都可開始。若對某人不感興趣，大可跳過此頁，改看他篇。庶不致虛耗珍貴時光，應可各隨所愛。

三、本書諸篇，按性質暫分八類，使大致有所歸屬，以助瀏覽。但仍可互通互參：

勵志第一——志向要能遠大，事業跟著開創。

敦品第二——品格務求端正，舉止才會莊慎。

勤學第三——知識吸收廣泛，破解各種困難。

惜時第四——時間就是生命，敢不寸陰是競。

慎事第五——慮事儘量週到，快多好省精要。

擇友第六——善交貼心益友，臨危給我援手。

反諷第七——記取負面教訓，供作警惕借鏡。

雜範第八——全書二一二篇，敬請大家參研。

四、本書純是採摘前輩的實際言行，且均屬故事對話體裁，讀來似與群賢結友，親聞謦欬。絕不板起面孔說教，或假裝正經訓詁，避開嚴肅，遠離枯澀，應饒興味。

五、本書各篇，內容都純正良善，不談風花雪月，不涉吃喝牌賭，不講怪力亂神，也不預測股票漲跌，開卷應能獲益。

六、中華諸史，浩瀚深博無涯，碩彥高賢，世代繼承不絕。本書僅選錄二百一十二篇，遺珠尚多，深爲愧憾。

七、每篇正文，採用語體淺述，便於初覽。爲免杜撰胡謅，或疑郢書燕說，乃於篇末引附文言「原文」，註明出處，俾供對照，以證全有根源，並非揑造。淺嚐者可閱語體，深研者請究原文，各適其趣。

八、篇末附有「讀後」小語，或作簡評，或略申引。斯乃筆者淺見，尚待匡正。

九、本書賢哲，多達數百位。如欲查閱某人之言行範例，請自書末附錄「人名索引」中，按筆劃順序，查得其所屬之篇數，尋至該篇展看。

十、編者粗疏譾陋，識寫錯謬必多。敬請博雅方家，惠予糾訛補漏，不勝屏營盼禱之至。

中華民國一〇三年（公元二〇一四）蒲月朱培庚謹識於台灣台北

歷代名賢典範　目錄

勵志第一——志向要能遠大，事業跟著開創。

惜時第四——時間就是生命，敢不寸陰是競？

擇友第六——善交貼心益友，臨危給我援手。

反諷第七——記取負面教訓，供我警惕借鏡。

歷代名賢典範

勵志第一——志向要能遠大，事業跟著開創。

心之所向叫「志」，努力不懈叫「勵」。志要崇高，才會激發衝勁，力爭上游。若能決意堅持，必將大有成就。故勵志應爲首章。

一　班超投筆從戎

東漢明帝時代，誕生了一位立功異域的英傑之士班超（公元三三—公元一〇三），字仲升。是撰寫《史記後傳》班彪（公元三—五四）的次子，是著作《漢書》班固（三二—九二）的胞弟，他的胞妹班昭（約四九—一二〇），嫁給曹世叔，由於她是皇后的女老師，故敬稱爲「曹大家」（應讀爲曹大「姑」，是對她的尊稱）。可謂是書香家世。

班超少時便有大志，又勤於涉獵書籍，通經達史。但自父親早逝後，家況窮困，經常只能替官府作些抄寫謄繕的活計，掙得微薄的工資，來奉養寡母。久之，屢感煩苦而事業無成，不禁擲筆於地，歎道：「既然生爲大丈夫，就應該效法前朝傅介子（傅自勵云：「當立功絕域，何可坐事散儒？」後封義陽侯）、張騫（出使月支、匈奴、烏孫、大宛、康居等國，皆通於漢、封博望侯）。我也當立功外域，哪可長久消磨在禿筆破硯之間呢？」

同伴們都笑他妄生非分之想。班超自語道：「他們都只是庸碌小輩，哪能體會到壯士的高志？」他眞的不久就「投筆從戎」去了。

之後，班超任官爲蘭臺令使，同郭恂遠赴西域，出使到鄯善國（即樓蘭國，在今新疆省境內）。起初，國王禮敬甚恭，不幾天，態度轉爲疏慢。班超細心查察，得知是敵方匈奴使者也來了。班超當即決斷，必須迅作絕滅處置。他立刻召集隨行的屬官吏士三十六人，激勵他們的鬥志說：「不入虎穴，焉得虎子？」因趁夜火攻匈奴使者的營幕，斬首三十餘級。鄯善國王懼服了，乃向漢朝天子納貢稱臣。

漢明帝極爲贊賞班超的志勇，續派他多次遠使西域。班超接連建功：服于闐、通疏勒、降莎車、走龜茲、斬焉耆王廣，促使西域五十餘國，都歸附漢朝。班超經營西域，威震三十一年，官拜西域都護，受封爲定遠侯，故後人又稱他爲班定遠。

【原文一】 班超，字仲升，爲人有志，涉獵書傳。家貧，常爲官傭書養母。久勞苦，嘗輟業投筆歎曰：「大丈夫當效傅介子、張騫，立功異域，以取封侯，安能久事筆硯間乎？」左右皆笑之，超曰：「小子安知壯士志哉？」遂投筆從戎，任官蘭臺令使。與從事郭恂出使西域，到鄯善。起初禮敬甚備，後忽疏慢，知是匈奴使者來也。乃激勵其吏士三十六人曰：「不入虎穴，焉得虎子？」以火攻匈奴使者營帳，斬首三十餘級。鄯善懼，納貢於漢。帝壯超節，令再使西域，使五十餘國，歸附於漢，受封爲定遠侯。（南北朝・南朝・宋・范曄《後漢書》卷四十七・列傳第三十七）

【原文二】漢・班固，其弟班超，與母隨至洛陽。居貧，嘗爲傭書供養苦，因投筆歎云：「大丈夫猶當效傅介子，立功絕域，安能久爲筆硯困乎？」相士曰：「觀君虎頭燕頷，萬里封侯相也。」後果以平西域，功封定遠侯。（明・蕭良友《龍文鞭影》初集，卷下，「投筆班超」條）

【讀後】「立功異域，安事毛錐？」投筆從戎，洵爲高志；
「不入虎穴，焉得虎子？」封侯定遠，確是丈夫！

二　宗慤長風破浪

南北朝時期，南朝宋代，有位宗慤（音ㄑㄩㄝˋ唸確，謹也，誠也），字元幹（公元？—公元四六五），南陽人，是宗炳（公元三七五—四四三，宋武帝任他官，不就，曰：「豈可於王門折腰爲吏耶？」）的姪兒。少年時，叔父宗炳問他的志向爲何？宗慤揚聲答道：「願乘長風破萬里浪。」

後來，宗慤官任豫州（古代九州之一，在今河南省境，故河南簡稱豫省）太守。但他說：「守得一州，卻僅斗室，怎能展布我的宏志？」

此後，升任振武將軍，剿平劉邵，討伐林邑（小國名，《南史》有「林邑國傳」，按即今安南順化等地），攻克佔領了。那林邑國府的珍寶堆積如山，但宗慤秋毫不取，歸來時，僅帶回枕被而已。後封爲洮陽侯。

【原文一】宗慤，字元幹，南陽人也。年少時，叔父宗炳問其志？宗慤曰：「願乘長風破萬里浪。」後爲振武將軍，左衛將軍，謚曰肅侯。（南朝、梁、沈約：《宋書》、卷七十六、列傳第三十六）

【原文二】南北朝宗慤，字元幹，宗炳之從子。少時，叔父問所志？答曰：「願乘長風破萬里浪。」仕劉宋（劉裕的宋朝，以別於趙匡胤的趙宋）爲豫州太守，曰：「得一州如斗大，何足展吾志？」後爲振威將軍，伐林邑，克之。珍寶山積，秋毫不染。歸唯枕被而已。後封洮陽侯。（明、蕭良有：《龍文鞭影》、卷一、「乘風宗慤」條）

【讀後】「士何事？士尚志。」這是《孟子‧盡心上》訓勵我們的話。由於志向高卓，目標才會遠大。然而亦須衡量自身才智的高低強弱，能否駕風頂浪？否則也僅是空自矜誇而已。唯有那堅實穩固的巨大海船，始可馭長風，衝大浪，逕駛萬里，安達彼岸，豈不快意也哉，王勃《滕王閣序》云：「慕宗慤之長風」，即指此一「志」範。

三　李絳要匡正國家

唐代忠耿正直弼臣李絳（七六四—八三〇），字深之。唐憲宗繼順宗即帝位（八〇六—八二〇在位），李絳官居宰輔，就以匡正政風、諫諍政務爲己任。有一次，由於他在奏稟裡極度放言揭發宮內宦官們的縱權恣欲、與外邊藩鎮們的進貢獻媚等事的文詞太激烈了，唐憲宗心生怒意，大聲責問道：「你所指責和論奏的諸多弊害，言詞爲甚麼如此偏急，太過分了！」

李絳答奏道：「愚臣所諫諍的事，對我而言，開罪於權貴，必然惹來禍害。但倘能革除惡弊，對國家必定有利。我若愛惜自身，忍著不講，那是辜負陛下的恩澤。然而如果因直諫而招致罪罰，那恐怕是陛下沒有顧惜臣子的一片忠誠。倘若因敢講話而陛下處罰我，讓我以後緘默不言，那也非社稷邦國之福也。」

這番稟告，李絳說得坦誠懇切，憲宗聽到，怒氣消了，轉而柔聲慰勉他說：「別人所不敢講的話，你毫不保留的都說了出來，讓我知道了許多偏差和失誤，聽到了以往都還未明瞭的錯謬，你立志要匡助國家，眞是一位忠貞誠懇兼有耿直氣節的好臣僚。你的心意，我接受了。」

【原文】李絳，字深之。憲宗即位，李絳以匡諫爲己任。後因極論中官縱恣、方鎭進獻等事，憲宗怒，厲聲曰：「卿所論奏，何太過耶？」絳奏曰：「臣所論諫，於臣無利，是國家之利。若惜身不言，是臣負陛下也。若以此獲罪，是陛下負臣也。使臣緘默，非社稷之福也。」憲宗見其誠切，改容慰之曰：「人所難言者，卿悉言之，使朕聞所不聞，眞忠正誠節之臣也。」（後晉、劉昫《舊唐書》、卷一百六十四、列傳第一百一十四）

【讀後】位居大臣，應當常爲國事進言，才叫忠藎。倘如緘默不說，那是對職責有虧。進言時，若用軟語溫言，聽者常會忽略，難起作用。故多以較激之說詞，俾能引起注意。一旦採納，便有良效。只是，一切摘奸發伏之舉措，都會得罪一干皇親國戚，或是顯貴高官，假如反撲回來，那就須挺身承受。大凡忠貞諤士，行事爲國爲公，不計個人利弊。這就要看言者的志在糾邪，而尤盼聽者的全心趨善了。

四　陳蕃欲掃除天下

東漢時代，有位陳蕃（?—一六八），字仲舉。祖父曾任河東太守。當陳蕃十五歲時，曾獨自閒居於一室，但室外有蕪生野草，屋內有穢棄雜物，經年無人清理。

他父親的同鄉好友薛勤有一天來看他，順口問道：「小伙子爲何不刈除院外亂草，清掃庭中雜物？也好接待賓客！」

陳蕃雖然年輕，卻慨然答道：「大丈夫處世，應該以掃除天下塵垢爲職志，哪可局限於一隅或是一個小房間？」

薛勤聽了，知悉陳蕃這小子懷有澄清世界的大抱負，深爲驚異。之後，陳蕃歷任樂安太守、光祿勳、太尉、太傅，爲當世所敬重，高潔之士，都歸附於他門下。

【原文】陳蕃、字仲舉，祖曾爲河東太守。蕃年十五，嘗閑處一室，而庭宇蕪穢。父友同郡薛勤來候之，謂蕃曰：「孺子何不灑掃以待賓客？」蕃曰：「大丈夫處世，當掃除天下，安事一室乎？」勤知其有清世之志，甚奇之。（南朝宋、范曄：《後漢書》、卷六十六、列傳第五十六）

【讀後】志向力求遠大，要能掃除天下；不爲陋室所拘，應使兆民大化！

五　伏波馬革裹屍

東漢時代的馬援（公元前一四—公元後四九），字文淵，茂陵（今陝西省興平縣）人。少年時就有大志。哥哥馬況評論他說：「你有大才大能，到晚年當成大器。」建武四年（漢光武帝劉秀年號，即公元廿八年），馬援到洛陽，面見光武帝時，坦誠訴說：「當今之世，非獨君擇臣，臣亦擇君。」這種論調，別人還未說過。

建武十一年，馬援任隴西太守，擊先零羌大勝。十七年，官伏波將軍。十九年，遠征交阯，封新息侯。馬援曾對人述志，他強調說：「大丈夫立定大志，雖遇窮苦，仍應日益堅定；雖屆老年，尤當日益健壯（原文曰：丈夫爲志：窮當益堅，老當日壯）。」

他領軍遠征時，向大衆宣告說：「男兒當死於邊野，以馬革裹屍還。」之後果眞卒於軍中，謚曰忠成。

他六十二歲時，仍能披戴盔甲，跨上馬鞍，昂首顧盼，雄姿英發。光武帝贊道：「矍鑠哉（年高而體能輕健）這老人家，別人都比不上。」曹操《東門行》也說：「老驥伏櫪，志在千里，烈士暮年，壯心不已。」

到了唐代，有位馬璘，是馬援之孫，他毋忝乃祖之志，也爲名將，見原文二。

【原文一】馬援，字文淵，少有大志，兄馬況曰：「汝大才，當晚成。」建武四年，見光武帝，曰：「當今之世，非獨君擇臣，臣亦擇君。」十一年夏，爲隴西太守，擊先零羌大勝。嘗謂賓客曰：「丈夫爲志，窮當益堅，老當日壯。」十七年，爲伏波將軍，平定交阯，封新息侯。援曰：「男兒當死於邊野，以馬革裹屍還。」後果卒於軍。二十四年，時年六十二，援披甲上馬，據鞍顧盼，光武帝笑曰：「矍鑠哉是翁也。」（南朝宋、范曄：《後漢書》、卷二十四、列傳第十四）

【原文二】唐、馬璘、伏波將軍馬援之孫也。嘗讀《馬援傳》，至「大丈夫當死於邊，以馬革裹尸還。」慨然曰：「可使吾祖勛葉墜地乎？」遂發憤，爲名將。（宋、歐陽修：《新唐書》：、卷一百三十八、列傳第六十三）

【讀後】窮且益堅，老當益壯；馬革裹尸，邊野就葬。
伏波將軍，矍鑠是翁，誰來繼志，有孫馬璘。

六　馮諼焚券市義

戰國七雄中的齊國，有位名士叫馮諼（他的名字有三變，《戰國策》作馮諼，《史記》作馮驩，《龍文鞭影》《康熙字典》作馮煖），投附於孟嘗君（戰國時四公子之一，姓田名文，門下食客三千，孟嘗君爲其號），作爲門客之一。

有一天，孟嘗君詢問衆門客曰：「有誰熟習會計，能替我往薛邑（田文的封地）去收討債務的嗎？」馮諼說：「我能。」於是治裝驅車，載著債券契約借據，遠行前往。

到了薛邑，馮諼約集衆多的債民欠戶到齊，把各人的債券契約以彼此的正副本一一合對無誤後，他即席揚聲宣告說：「我奉主公孟嘗君之命，所有的欠債全部免收，無條件的贈送給各位債務人，不必償還了。」同時將那幾大捆債券全部當衆燒毀乾淨。全體債民，歡聲雷動，都感激孟嘗君的大恩大德，高呼萬歲不止。

無事一身輕，馮諼驅車回來，孟嘗君覺得他辦事爽捷，問道：「欠債都收齊了嗎？」

馮諼回道：「債都收了，一筆不漏。」

孟嘗君又問：「債收了，你替我買了甚麼珍物回來？」

馮諼婉釋道：「我在離府出發之前，曾經請示問道：『收債之後，要買甚麼回來？』

主公你指示我說：『你看我家裡缺少甚麼，就買甚麼好了。』我私下觀察：覺得府裡珍寶滿內宮，狗馬盈外廄，美女集後院，所短缺的只是『義』而已，我就焚券為府上買義。」他把經過都稟告了。

債券已燒，那空洞的義買了也看不到。但事已至此，爭也無補。孟嘗君只好算了。那知一年之後，孟嘗君的丞相官位被免除了，他只好返去原有封地薛邑。歸途還隔百里時，薛地民衆扶老攜幼，整天候在道旁迎接他。孟嘗君此刻不禁對馮諼感歎道：「馮先生為我市義，今天我才看到了。」

齊王廢了孟嘗君，後來仍賴馮諼之力，恢復了他的相位，事見《史記》卷七十五。類同的史事，尚有隋代的李士謙，也有「燔契」焚券之義舉，請見【另文】。錄自魏徵所撰《隋書》卷七十七，當屬確事。

【原文】齊人有馮諼者，附孟嘗君門下。後孟嘗君問：「誰能為文收債於薛？」諼曰：「能。」於是載契券。辭曰：「債收畢，以何市而反？」孟嘗君曰：「視吾家寡有者。」驅而之薛，召諸民，悉來合券。以債賜諸民，燒其券，民稱萬歲。長驅回齊。孟嘗怪其疾也，曰：「債畢收乎？」曰：「收畢矣。」「以何市而反？」諼曰：「臣密計君，宮中積珍寶，狗馬實外廄，美人充下陳，所寡者義耳，竊為君市義！」後期年，孟嘗君就國於薛，未至百里，薛民扶老攜幼，迎道中終日。孟嘗顧謂諼曰：「先生所市義，乃今日見之。」（漢、劉向：《戰國策》

卷十一、齊四）

【另文】隋代李士謙，字子約，每以施賑爲務。曾出粟數千石，貸予鄉人。値年穀歉收，債家無粟償還。士謙曰：「吾家多餘之粟也。本圖賑贍，豈求利哉？」於是悉召債家，爲設酒食，對之燔契（當面焚燒欠粟契券）。曰：「債已了矣（欠債已清了），幸勿爲念也。」趙郡（士謙係趙郡平棘人）農民咸德之。比卒，郡人聞而流涕，會葬者萬人，相與樹碑於墓。（唐・魏徵《隋書》卷七十七，列傳第四十二）

【讀後】誰可收債？馮諼説能；合券既畢，契約盡焚。
矯命宣達，免償惠民；人人感戴，眾口歡騰。
孟相免職，返薛存身；未至百里，夾道恭迎。
當初市義，此日見功；馮氏志卓，史蹟留芬。

七　何遠不妄語

南北朝時期，南朝的梁代，有位何遠（四七〇—五一二），字義方。梁武帝（即蕭衍，受齊禪，自五〇二—五四九在位）時，何遠官任武康令，一心磨礪自己的廉能和志節。後來調升爲東陽太守，更是謹言愼行，說話用語，從來不虛誇或狂妄，這是他的天性。

每當他與人交往，都向對方申言說：「你們如果能夠抓到我在何時何地說過一句半句虛妄之言，我就拿一匹新縑（用素絲織成的細絹叫縑）來答謝。」

大家隨時都在注意聽他說話，卻一直捕捉不到他的妄語戲言。

後來他升任爲征西諮議參軍司馬。

今另述一輕鬆妄語以增趣：西晉張鎭（官任蒼梧太守，故稱張蒼梧）是張憑（後於簡文帝時任太常博士）的祖父。有一天，張鎭對張憑的父親說：「我不如你。」憑父不懂其意。張鎭說：「你有個好兒子呀！」這話是說：我的兒子是你，你不出衆，你有個好兒子張憑，聰明俊慧，所以我不如你呀！張憑那時年幼，莊敬的婉言說道：「爺爺呀，怎麼可以拿我這小孫子來嘲弄我的父親呢？」請參閱【另文】。

【原文】南北朝南朝梁、何遠，字義方。他出言不妄。梁武帝時，爲武康令，愈勵廉節。後爲東陽太守，言不虛妄，蓋天性也。何遠每語人曰：「卿能得我一妄語，則謝以一縑。」眾共伺之，終不能得也。後起爲征西諮議參軍司馬。（唐、姚思廉：《梁書》卷五十三、列傳第四十七。又見：明、蕭良友：《龍文鞭影》二集、下卷、「遠語無妄」條）

【另文】張蒼梧，是張憑之祖。嘗語憑父曰：「我不如汝。」憑父未解所以。蒼梧曰：「汝有佳兒。」憑時年數歲，斂手（以示恭敬）曰：「阿翁（祖父呀），詎（豈可）宜以子戲父？」（南朝宋、劉義慶《世說新語》排調第二十五「張蒼梧」條）

【讀後】《管子．山至數》說：「不通於輕重，謂之妄言。」《大乘義章》說：「言不當實，稱爲妄言。」《莊子．齊物論》說：「予嘗爲汝妄言之，汝亦妄聽之。」《紅樓夢》亦云：「姑妄言之妄聽之。」凡是荒誕不實，虛僞矯詐都叫妄。興起此念的叫妄心，生此幻覺的叫妄想，口出此話的叫妄語，有此劣行的叫妄人。想要戒除那些夸言浪語，甚難做到。無傷大雅的妄言戲語，時有所聞。尤其在笑談之間，犯之而不自覺。可否你我都來學一學何遠，好嗎？

八　契必捨敵仇

初唐時代，有位契必何力（？——六七七，突厥人，後受封爲郕國公），唐太宗（五九七——六四九）時，官任左領軍將軍，甚得唐太宗之信任。

太宗遠征遼東（今東北遼寧省一帶），特派何力爲前軍總管，就是打先鋒的部隊。大軍推進到白崖城時，契必何力的所部被敵方圍困，兩軍相接，掀起了肉搏之戰。敵將猛衝過來，對方用刺矟刺入何力腰部，傷口很深，幾天後，起了爛瘡，病得很重。唐太宗且親手爲他敷藥，將息許多天，才勉強康復。

白崖城終於被唐軍攻下來了，唐太宗發佈軍令，即時抓到了刺傷契必何力的敵方武將高突勃，押付何力，命他親自斬殺報仇。

契必何力回奏道：「凡是一隻狗或一匹馬，都會效忠它的主子，何況是人？這個刺我的敵將，也是爲他的主帥效力。何況他捨命冒著萬險從許多白刃子危陣中衝過來刺傷我，也眞正是一位有大勇的戰士。他與我素不相識，更不是私底下有冤仇。旣是各自爲公，就不必記恨報復了吧！」

契必何力赦免高突勃了。

【原文】契苾何力，唐太宗時爲左領軍將軍。太宗征遼東，以何力爲前軍總管。軍次白崖城，爲賊所困，被稍中腰，創重疾甚，太宗親爲傅藥。及拔賊城，敕求傷之者高突勃，付何力自殺之。何力奏言：「犬馬猶爲其主，況於人乎？彼亦爲其主也。況致命冒白刃而刺臣，是誠義勇士也。本不相識，豈是冤讎？」竟捨之。（五代、後晉、劉昫：《舊唐書》、卷一百九、列傳第五十九。又見：唐、劉肅：《大唐新語》「契苾何力」條）

【讀後】契苾何力，爲突厥族人。出身行伍，一介武夫，料想他沒有研讀過儒家「不念舊惡，怨是用希」的格言吧（見《論語．公冶長第五》）？但他這番不念舊惡的讜論，說得簡潔明白，透徹而直接，卓識超人，實不多覯也。

九　史可法四十無兒

明代史可法（一六〇一——一六四五），字憲之，一字道鄰，祥符人（即今河南開封市），崇禎元年進士。後任官爲太子太保、太子太傅、太子太師。清兵南侵，他督師揚州抵抗，城破被害。

他已是四十多歲了，還沒有子女。在那個時代，絕後是最大的不孝，延續香火之傳是極爲重要的事。妻子建議他納妾，生個兒子，也好傳宗接代。史可法歎息道：「國事方在緊劇危難之秋，死生都已置之度外，哪還有多餘的閒暇，來考慮自家的兒女傳承？」

他在揚州，領軍守城抗清。到除夕了，還在軍營中撰寫奏報皇帝的稟牘。已經熬到半夜了，一時感到疲倦，想要找點殘酒來提神。廚司說：「殘酒還剩有小半瓶。過年本來有肉，但除夕晚餐時已經都分給軍士們去團年辭歲，沒有餘留，無物可以佐酒了。」

史可法就用一些鹽豆豉（乾的鹹味豆品）來下酒。

他一直沒有兒子，就認副將史德威爲後嗣，並且交代說：「我死後，葬我於高皇帝陵墓之旁就好了。」到清代乾隆年間，追謚忠正，有《史忠正集》傳世。

【原文一】史可法，字憲之，祥符人，崇禎進士。歷官太子太保、太子太傅、太子太師。年四十餘，無子。其妻欲置妾。可法太息曰：「王事方殷，敢爲兒女計乎？」在軍中，歲除、撰文牘、夜半倦、索酒。庖人曰：「殽肉已分給壯士，無可佐者。」乃取鹽豉下之。（清、張廷玉《明史》卷二百七十四、列傳第一百六十二）

【原文二】明、史可法，字憲之，一字道鄰。官右僉都御史。巡撫皖豫各地，攻剿流賊，數有功績，拜南京兵部尚書。福王立，加英武殿大學士，開府揚州。後清兵敗流寇，乘勝南下，清將多爾袞致書勸降，卻之。揚州城破，被擒，遂遇害。

（清、隱名氏：《拙子淘沙集》、忠義）

【讀後】本篇記述史可法國爾忘家，彰於「史」籍。志節高卓，丕烈「可」欽。死而無後，忠義堪「法」也。按史公殉難揚州，揚州市民葬以衣笏塚于梅花嶺。後人尊稱爲史閣部。謚忠靖。清乾隆年追謚忠正。有《史忠正集》行世。

十　崔孝直五八拒謚

南北朝的北魏時代（又稱元魏、拓跋魏、後魏，以別於三國時的曹魏），有位崔孝直，字叔廉（魏書説字叔廉、北史則説字叔廣），是崔挺（北魏孝文帝時任光州刺史）的兒子。早歲就有大志，任官司空行參軍、散騎常侍、宣威將軍、寧遠將軍、征虜將軍，平定蠻夷之亂，轉直閣將軍、通值散騎常侍，後來又任安東將軍，光祿大夫，歷經甚多文武職位，直到五十八歲逝世。

他臨終時，召集兒輩們告誡道：「我雖歷任多個官位，但自知才學粗疏，能力淺薄，對國家沒有甚麼大的功勳，深感慚愧。

我死之後，如果朝廷要以謚號（人死後，朝廷按其功迹爲之立號叫謚）頒贈給我，你們不要領受。若想干求賞賜，那就不是我的兒子。

再者，我死後，只須用普通的素淨衣服裝殮，祭祀時也不要殺生，那種屠宰豬羊生命來爲我祈福是殘忍的，不合情理的，素食就可以了。」

兒子們都敬謹遵行遺命。

【原文】崔孝直，字叔廉，崔挺之子也。早有志尚。起爲司空行參軍，尋爲散騎常侍、宣威將軍，轉寧遠將軍、征虜將軍，平定蠻夷亂，還轉直閣將軍、通值散騎常侍。後除安東將軍、光祿大夫。年五十八卒。命諸子曰：「吾才疏效薄，於國無功。若朝廷欲加贈謚，不得祇受。若致干求，則非吾子。殮以時服，祭勿殺生。」其子皆遵行之。（北齊、魏收《魏書》卷五十七、列傳第四十五）

【讀後】 謚號是國家經隆重議定，頒賜給逝世之重臣，以表彰其功德，兼以激勵來茲者。崔孝直卻是直率而謙虛，立功不受賜謚，兒輩不可干求，死後不殮華衣，祭享不殺生命，此四「不」者，都是別人所企盼而爲他所拒阻，其志趣洵是高超，足爲吾人之典範。

十一　陶侃運甓

陶侃（二五九—三三四），晉代人，字士行。做過江夏太守、武昌太守、荊州刺史、江州刺史、湘州刺史、廣州刺史，後來官任太尉。

當他任職州刺史時，不願讓體能日漸懈怠，便在州府的書齋裡，堆放了一百塊磚，他每天早晨，將這一百塊磚搬到室外，到傍晚又搬回室內，日日如是，未曾停息。

有人不解，問道：「刺史大人，您這樣每天搬磚，用意何在？」

陶侃解釋說：「我一直想要致力於收復中原（時當五胡亂華之初，陶侃有規復之志），假如日子過得太優閒，體能會漸衰退，一旦有事，恐怕就無力擔當了。」他激勵意志，鍛鍊身體，平時都未敢鬆懈。

他秉性聰敏，對公務十分盡力。衙裡衙外的事，千緒萬端，沒有一樁遺漏。公文函牘，都親手處理，運筆如飛，從未耽擱。賓客來訪，沒有停過。他常勸人說：「我們活著，倘若對當時無益，死了，也身後無名，那就是自暴自棄而已（原文精警：生無益於時，死無聞於後，是自棄也）。」

他的部屬，所有的參謀佐吏，如果因酗酒或賭博而延誤公務的，他就把那些酒樽酒鐺和骰子籌碼等物，統統丟入大江河水中。

【原文】陶侃爲江夏太守、武昌太守、荊州刺史、湘州刺史。侃在州無事，輒朝運百甓於齋外，暮運於齋內。人問其故，答曰：「吾方致力中原，過爾優逸，恐不堪事。」其勵志勤力，皆此類也。侃性聰敏，勤於吏職，政事千緒萬端，罔有遺漏。遠近書疏，莫不手答，筆翰如流，未嘗壅滯。引接疏遠，門無停客。常語人曰：「生無益於時，死無聞於後，是自棄也。」諸參佐以戲廢事者，乃取其酒器蒱博之具，悉投之於江。（唐、房玄齡《晉書》卷六十六、列傳第三十六。又見：司馬光《資治通鑑》晉紀、太寧三年）

【讀後】運甓是習勞，習勞求體健，將來才有力氣挑重擔也。生要有益於當時，死要有聞於後世，這就是大志。此外，公元三二二年至三二四年，陶侃曾駐節湖南省湘潭縣，在壺山（陶公山）建有衣冠墓，有墓聯云：「百甓勤勞博茅土，八州都督剩松楸。」另又有詠贊陶公詩句云：「郡齋勞運甓，光陰惜寸分。」都值得我們崇敬。

十二　陳餘受笞

立大志，就當忍小忿。

秦始皇滅了魏國，聽說魏國首都大梁（今河南開封）有位張耳（公元前？—前二〇二）享有賢名。同郡還有位陳餘（前？—前二〇四），好儒學，與張耳爲刎頸交。兩人既都是名士，對秦國一統天下之霸業將有妨害，便懸出賞格，通令天下搜求捕殺。捉到張耳的賜千金，抓到陳餘的賞五百。

張陳兩人，爲求保命，便改名換姓，一同躲往陳國（小國，今河南淮陽縣，後滅於楚），隱身充當閭里間的看門守衛之人，勉強維持衣食。

管理閭里的那個小吏，是他倆的長官。有一次，因細事對陳餘不滿，罰他仆在地上，用竹鞭打他股腿。陳餘不能忍受，想要起身反抗。張耳暗中用腳踩著他，示意不要抗拒，強行忍耐，接受鞭笞。

事過後，張耳領著陳餘，來到郊外桑田樹下無人之處，忠告他說：「當初我與你約好逃難的誓言是怎麼講定的？秦始皇出了重賞，要斬我倆的頭，你我隱姓埋名，屈身暫作看門人，爲了甚麼？乃是要等待時機，決志於將來創一番大事業，此志不可忘記。今天你受了一點小侮辱，你不忍受，難道値得爲這個小吏而拼將一死嗎？」陳餘覺得有理，心裡也坦然了。後來，張耳封爲趙王，陳餘也做了代王。

【原文】秦滅魏，聞張耳陳餘爲魏之名士，購求有得張耳千金，陳餘五百金。張耳陳餘乃變姓名，俱之陳，爲里監門以自食。里吏嘗有過笞陳餘，陳餘欲起，張耳躡之，使受笞，吏去，張耳乃引陳餘之桑下而數之曰：「始耳與公言何如？今見小辱，而欲死一吏乎？」陳餘然之。（漢、司馬遷《史記》卷八十九、列傳第二十九）

【讀後】歷史上多有忍小辱以成大事者，如韓信忍胯下之辱，張良有進履之卑。若是睚眦必報，似非眞正豪傑，也不算是實際的勇武。蘇軾說：「天下有大勇者，猝然臨之而不驚，無故加之而不怒，因其志甚遠也。」陳餘淺躁，張耳深沉。應知大丈夫遇到難關，必須能屈能伸，乃可遂其宏「志」也。

十三　文天祥成仁取義

南宋文天祥（一二三六——一二八二），江西吉水人。兒童時代，看到學宮裡奉祀了先賢遺像，有歐陽修、楊邦義、胡銓，都是志高品端的人，死後國家都賜以「忠」爲諡號。文天祥甚爲仰慕，自勉說：「死後如不奉祀在此，不能算是大丈夫。」

二十歲時，考上了進士，在集英殿參加殿試，這是「對策」之皇試，以論斷國家政策之走向來觀其抱負。宋理宗親自主持，文天祥以「法天不息」爲主旨，寫爲宏文，長達一萬多字，沒有打草稿，一揮而就，理宗親拔爲第一，後來做到右丞相。

元世祖忽必烈至元十五年，元軍統帥張弘範督兵攻宋，打進潮陽（屬廣東省），文天祥被俘虜了。推到張弘範面前，兩旁武士喝令文天祥下跪，天祥不爲動。張弘範原本敬佩他，便改以客禮相見，要他寫信招降沿江副使張世傑（?——一二七九，抗元，封越國公）。文天祥說：「我自己不能捍衛父母，還要我寫信叫別人背叛父母，這可以嗎？」就改抄自己的前作《過零丁洋詩》交卷，末兩句是「人生自古誰無死，留取丹心照汗青。」張弘範一笑置之，未再逼他了。

文天祥被拘四年，在獄中撰《正氣歌》以表志節。元世祖忽必烈知他絕不投降，終於被殺（死於至元十九年，即一二八二年）。在他的衣帶上，有他自書的銘言說：「孔曰成仁，孟曰取義。唯其義盡，所以仁至。讀聖賢書，所學何事？而今而後，庶幾無愧。」

【原文】文天祥吉水人。自爲童子時，見學宮所祀先輩歐陽修、楊邦義、胡銓，皆謚忠，即欣然慕之曰：「殁不俎豆其間，非丈夫也。」年二十，舉進士，對策集英殿。時理宗在位，天祥以「法天不息」爲對，其言萬餘，不爲稿，一揮而成，帝親拔爲第一。後拜右丞相。至元十五年，張弘範兵犯潮陽，天祥被執。見弘範，左右命之拜，不拜。弘範改以客禮見。使爲書招張世傑。天祥曰：「吾不能扞父母，乃叫人叛父母，可乎？」書《過零丁洋》詩與之，其末有云：「人生自古誰無死，留取丹心照汗青。」弘範笑而置之。至元十九年，遇害。其衣帶中有贊曰：「孔曰成仁，孟曰取義。唯其義盡，所以仁至。讀聖賢書，所學何事？而今而後，庶幾無愧。」（元、托克托：《宋史》卷四百一十八、列傳第一百七十七）

【讀後】文天祥生此無可奈何之時，堅此莫可迴天之志，秉其不可爲而爲之之心，四年牢獄折磨，最後以身殉國。南宋末年，陸秀天（一二三六—一二七九）負帝昺跳海死，張世傑也沉海死。宋代士大夫忠君愛國從容殉道的精神，已是昭垂千古了。誦文天祥的《正氣歌》，沛焉有一股浩然之氣。現今欲想尋覓類似宋末三賢的人，似乎已很難了。

十四　柳下惠守信保真

春秋時代，齊國攻打魯國，齊國勝了，要魯國獻出那高大的岑鼎。所謂「鼎」，乃是上大下小、三足兩耳，形狀似甑的金屬古器，但那岑鼎珍貴，是魯國鎮國之寶，怎可輕易送出？魯國就搬出其他的一尊鼎，還隆重地護載送往齊國，意欲冒充抵數。

齊君不相信，將鼎退還，通告魯君說：「你魯國有位官任士師的柳下惠，是位國際知名的誠信君子，一言九鼎。如果柳下惠鑑定說這是眞的岑鼎，我才會收受。」

那柳下惠，即展禽，魯國人，名獲，字季。因居柳下，故叫柳下季。又死後諡惠，故又通稱柳下惠。魯君向柳下惠講明了實情，希望他能替國家說句圓通的話。

柳下惠婉言答道：「君王你之所以要送去假的岑鼎，用意是在保全魯國。我心中也有個『國』要保全，那就是『信』。如果要破滅我的國，來保全你的國，這使我很爲難，因爲我一生守信保眞，還沒有說過半句假話呀！」

於是魯君只好改將眞的岑鼎送去。

【原文】齊攻魯，求岑鼎，魯君載他鼎以往。齊侯弗信而反之，告魯侯曰：「柳下季以爲是，請因受之。」魯君請於柳下季。柳下季答曰：「君之欲以爲岑鼎也，欲以免國也。臣亦有國於此。破臣之國，以免君之國，此臣之所難也。」於是魯君以眞鼎往。（秦・呂不韋：《呂氏春秋》，審己。又見：漢・劉向：《新序》卷七、節士第七）

【另文】齊伐魯，索讒鼎，魯以其雁往。齊人曰：「雁也。」魯人曰：「眞也。」齊曰：「使樂正子春來，吾將聽子。」魯君請樂正子春。樂正子春曰：「胡不以其眞往也？」君曰：「我愛之。」答曰：「臣亦愛臣之信。」（戰國，《韓非子》說林下）

【讀後】《詩經・衛風・氓》「信誓旦旦。」《左傳・昭八》「君子之言信而有徵。」《論語》「言必信，行必果。」《中庸》「故君子不動而敬，不言而信。」蓋人無信不立，信之爲用大矣哉！

十五　楊震嚴守四知

東漢時代，有位楊震（五四—一二四），字伯起，陝西華陰人。小時即努力向學，終於熟通經史，成爲一代大儒，學者尊稱他爲「關西孔子楊伯起」（關西指函谷關之西）。

他傳經授業二十多年，後來官任荊州刺史（荊州是大州，中心在湖北省），又調職東萊太守（在今山東半島）。當他由湖北往山東赴任途中，路過昌邑縣（今屬山東省），天色已晚，便在昌邑過夜。

楊震以前的學生，由他推舉的荊州茂才（就是秀才，因避光武帝劉秀之名諱而改稱茂才）王密，正好官任昌邑縣長。晚上，王密隨身帶著黃金十斤來拜見他，專程爲了報答薦拔之德，獻上金錠，請恩師笑納。

楊震說：「我倆相知好久了，我了解你，你爲何不了解我呢？」拒收私贈。

王密低聲稟道：「夜深了，無人知曉！」

楊震正色回答說：「天知、地知、我知、你知，怎說無人知道呢？」

王密獻上黃金，僅是爲了回報往昔多年提拔之恩，非關請託。但老師廉潔正直，說得王密心慚，只好帶著黃金回去了。

【原文】東漢楊震，孤貧好學，通達博覽，諸儒為語曰：「關西孔子楊伯起」。教授二十餘年，累遷荊州刺史，東萊太守。當之郡，道經昌邑，故所舉荊州茂才王密，爲昌邑令，夜懷金十斤，以遺震。震曰：「故人知君，君不知故人，何也？」密曰：「暮夜、無知者。」震曰：「天知、地知、我知、子知，何謂無知者？」密愧而出。（宋。司馬光《資治通鑑》、卷四十九、漢紀四十一。又見：南朝宋・范曄：《後漢書》、卷八十四、楊震列傳。又見：清・尹會一《四鑑錄》卷一、師儒）

【讀後】楊震提出「天地你我」四知，由於有上下四方的炯鑑，就不敢做虧心事了。至今楊姓後裔叫「楊四知堂」本此。贊曰：

天在看地在聽，你我都該互信；
楊氏四知堂名，自此普受尊重。

十六　岳飛倡言二不

南宋時代的岳飛（一一〇三—一一四一），字鵬舉，文武兼資。他領兵抵抗北國金朝，連戰皆捷。背上刺有「盡忠報國」四字以明志。

宰相秦檜，暗通敵國，主和，但岳飛主戰。秦檜深知和議若不成，己身會受禍殃，故設計謀殺岳飛，岳飛死時，年僅三十九歲。

同朝的抗金名將韓世忠（一〇八九—一一五一）替岳飛抱不平，質問犯罪事實何在？秦檜支吾說：「岳飛兒子岳雲（一一二〇—一一四二）寫信寄張憲，語意『莫須有』（因稱三字獄。莫是疑惑停頓之詞，須有是應算有罪之意）。」韓世忠說：「莫須有三字，何以能使天下人心服？」

岳飛在年輕時，酒量很寬，可以豪飲。宋高宗怕他誤事，說道：「岳卿，待你將來收復了北方失地時，再痛快暢飲吧！」他就戒飲了。

朝廷要替岳飛起造府第大宅，他辭謝說道：「敵人未滅，何以家爲？」

宋高宗問岳飛：「天下何時可以太平？」岳飛回奏道：「文臣不愛錢，武臣不怕死，天下就太平了。」

岳飛死後，宋末元初的大畫家趙孟頫寫有《岳鄂王墓》七律云：

「鄂王墓上草離離，秋日荒涼石獸危；南渡君臣輕社稷，中原父老望旌旗。
英雄已死嗟何及，天下中分遂不支；莫向西湖歌此曲，水光山色不勝悲。」

明代俞弁《山樵暇語》有丘文莊公（即丘濬，字仲深）「題武穆墳」詩曰：

「我聞：岳王之墳西湖上，至今樹枝皆南向；草木猶知表藎臣，君王乃爾崇奸相。
青衣行酒誰家親，十年血戰爲何人；忠勳翻見遭殺戮，胡兒未必能亡秦。」

清代梁紹壬《兩般秋雨盦隨筆》也載有「詠岳飛」詩一首，嚴冷之至：

「臣飛死，臣俊喜（指張俊，強盜出身，附秦檜，構成冤獄，飛死），
臣浚無言世忠靡（上指張浚，一生抗金，反對和議。下指韓世忠）；
臣檜夜報四太子（上指秦檜，下指金兀朮，秦檜私通敵酋金兀朮），
臣構稱臣自此始（南宋高宗，本名趙構，有意稱臣，以保皇位）。」

另有人亦甚爲不平，寫下「詠岳武穆」詩云：

「將軍方破敵（岳飛大敗金兵），宰相竟和戎（秦檜力主和議）；
冤沉三字獄（莫須有之疑獄），淚灑十年功（岳飛抗金十年）。」

清代鄭燮，字板橋，他的《板橋詩鈔．第一卷》中有詠「紹興七絕一首」曰：

「丞相紛紛詔勅多（十二金牌召回岳飛），紹興天子只酣歌（宋高宗只圖享樂）；
金人欲送徽欽返（前朝徽宗欽宗二帝），其奈中原不要何（返來高宗要讓位）？」

清代李調元，號雨村，撰有《童山詩集》，書中「謁岳武穆祠」詩云：

「獄成三字後，又讀五言詩；不意西川土，猶留北伐碑。
鐵人例應跪，玉馬尚聞嘶；莫問中原事，冤禽萬古悲。」

清代趙翼，號甌北，《甌北詩集》中，有「西湖雜詩」詠曰：

「冤獄風波已被誅，空餘鑄鐵跪泥塗；不知地下權奸骨，果識人間唾罵無？」

清代吉明，撰《學愈愚齋詩草》，寫有「忠武廟前鐵人歌」：

「頑鐵頑鐵殊不屑，鑄就奸臣受挫折；道旁來往無限人，只罵奸臣不罵鐵。
獄成三字天地悲，東窗秘語終教泄；吁嗟乎千載而下長惡名，榜罪階前跪霜雪。」

【原文】岳飛起兵，金兵望風而遁。秦檜以飛不死，終梗和議，己必禍及，故力謀殺之。飛死時，年三十九。韓世忠不平，檜曰：「飛子雲與張憲書雖不明，其事體莫須有。」世忠曰：「莫須有三字，何以服天下？」飛少時，頗豪飲，帝戒之曰：「卿異時到河朔，乃可飲。」遂絕不飲。帝初爲飛營第，飛辭曰：「敵虜未滅，何以家爲？」或問天下何時太平？飛曰：「文臣不愛錢，武臣不惜死，天下太平矣。」（元、托克托：《宋史》、卷三百六十五、列傳第一百二十四）

【讀後】岳飛撰有《滿江紅》詞、《五嶽祠盟記》宏文，至今傳誦。他的書法遒勁有力，留有《前後出師表》法帖珍品。「岳家軍」使敵人望風披靡，以及「文不愛錢，武不惜死」之金句，擲地有聲，誠文武齊全之豪帥也。

十七　諸葛亮鞠躬盡瘁

蜀漢諸葛亮（一八一—二三四），字孔明。受知於先主劉備，又輔佐後主劉禪。他前後兩次撰寫《出師表》。在《後出師表》中，有段至情話，吐露出他的心志：「先皇帝玄德劉公，憂慮於漢朝與叛賊不可兩相並立，王室與帝業不能偏據一隅而貪圖苟安；以故臨終時託付於我，望能討伐而完成規復。我自受此遺命之始，就睡眠不得安穩，飲食不知滋味。我唯有恭敬奉命，竭盡心智，力圖報效，到死方休。」

諸葛亮審知蜀國小，魏國大；蜀軍弱，魏軍強。他南征七擒孟獲，解除後顧之憂，連吳抗魏，赤壁大勝。之後蜀吳各有打算，彼此不再支援。諸葛亮六出祁山，進攻魏國，卻因道遠軍糧不繼，魏國司馬懿以逸待勞，致使諸葛亮無法建功，最後卒於軍中。他在托孤與出師表兩度以死明志，受到群賢詠贊。

【原文一】「先帝慮漢賊不兩立，王業不偏安，故託臣以討賊也。臣受命之日，寢不安席，食不甘味。臣鞠躬盡瘁，死而後已。」（諸葛亮《後出師表》、見：陳壽、《三國志、蜀志、諸葛亮傳》裴松之注文、引自習鑿齒《漢晉春秋》。又見：司馬光、《資治通鑑》「諸葛亮出師」文。又見：《古文觀止》卷六）

【原文二】唐、杜甫《蜀相》七律：「丞相祠堂何處尋，錦官城外柏森森。映階碧草自春色，隔葉黃鸝空好音。三顧頻煩天下計，兩朝開濟老臣心。出師未捷身先死，長使英雄淚滿襟。」

【原文三】唐、杜甫《武侯祠》五絕：「遺廟丹青落，空山草木長；猶聞辭後主，不復臥南陽。」

【原文四】唐、杜甫《詠懷古跡》七律：「諸葛大名垂宇宙，宗臣遺像肅清高。三分割據紆籌策，萬古雲霄一羽毛。伯仲之間見伊呂，指揮若定失蕭曹。運移漢祚終難復，志決身殲軍務勞。」

【原文五】唐、杜甫《八陣圖》五絕：「功蓋三分國，名成八陣圖。江流石不轉，遺恨失吞吳。」

【原文六】唐、元稹《贊孔明》五律：「撥亂扶危主，慇懃受托孤。英才過管樂，妙策勝孫吳。凜凜出師表，堂堂八陣圖。如公存盛德，應歎古今無。」

【原文七】唐、白居易《咏諸葛》七律：「先生晦跡臥山林，三顧欣逢賢主尋。魚到南陽方得水，龍飛天外便爲霖。託孤既盡慇懃禮，報國還傾忠義心。前後出師遺表在，令人一覽淚沾襟。」

【原文八】宋、文天祥《正氣歌》：「……或爲遼東帽，清操厲冰雪（三國、魏、管寧，居遼東，常戴皀帽）。或爲出師表，鬼神泣壯烈（諸葛亮前後出師表）。……」

【原文九】元、虞集《輓文丞相天祥》七律：「徒把金戈挽落暉，南冠無奈北風吹。子房本爲韓仇出，諸葛寧知漢祚移。……」

【原文十】明、楊愼《題武侯廟》七律：「劍江春水綠沄沄，五丈原頭日又曛。舊業未能歸後主，大星先已落前軍。南陽祠宇空秋草，西蜀關山隔暮雲。正統不慚傳萬古，莫將成敗論三分。」

【原文十一】清、王士禛《諸葛公墓下》五古：「……堂堂諸葛公，魚水託心膂。二表（前後兩出師表）匹謨訓，一德追伊呂（伊尹、呂尙）。……」

【讀後】臥龍先生諸葛亮，隱居南陽，劉備三顧茅廬，請來輔國。諸葛感恩圖報。他說「鞠躬盡瘁，死而後已」的心志，迄今近兩千年，一直受後人尊仰。不但此也，往後劉備臨死托孤時，諸葛先生也誓言道：「臣敢竭股肱之力，效忠貞之節，繼之以死。」其志烈矣。綜其生平，乃是一條臥龍，兩篇出表，三顧茅廬，四相之首（見《三國志》董允傳注），五月渡瀘，六出祁山，七擒孟獲，八陣奇圖，洵爲特出。詩人詠贊者甚多，錄供參賞。

十八　方孝孺擲筆分屍

明代方孝孺（一三五七—一四〇二），字希直，一字希古，效忠於明惠帝（即建文帝），任侍講學士，國家大政，每多向他請教，被稱爲正學先生。明成祖（一三六〇—一四二〇，即朱棣，那時是燕王，也是明惠帝之叔）發動靖難之變，自北京揮兵南下，攻破南京，方孝孺被執下獄。

起先，在北京時，姚廣孝就爲了方孝孺的生命安全，向明成祖託付說：「南京城破之日，方孝孺必不肯降，請你不要殺他。如果殺了方孝孺，那就使得天下眞正讀書有得的種子絕滅了。」明成祖點頭同意。

此時，明成祖繼承了帝位，召來方孝孺，想要借他的名望，替新皇帝撰寫詔書，昭告天下說成祖繼位爲皇的正當合法性。成祖步下殿階，向方孝孺溫言慰勞，並解釋說：「我這次的靖難之舉，乃是想學周公輔佐成王（周公比喻自己，成王比喻明惠帝）的先例而已。」

孝孺反問道：「成王（指明惠帝）今在哪裡？」成祖說：「他已自焚死了。」

孝孺又問：「何不立成王之子？」成祖說：「國家需要年長者來主持嘛！」

孝孺再問：「何不立成王之弟？」成祖說：「唉，這乃是我朱府門內的家務事呀！」

孝孺擲筆於地，哭道：「我死就死了算了，詔書我不能起草！」成祖動了怒氣，下令將方孝孺處以極刑，車裂而死。

【原文】方孝孺，字希直，事明惠帝。明成祖揮兵南下，孝孺被執下獄。先是，姚廣孝以孝孺爲託，曰：「城下之日，彼必不降，幸勿殺之。殺孝孺，天下讀書種子絕矣。」成祖頷之。至是，欲使草詔。成祖降榻勞曰：「予欲法周公輔成王耳。」孝孺曰：「成王安在？」成祖曰：「彼自焚死。」孝孺曰：「何不立成王之子？」成祖曰：「國賴長君。」孝孺曰：「何不立成王之弟？」成祖曰：「此朕家事。」孝孺擲筆於地，哭曰：「死即死耳，詔不可草。」成祖怒，命磔於市。（清、張廷玉《明史》卷一百四十一、列傳第二十九）

【讀後】方孝孺的這股志氣，凜然不可奪，直可驚天地，泣鬼神。以致引發出跟來的酷濫後果重點有二：其一、他拒寫詔書，竟被處以磔刑而死。磔刑乃是五馬分屍，死得極慘。其二、他以抗命論罪，除了誅殺其宗親九族之外，竟還加上「門人」一族，就是連他的學生群也一併斬殺，稱之爲滅十族。顯見封建暴君的恣虐無道，深爲悲憤。

十九　王曾不在溫飽

宋代有位王曾（九七八—一〇三八），字孝先，山東益都人。他在宋真宗咸平年中，參加考試，連續三場，包括鄉試、京試，廷對都是第一名，非常難得。

劉子儀高興地向他賀喜，也戲言道：「連中三元（科舉考試：鄉試會試殿試第一名稱爲解元會元狀元），身居狀元，一生吃著不盡了！」

王曾不願接受這句話，回答說：「我王曾一生，志不在溫飽。」

之後，王曾在朝廷中端正臉色，絕無苟且，累官右僕射，兼門下侍郎，同中書門下平章事，封沂國公。十年中，他晉升好人，貶退壞人，別人都不知道是他所作的決定。范仲淹（九八九—一〇五二）與他談及此事，王曾說：「掌握進退大權的人，如果有恩有善就自己佔著，那如果有錯有怨叫誰個來承擔呢？」范仲淹也心服了。

【原文一】宋，王曾，字孝先，山東益都人。咸平中，鄉試廷對皆第一。劉子儀戲之曰：「狀元試三場，一生吃著不盡。」曾曰：「曾平生志不在溫飽。」後正色立朝，謚文。（清、趙伯平：《續通鑑雋語》：宋紀、眞宗、「王曾」條）

【原文二】景祐元年（王曾爲）右僕射十年。進退士人，莫有知者。范仲淹問之，曾曰：「夫執政者恩欲歸己，怨使誰歸？」淹服其言。（元、脫克脫、《宋史》、卷三百十、列傳第六十九。又見：清、畢沅《續通鑑》、宋紀、仁宗）

【另文一】漢、張安世，字子孺，官尚書令。嘗有所薦，其人來謝。安世大恨，以為舉賢選能，豈有私謝耶？絕弗為通。（班固：《漢書》、張安世傳）

【另文二】唐、裴遵慶，字少良，為吏部員外部，世稱吏事第一。遷尚書右僕射，知選事。性淳正，老而彌謹。每薦賢，有來謝者，輒以為恥。薦疏皆焚其稿（歐陽修：《唐書》、裴遵慶傳）

【另文三】太后居不求安，食不求飽——東漢、明德馬皇后，伏波將軍馬援之女也。選入太子宮，遂見寵異，為貴人。漢明帝永平三年，立為皇后。漢章帝即位，尊為皇太后。四年，太后曰：「吾少壯時，但慕竹帛（只喜歡讀書）；今雖已老，而復戒之在得。故日夜惕厲，居遊不求安舒，衣食不求溫飽。冀乘此道，不敢有負先帝。」（宋、范曄《後漢書》卷十上、皇后紀）

【讀後】《孟子．盡心上》：「王子墊問曰：『士何事？』孟子曰：『尚志』。」人之大志，當貢獻一己之所學所長，造福國家和人群。若但求一己之衣裳保溫，餐飲飽腹，只算是淺昧求生，苟安漫活而已，此其一也。再者、倘若施恩就宣揚，遇錯則推諉，這是小人，絕非君子端士，此其二也。

二〇　趙溫志要雄飛

東漢的京都是洛陽（西漢都長安，即今西安。洛陽在長安之東，故稱東漢）。管理京都的地方首長稱爲京兆尹，京兆尹手下的輔佐屬官便叫京兆丞。

有位趙溫，字子柔，是郫侯趙謙之弟，他的官職便是京兆丞。

趙溫（一三七—二〇八）自小就蓄有大志，常歎道：「大丈夫當雄飛，豈能雌伏？」因就辭掉這個小官，去別謀大展。後來在漢獻帝時，任爲司徒、尚書，都臻高位。

【原文】漢、趙溫，字子柔，爲京兆丞。雅有大志，嘗歎曰：「大丈夫當雄飛，安能雌伏？」遂棄官而去。（明、蕭良友：《龍文鞭影》卷一、「趙別雌雄」條）

【讀後】吾人述志，不在乎話多，而在乎出語扼要。抓住重點，用字鏗鏘，令人敬服才貴。此篇簡短，原文僅三十二字（古文沒有標點）。但「雄飛、雌伏」兩語，氣勢非同凡響，今日誦之，猶覺虎虎生風。因有分教曰：

趙溫奮威，立志雄飛；
不甘雌伏，壯語揚輝。

二一　于謹論治國正道

南北朝時代，北方有個周朝，稱爲北周（以別於西周、東周、武則天周、後周），那時有位于謹（？—五六八）字思敏，小名巨彌。識量宏博，經史兼通，居住於閭里之間，未聞有仕進之志。朋友勸他去任官職，于謹說：「州郡之職，昔人所鄙（一州一郡，只管一地，不算希奇，不幹也罷），台鼎之位，須待時來（宰相治理天下，可以施展我志，但要時來運轉，才會降臨己身）。」太宰元穆見到他，贊道：「他具有王佐之才呀！」

北周孝閔帝宇文覺（五四二—五五七）登位，封于謹爲燕國公，官太傅。保定三年，帝問政治的要領。于謹答道：「爲政之本，在乎忠信二字。因此古聖說可以去食去兵，但信不可失。」（見原文二）

又問治國之正道爲何？于謹答道：「治國之道必須講求法治。法是國家的綱紀。欲正綱紀，在於賞罰公平。如果有功必賞，有罪必罰，那就會使爲善的踴躍而增多，而爲惡的漸少而絕滅了。」

又問到立身的基準？答道：「言行乃是立身之基。一言既出，行動隨之，兩宜相顧。誠願陛下立定堅志，做到三思而言，並且言出必行。」

【原文一】于謹，字思敏，有識量，窺經史。屏居閭里，未有仕進之志。或有勸之者，謹曰：「州郡之職，昔人所鄙，台鼎之位，須待時來。」太宰元穆見之，歎曰：「王佐才也。」孝閔帝踐阼，進封燕國公，遷太傅。保定三年，皇帝問政治之要？答曰：「爲政之本，在乎忠信。是以古人云去食去兵，信不可失。」又問治國之道？答曰：「治國之道必須有法。法者，國之綱紀。綱紀所正，在於賞罰。若有功必賞，有罪必罰，則爲善者日益，爲惡者日止矣。」又問立身之基，答曰：「言行者，立身之基。言出行隨，誠宜相顧。願陛下三思而言，言出必行。」（唐、令狐德棻《周書》卷十五、列傳第七）

【原文二】子貢問政？子曰：「足食足兵，民信之矣。」子貢曰：「必不得已而去，於斯三者何先？」曰：「去兵。」子貢曰：「必不得已而去，於斯二者何先？」曰：「去食。自古皆有死，民無信不立。」（《論語》顏淵第十二、第七章）

【讀後】爲政之本信與忠，治國之道綱紀存，
立身之基言必行，錄此三事作南針，
緊密追蹤，
從政謀國又立身，于謹所言是良箴。

二二　許衡問讀書何為

元代許衡（一二〇九—一二八一），字仲平，河內人。小時候的秉賦便與他人不同。七歲時，便問老師道：「讀書爲了何事？」

老師隨口答說：「讀書嘛，就是將來參加考試，取得科第好作官呀。」

許衡再問：「讀書的目的，就是如此而已嗎？」

這第二問，使得老師對他大爲驚異。再者、每當講授經書時，許衡又能夠就書中旨義提出詢問。長久如此，老師就對許父說：「你這孩兒，穎悟不同凡響，將來必定會大大的超過別人，我已經不夠資格當他的老師了。」因就辭去教席。似這樣換了三位老師，讓許衡的知識更爲淵博。

許衡後來終於成爲一位理學名儒，自署他的書舍叫魯齋，因而學者稱之爲魯齋先生，著作有《讀易私言》《魯齋心法》《魯齋遺書》等傳世。

【原文】元代許衡，字仲平，河內人。幼有異秉，七歲向學，問其師曰：「讀書何爲？」師曰：「取科第耳。」曰：「如斯而已乎？」師大奇之。每授書，又能問其旨義。久之，師謂其父曰：「此兒穎悟不凡，他日必有大過人者，吾非其師也。」如是者凡更三師，衡卒成理學名儒，學者稱爲魯齋先生。（明、宋濂《元史》、卷一百五十八、列傳第四十五。又見：明、蕭良友《龍文鞭影》、二集、下卷、「衡志超凡」條）

【讀後】讀書何爲？對一己修爲而言，應是勵志第一，敦品第二，這是打穩基礎。對服務大眾而言，憑學識去躬行實踐，以造福社會國家，這才是目的。人生有三不朽：立德立言立功，要衡量自己的力量，有多大的能耐，去服務多大的範圍，去做多少有益的事。所謂讀書，志在求知、求知只算是手段，有了知識，再立志去實行，這才是目的，此時方能見到成果。若是知而不行，那是浪費生命，對人對己，都無益處。陶侃說：倘若「生無益於時，死無聞於後，是自棄也。」（見第十一篇）請大家決志互勉吧。

二三　周處三害都除

晉代周處（?——二九九），字子隱，生來魁梧強壯，力大無窮。但他品行不良，在鄉邑間橫逆稱霸，沒有人敢招惹他，但都敵視他。

周處有一天心情愉快，與一位父老談話，問道：「這時節，氣候和煦，百業興隆，收成也很豐碩，我卻看到大家都不快樂，是何緣故？」

這位老父說了實話，回答道：「三害沒除，何樂之有？」

周處再問：「甚麼三害，我不明白。請你老說說清楚！」

父老說：「南山上有一頭白額惡虎，長橋下有一條吃人蛟龍，還有你這個壞人，加起來不就是三害？」

周處聽了回道：「啊，就只是這三個禍害，我來替大家除掉好了！」他就上山殺了老虎，然後再從長橋上躍入河中去鬥蛟。

那蛟龍又沉又浮，周處緊隨著那惡蛟纏鬥了幾十里，過了三天三夜。鄉邑中的人，都認爲周處已經死定了，互相道賀，慶幸可以過太平日子了。

最後，周處終於把惡蛟斬殺了，帶著勝利的心情回到故里，才知道鄉邑各人，正在慶賀他已死亡，乃是厭憎他極爲深刻。促使周處毅然反思，狠心向善。逕自前往吳地，拜名重當時的陸機陸雲（兩兄弟，號爲晉代二陸，文才極優）二大儒爲師，求學修德。過了一年，學德俱進。州郡首長交相推薦，後來官任御史中丞，以節義著稱。

【原文】周處膂力絕人，細行不修，州里患之。處問父老曰：「今時和歲豐，人而不樂，何也？」曰：「三患不除，何樂之有？」曰：「何謂也？」曰：「南山白額虎，長橋下惡蛟，並子爲三矣。」曰：「君所患止此，吾能除之。」乃殺虎，因投水搏蛟，蛟或沉或浮，行數十里，而處與之俱。經三日三夜，人謂已死，皆相慶賀。處果殺蛟而返，聞鄉里相慶，始知人患己之甚，乃入吳，從機雲受學，期年而州府交辟，以節義著。（唐、房玄齡《晉書》卷五十八、列傳第二十八）

【讀後】善人一輩子維持做善人，仍只是單純的向善。唯有惡人立志轉做善人，才會成爲徹底的善人。因爲單純的善人，缺少免疫力，不懂得做惡事的竅門，事先不知預防，事後無由補救。唯有那原是惡人的善人，「曾經滄海」，凡是做惡事的種種花招，他都洞悉，事先沒法騙他，事後不能瞞他，這才是「眞金不怕火燒」。周處立志向善，乃成爲確切的善人了。

二四　孛朮四者齊備

元代孛朮魯翀（音ㄔㄨㄥ 唸充），字子翬（音ㄏㄨㄟ 唸灰）。勤奮攻讀經史，學行爲州里所敬，學者仰爲儀表。翰林學士姚燧（一二三八—一三一三，字端甫，號牧庵，有牧庵集）見他記問宏博，文章典雅。贊美他說：「姚燧閱人多矣，談到學問文章，還沒有人足夠與孛朮魯翀相並比的。」

元英宗時，丞相是拜住，有大臣之風，他嘗言自己有三畏：「一畏辱沒祖宗，二畏天下事識見未盡，三畏年少經驗缺而不克負荷。」這是人人都應警惕的。

有一天拜住問孛朮魯翀說：「你可以做宰相嗎？」

孛朮魯翀（一二七九—一三三八）坦誠答道：「宰相一職，我固然不敢自誇必能勝任，但我一生所學，都是做宰相的事。若論做宰相的條件，那就必須福澤、品德、才幹、氣量四樣俱全，才可以當之無愧。」

拜住聽了，十分悅服。舉起酒杯，向他致敬道：「若不是你，我今天還聽不到這番讜論咧。」

【原文】孛朮魯翀，字子翬。勤學。翰林學士姚燧曰：「燧見人多矣，學問文章，無足與子輩比倫者。」丞相拜住謂翀曰：「爾可作宰相否？」翀對曰：「宰相固不敢當，然余所學，宰相事也。夫爲宰相者，必福德才量四者皆備，乃足當也。」拜住大悅，以酒觴翀曰：「非公，不聞此言。」（明、宋濂：《元史》、卷一百八十三、例傳第七十）

【讀後】生而爲人，立志總得高遠一些，乃能促使自己不斷求取進步，遇到大任來臨，才有足夠的能力擔當，不致於幹不下去。孛朮魯翀所說的「福德才量」四者，德是品足服眾，才是力能任事，量是器可容物，這三項都能自力儲備，隨時有資格受命。唯有福由天賜這一項，包含時機命運環境緣分等未知數太多，沒法強求。例如曾國藩，若不是因爲遭逢母喪而辭卸北京侍郎職務，回到湖南省湘鄉縣老宅守孝閒住，皇帝不可能諭示他在家鄉組辦團練，出湘去平定太平天國，立功封侯。孛朮魯翀雖是儒者之師，謚爲文靖，卻尚欠福臨，以致仍棋差一著也。

二五　齊威王不飛不鳴

戰國時代，齊威王在位時，喜歡隱語，喜好整夜飲酒，不理政務。國家大事交由衆卿大夫隨便處理，以致朝綱紊亂，鄰國侵陵，國勢危殆，滅亡似乎只是時間早晚而已。齊威王身邊的人，都不敢直言諫阻。

所謂隱語，乃是用迂迴婉詞，以間接的譬喻或寄託的寓言來作暗示，隱藏其眞意，避免直接用正經的話來明白表達的就叫隱語。

齊國有位辯才無礙的淳于髡（淳于是複姓，讀音爲純如昆），滑稽多智，便想投齊威王之喜好，用隱語來勸說他。

淳于髡編造了一個謎題，請示齊威王道：「我們齊國境內，有一隻大鳥，棲息在朝廷之上，三年了，既不高飛，也不鳴叫，大王可知道這鳥爲甚麼這樣嗎？」

齊威王聽懂了話裡隱藏暗示的含義，也用隱語回覆，解說道：「這是一隻神鳥呀！它不飛則已，一飛沖天；不鳴則已，一鳴驚人！」

齊威王也知道逸樂酣飲已夠了，國事荒廢也該回頭了。於是他罷飲撤樂，躬親臨朝聽政，召見縣令郡守等地方首長七十二名，親自評審功過，獎賞了一員（賢吏即墨大夫），誅殺了一人（烹了那不肖的阿邑大夫），政風轉爲清穆了。又帶兵出征作戰（打敗趙國魏國），齊國本是大國，兵力雄厚，鄰國都生懼心，把侵佔的土地都歸還了。齊威王威名重現，震懾了三十六年。

【原文】齊威王時，喜隱，好爲長夜之飲。委政卿大夫，百官荒亂，諸侯並侵，國且危亡，在於旦暮，左右莫敢諫。淳于髡說之以隱曰：「國中有大鳥，止王之庭，三年不飛又不鳴，王知此鳥何也？」王曰：「此鳥不飛則已，一飛沖天；不鳴則已，一鳴驚人。」於是乃朝諸縣令長七十二人，賞一人，誅一人。奮兵而出，諸侯震驚，皆還齊侵地，威行三十六年。（漢・司馬遷《史記》卷一百二十六，滑稽列傳第六十六）

【讀後】凡是能述說隱語、能聽懂隱語、又能以隱語回應的人，其智商必都高人一等。所難者、進言的人不容易找到，暗喻的話不容易說對，固執的人不容易接受，迷妄的人不容易悔改，低智的人不容易回應，就少有好結果了。

二六　南霽雲不敢不死

唐玄宗天寶末期，節度使安祿山（？——七五七）叛國，戰亂延續多年，唐玄宗且避往四川。此期間，御史中丞張巡（七〇九——七五七）率兵與睢陽太守許遠（七〇九——七五七）死守睢陽（屬河南省）禦賊。被圍數月，外援斷絕，最後糧盡力竭，城陷被擒。

安祿山部將以利刀壓頸，脅迫張巡許遠投降，張許誓不屈服，即將斬首。又逼降張巡部下協力守城同時被俘的大將南霽雲（？——七五七。張許南均死於此年此日）。霽雲正在猶豫，沒有即時回應，顯示著仍在思索考慮。

張巡察覺不妥，當即對南霽雲喊道：「南八（南霽雲排行第八），男子漢要死就死，不可為了偷生背義就屈服！」

南霽雲笑著回應道：「我正在想，能不能目前暫時虛應故事，權且詐降，然後相機另圖大舉。如今張公你說了急話，我哪敢不赴死以報？」

三人都同時盡義而死。

【原文一】（唐代安祿山叛亂，張巡與許遠共守睢陽抗賊）城陷，賊以刃脅降巡，巡不屈，將斬之。又降（部將）南霽雲，雲未應。巡呼雲曰：「南八，男兒死耳，不可爲不義屈。」雲笑曰：「欲將以有爲也。公有言，雲敢不死？」即不屈。
（唐、韓愈《張中丞傳後敘》。又見：宋、歐陽修《新唐書》、忠義傳）

【原文二】南霽雲，少爲人操舟。安祿山反，從張巡守睢陽。食盡，城陷被執。賊欲降之，巡呼曰：「南八、男兒死耳，不可爲不義屈！」霽雲笑曰：「欲將以有爲也，公有言，敢不死。」遂死之。（劉昫：《舊唐書》、南霽雲傳）

【另文】南霽雲應募萬死—南霽雲者，少微賤，爲人操舟。安祿山反，張滔拔以爲將。南至睢陽，謁張巡，相談，兩洽。南退與人曰：「張公誠心待我，眞吾所願事者也。」遂效命於張巡。初始、睢陽被圍，困急，張巡築臺，召募萬死一生者，數日無人敢應召。俄有喑嗚而來者，乃霽雲也。張巡對之泣下。南霽雲善騎射，見賊，近百步內，乃發矢，無不應弦而斃。（宋、歐陽修《新唐書》卷一百九十二、列傳第一百一十七、忠義「中」、南霽雲）

【讀後】張巡許遠殉國，歷史上已有評贊，例如《正氣歌》中，就有「或爲睢陽齒」的頌語，此處不須多贅。筆者獨以爲大將南霽雲絕無遜色。南八少年時，原是操舟的船夫，他這種臨危不亂不懼，有意另謀打算，一聽張巡之正言，轉而談笑赴死，慷慨就義的偉範，還未見到有第二個。似此等忠烈英俠的雄豪壯士，豈僅是一介武夫而已，直可謂義衝霄漢。特錄本篇，以示欽敬。

二七　梁竦生要封侯

東漢初年，有位梁竦，字叔敬，是虎賁中郎將梁松的弟弟。少年時即熟諳易經，遊歷了長江、太湖、沅江、湘水，悼念伍子胥（元前？——前四八五）、屈原（約元前三四三——前二七七），寫有《悼騷賦》。

他自己認爲秉賦著大才幹，在登高望遠時，每多感觸，常吐露心意歎道：「大丈夫處世，活著的時候，應該爲國家立偉功，爲人民謀幸福，取得爵位；死了之後，也該以大動顯當世，以崇德傳後人，入祀忠烈廟，永受祭享，留名後世。」

梁竦（？——八三）又說：「如其不然，優閑靜居，可以養志；賦詩讀書，足以自娛。至於那些州牧郡守的小官，只是徒勞而已。」

他著有《七序》一書。班固（公元三二——九二）評道：「孔子作《春秋》，而亂臣賊子懼；梁竦作《七序》，而竊居高位卻不管政務的大官們會感到慚愧。」漢章帝時（約於公元八三年）逝世。

【原文】漢、梁竦，字叔敬。自負其才，嘗登高望遠，歎曰：「大丈夫居世，生當封侯，死當廟食。」又云：「如其不然，閒居可以養志，詩書足以自娛。州郡之職，徒勞人也。」著書名《七序》。班固曰：「孔子作《春秋》，而亂臣賊子懼；梁竦作《七序》，而竊位素餐者慚。」（南朝宋、范曄《後漢書》、卷三十四、列傳第二十四。又見：明、蕭良友《龍文鞭影》、卷三、四豪、「梁竦矜高」條）

【讀後】男兒立志，生當報效邦國，服務人群，死則留名後世，令人懷念。否則即近乎《詩經、大雅、文王》篇所云「無聲無臭」，一輩子不聞其聲，不知其味，只算在世間白活一場而已，豈不冤枉也哉？本書第十一篇陶侃述志說：「生無益於時，死無聞於後，是自棄也。」兩賢志趣相近，請予同觀。

二八　張祐死當入廟

明朝期中，有位張祐，字天祐，廣州人。他的智慮，比常人爲高，但不喜經營私產，他認爲金錢會使人墮志。

張祐愛好讀書，經常載著書本出門，有暇就看，遇有閒逸空餘時間，便與儒士們討論經義，培養志氣。

他曾經路過烏蠻灘，那裡有座「伏波祠」，是祀奉老將軍馬援（元前一四——元後四九）的祠廟。那馬援是東漢時代人，漢光武帝劉秀建武年間，拜爲伏波將軍。馬援少立大志，留傳有「老當益壯」「馬革裹尸」的名言，令人景仰。

張祐專誠入祠，虔心參拜，歎息道：「吾人身死之後，若是不能建祠受祭如此廟者，那就有愧爲大丈夫男兒身了。」

他還題了一首述志崇賢的自勉詩，寫在伏波祠內牆上才離去。後來任總兵，爲守護一方之重職。

【原文】張祐，字天祐，廣州人。智識絕人，不營私產。性好書，每載以自隨。有暇即延儒生講論。嘗過烏蠻灘，謁馬伏波祠。太息曰：「歿不俎豆其間，非夫

也。」題詩而去。（清、張廷玉：《明史》卷一百六十六、列傳第五十四）

【讀後】吾人的所作所為，是依循著志向的引導而表現的。你立有希賢希聖之志，就會朝這個目標行進。來日成功成名了，就是個正人。倘如你才智很高，就可報大效於國家，為萬民造福。倘如你才智稍遜，就任事於鄉里，為千人服務。這樣纔無愧於大丈夫男兒之身。請看古羅馬政治家、哲學家塞尼加（Lucius Annaeus Seneca , 4B.C. to 65 A.D.）有銘語說：「人生如同故事，重要的是，並不在乎有多長，而是在乎有多好。」再請看美國科學大師愛因斯坦（Albert Einstein 1879-1955）也有金言：「人生的價值，應看他貢獻出甚麼，而不是看他取得了甚麼。」

二九　項羽起心取代始皇帝

秦末漢初時代，有位項羽，名籍（前二三二—前二〇二），爲西楚霸王。他身長八尺，力能扛鼎。叔父名叫項梁。項羽少時，要他讀書習文，他沒有興趣，不肯學。轉而要他學劍習武，也心不在焉，學不好。叔父項梁見他這也不學，那也不愛，發怒了，責備他。項羽說：「讀書嘛，只是學來記姓名罷了；學劍嘛，那也只能學精後取勝於一個人而已，都不值得學。我想要的，乃是學萬人敵。」

於是項梁教他兵法（戰陣之學，用兵之法），項羽大喜，認爲這才合他心意。

秦始皇統一六國，自謂功蓋三皇，德邁五帝，故合稱始皇帝，在位三十七年（前二四六—前二一〇）。有一次，始皇出巡，途經會稽（即今浙江紹興縣），橫渡浙江（又名之江、錢塘江）。項梁和項羽一同在輦道（天子御車所經之路）警戒線之外觀看熱鬧。但見儀仗揚威，旌旗耀目，鑾鈴傳警，輿衛生嚴，排場豪偉之極，良久才全部通過。

項羽當時忍不住嚷道：「這小子如此風光神氣，哪一天我要取而代替他！」

項梁急忙用手摀住項羽的嘴巴，警告他說：「不可以亂講話。萬一他們聽到了，會要砍頭滅族，殺光斬絕的！」

經過這次事件，項梁就更特別看重項羽了。

【原文】 項籍、字羽。其季父項梁。項籍少時，學書，不成；去學劍，又不成。項梁怒之。籍曰：「書、足以記姓名而已；劍、一人敵、不足學。請學萬人敵。」於是項梁乃教籍兵法，籍大喜。秦始皇帝遊會稽，渡浙江。梁與籍俱觀。籍曰：「彼可取而代也。」梁掩其口曰：「毋妄言，族矣。」梁以此奇籍。（漢・司馬遷：《史記》卷七、項羽本紀第七。又見：宋・司馬光。《資治通鑑》卷七、秦紀二）

【讀後】 英豪出語，與眾不同，志氣每高人一等。我們聞之，亦當起「有爲者，亦若是」之念吧？史學大家司馬遷替項羽立傳，不歸入「列傳」，卻升格列入「本紀」。按《史記》之體例：記述帝王的爲「本紀」，記諸侯的爲「世家」，記一般名人爲「列傳」。他似也不以成敗來論斷。由此觀之，司馬公確認項羽仍是一位有似皇裔的大英雄也。

三〇　劉邦立意要做大丈夫

秦末政亂，楚漢相爭。項羽爲西楚霸王，劉邦爲漢王。後來漢興楚敗，劉邦的西漢王朝建立了二百多年的基業。

漢高祖劉邦（元前二四七—元前一九五），字季（劉邦是第三子）。他性喜施捨，又樂於助人，心胸豁達，度量宏闊。但不善於管家理事，也無意於生產增財。

有一次，劉邦在咸陽（秦代首都）當差，遇到秦始皇乘坐御車儀仗出巡的威嚴陣容，大隊人馬簇擁著鑾駕通過，他站在御車行經的大道旁警戒線之外，恣意地遠觀了許久，直到儀隊完全通過了，才鬆了一口氣，不禁興起一陣感慨，歎道：「大丈夫就要像這樣才是呀！」

【原文】漢高祖，姓劉，名邦，字季。仁而愛人，喜施，意豁如也。常有大度，不事家人生產。嘗繇咸陽，縱觀秦皇帝出巡，喟然太息曰：「嗟呼，大丈夫當如是也。」（漢，司馬遷《史記》卷八、高祖本紀第八。又見：班固《漢書》高帝紀）

【讀後】劉邦項羽，心志相同，口吻表現則異。項羽直率坦爽，逞口就說「彼可取而代之」（見上篇）。劉邦則含蓄歆羨，驚歎「大丈夫當如是也」。各顯個性，如聞其聲。此外，同時代的陳勝也說過「王侯將相，寧有種乎」的豪語。英雄所見略同，都可激勵心志。

三二　張巡嚼齒皆碎

唐代中葉，時當唐玄宗唐肅宗時代，有位張巡（七〇九—七五七），蒲州人，開元進士。安祿山（？—七五七）之亂，張巡和許遠（七〇九—七五七）合力同守睢陽（今河南省商邱縣），堅決抵抗。他神姿英勇，壯志奮發，每次與賊兵交戰時，大聲呼喝殺賊，眼眶都迸裂出血，齒牙都咬斷了。堅守數月，彈盡糧絕，城邑失陷。他爲賊兵所擒，賊酋尹子奇問道：「聽說你每次戰鬥時，用勁把牙齒都咬碎了，爲何要這般剛烈？」張巡厲聲應道：「我只想一口就吞下汝等這些逆賊，只恨我力量不足罷了！」尹子奇用大刀剔開張巡的嘴巴，來檢看他的牙齒。仍舊餘留的不過只三數顆而已。終於被賊人殺害了。

【原文一】張巡，蒲州人。安祿山之亂，巡守睢陽。巡神氣慷慨，每與賊戰，大呼誓師，皆裂血流，齒牙皆碎。及城陷，巡爲賊所執。尹子奇謂巡曰：「聞君每戰，嚼齒皆碎，何至此耶？」巡曰：「吾欲氣吞逆賊，恨力不遂也。」子奇以大刀剔巡口，視其齒，存者不過三數。遂遇害。（五代、後晉、劉昫：《舊唐書》、卷一百八十下，列傳第一百三十七下）

【原文二】唐安祿山反，使賊將尹子奇攻睢陽，張巡與許遠拒卻之。每戰，張巡大呼殺賊，嚼齒皆碎。後張巡死，尹子奇視之，齒之存者，不過三四枚耳。蘇東坡有帖云：「張睢陽生猶罵賊，嚼齒穿齦；顏平原死不忘君，握拳透爪。」（明・蕭良友《龍文鞭影》初集・卷下「睢陽嚼齒」條）

【另文】唐・顏杲卿，爲常山太守，抗安祿山。杲卿因守具未備，遂爲所執。顏罵不絕口，祿山怒，鈎斷其舌，至噴血而死。《正氣歌》「爲顏常山舌」指此。（明・蕭良友《龍文鞭影》初集・卷上「杲卿斷舌」條）

【讀後】南宋末，文天祥撰《正氣歌》云：「爲張睢陽齒，爲顏常山舌。」前句即是頌仰張巡的嚼齒皆碎，正氣浩然，「志」吞逆賊。驚天地，泣鬼神，壯烈忠貞，千古留範。後一句是說顏杲卿爲常山太守，抗安祿山，被擒，罵賊，斷舌而死。詳見【另文】所述。

三二　陳平宰肉分均

西漢初年，有位陳平（西元前？—元前一七八），貧家子出身，佐漢高祖劉邦（前二五六—前一九五）取得天下，最後位居丞相。他少年時，眼光遠大，志氣高卓，《史記》中載有小事一件：

陳平少年時，家境貧困，但他喜好讀書。他居住的鄉社中，有座土地公廟，供奉了土地神。鄉社每年定期舉行祭神大典，稱爲社祭。每逢社祭之期，陳平都負責切割敬神後的祭肉，分給鄉民，稱爲社宰。他分割祭肉切得很平均，大家都信服他，里中多位老人家也贊他說：「好呀！你陳平，這年青小夥子做社宰幹得很好哪！」

陳平笑著回應道：「唉呀！宰肉要割切得公正均一並不太難嘛。假如要我主宰天下，我也會像宰這祭肉一樣的幹得很好！」

陳平輔佐漢高祖前後有六大奇計：一、使用黃金行反間，離間了項羽大將鍾離昧等人。二、以粗食待項羽使者，去掉項羽身邊的亞父范增。三、夜出美女二千人，解漢王滎陽之圍。四、躡足劉邦，立那勢大的韓信爲齊王。五、僞遊雲夢擒韓信。六、使畫師繪美女，給閼氏，解白登之圍。（見《史記》陳丞相世家）。後來陳平官拜丞相，誅除諸呂，保全漢祚，厥功偉焉。

【原文】陳丞相平，少時家貧，好讀書。里中社（村里中供奉土地神，定期拜祭，叫社祭），平爲宰（主持分割祭肉），分肉食甚均。父老曰：「善，陳孺子之爲宰（陳平這孩子做社宰很好）。」平曰：「嗟呼，使平得宰天下，亦如是肉矣。」（漢•司馬遷《史記》、卷五十六、世家第二十六）

【另文】陳平脫衣免禍—陳平往歸項羽，任爲都尉。居無何，漢王劉邦攻下殷王，項羽怒，欲誅將吏。陳平懼誅，乃平身間行仗劍亡（不辭而別獨身佩劍逃亡）。渡河中流，船人（船夫）見此美丈夫獨行，腰中必有金玉財寶。目之（盯著注視），欲殺陳平。平恐，乃解衣裸身而佐刺船（脫下衣服，赤裸身體，幫同撐篙引船）。船人知其無財，乃止。平遂至修武，依附劉邦。（司馬遷《史記》卷五十六、世家第二十六）

【讀後】太史公司馬遷贊陳平曰：「陳丞相平，方其割肉俎上之時，其『志』固已遠矣。常出奇計，救紛糾之難，解國家之患，終稱賢相，豈不善始善終哉？」司馬翁既然已有讜評，此處就毋須再來饒舌。

賀《歷代名賢典範》出刊

志趣求精　品格應立
學問常增　光陰要惜
處事宜通　擇友必益
雜識須豐　反諷請惕
胞兄培庚　刊此專集
你我用功　一齊努力

胞妹朱玉君寄自美國費城

敦品第二——品格務求端正，舉止才會莊慎。

「品」是品格，「敦」是督勉。內在的修養是端方純正，外發的行爲是篤厚淳誠。這是立身的根基，理該列爲第二。

三三　柳公權心正則筆正

唐代柳公權，字誠懸（七七八—八六五）。華原人，唐憲宗時進士及第。兄名柳公綽，弟叫柳公諒。好讀書，尤精於寫字。後來官任太子太保。

他歷仕唐憲宗、唐穆宗、唐敬宗、唐文宗、唐武宗等諸多朝代。穆宗即位時，任他爲翰林「侍書」學士、輔佐皇帝進修。

有一次，唐穆宗問他：「練習書法時，必須寫字運筆，怎樣才算盡善？」

柳公權回稟得簡明直率：「用筆在心，心正則筆正。」

唐穆宗原本只是隨意交談，聽後不免容色轉爲端莊，心底知道他是一語雙關，藉運筆之道，進而規諫爲政之道。

柳氏書法，猷勁有力，自成柳體。當時公卿大臣家裡，如果沒有懸掛柳字聯對的，都引爲遺憾。時至今日，柳帖《玄秘塔碑》仍是我們臨摹的上品法帖。

【原文】柳公權，字誠懸。兄柳公綽，弟柳公諒。元和初進士及第。穆宗即位，任翰林侍書學士。穆宗嘗問公權：「筆何盡善？」對曰：「用筆在心，心正則筆正。」上改容，知以筆諫也。公權書法，體勢勁媚，自成一家。當時公卿大臣家，未得公權手書者不歡。（五代．後晉．劉昫《舊唐書》卷一百六十五、列傳第一百一十五）

【另文】清．禮部侍郎高士奇有詩云：「誠懸十二（公權字誠懸）工吟咏，元和天子（唐憲宗時公權進士及第）知名姓，侍書秘殿論揮毫，旨哉心正則筆正。」

【讀後】運筆寫字乃是技巧，用心端正則關乎品格。柳公權將此二者連爲一體，而且是即時隨機說將出來，足證他已身的修爲已很端方了。「心正則筆正」已成格言，確屬臨場勸諫之佳範。

三四　唐文宗舊衫非新衫

唐文宗（公元八二七年即帝位）早朝散後，轉到偏殿中與六位學士（學士院中的侍讀侍講諸官員）談話，話題廣泛，一時間轉論到前代漢文帝（前二〇二—前一五七），都贊歎漢文帝的儉樸，確是賢君。

談到這裏，唐文宗舉起手肘，露著衣袖說道：「這件內衫，已經洗過三次了，我仍舊在穿，捨不得丟掉。」學士們都欽敬唐文宗儉素的盛德，只有柳公權（七七八—八六五）沉默不言。

文宗留下柳公權，問他爲甚麼不表示意見？

柳公權答奏道：「君王的要務，在治理天下，應著重於進用賢才，罷斥不肖，採納四方諍言，嚴明升遷賞罰。至於穿一件洗了三次的內衫，這不過是生活中的小節而已，值不得特意誇耀的。」

學士周墀，也留下未走，聽了十分驚懼。直說皇上的壞話，是很嚴重的，股腿都戰栗起來。惟恐他頂撞了皇帝，惹來殺身之禍。但柳公權的詞鋒和氣勢，一點也不屈撓。

唐文宗反而寬慰道：「唯獨你柳卿言事，大有諍臣的風度，忠藎可采。」第二天，任命他爲諫議知制誥。

【原文】文宗便殿對六學士，語及漢文恭儉。帝舉袖曰：「此澣濯者三矣。」學士皆贊詠帝之儉德，唯柳公權無言。帝留而問之。對曰：「人主當進賢良，退不肖，納諫諍，明賞罰。服澣濯之衣，乃小節爾。」時周墀同對，爲之股栗。公權詞氣不可奪。帝曰：「卿言事，有諍臣風采。」翌日，任諫議知制誥。（五代，後晉，劉昫《舊唐書》、卷一百六十五、列傳第一百十五。又見：孔平仲《續世說》、直諫）。

【另文一】宋太祖常服之衣，澣濯至再。（元・托克托：《宋史》・本紀、卷第二、太祖三）。

【另文二】明成祖裏衣袖敝，納而復出，侍臣合贊聖德。上曰：「朕雖日易十衣，何患無之？」念當惜福，故每浣濯更進。昔皇妣躬親補緝，皇考喜曰：「后居富貴，勤儉如此，正可爲子孫法也。」（清・朱綱正《朱氏淘沙》卷二）。

【讀後】舊衣潔淨後，舒適勝新衣；
你我多省惜，餘福永綿綿。

三五　祁奚舉仇薦子

遠在春秋時代的晉國，有位大夫叫祁奚，當晉悼公在位時，官任中軍尉，約等於總司令之職。後來，祁奚年歲老了，打算退休。悼公尊重老臣，問道：「我這些大臣之中，誰個可以接替你？」

祁奚答奏道：「解狐可以（解音ㄒㄧㄝˋ，讀蟹，是姓）。」

悼公詫異，問道：「解狐不是你的仇人嗎？」

祁奚答：「大王你是問誰人可以接替我，不是問誰是我的仇人呀！」悼公同意了，便叫解狐來接替中軍尉。那解狐有謀有勇，接任之後，做得很好。

過了若干時日，晉悼公又請問祁奚誰能接任國尉（就是軍尉，掌理兵事）？祁奚滿有信心，肯定地答道：「祁午可以。」

悼公又問道：「祁午不是你的親生兒子嗎？」

祁奚回應說：「大王是問最適當的接替人是誰，不是問我的兒子是誰呀！」後來祁午任為國尉，很是稱職。終其官，軍無秕政。

君子也都認為：祁奚最能薦良舉善，值得大家欽佩。稱賞他的仇人，這不是獻媚。保舉他的兒子，這不是包庇。《書經・洪範》說：「無私無黨，王道蕩蕩。」。像祁奚這樣外舉不棄讎，內舉不忌親的作爲，這才眞是大公無私的極境。

【原文】（春秋）晉大夫祁奚老，晉君問曰：「孰可使嗣？」祁奚對曰：「解狐可。」君曰：「非子之仇耶？」對曰：「君問可，非問仇也。」遂舉解狐。後又問：「孰可以爲國尉？」祁奚對曰：「午也可。」君曰：「非子之子耶？」對曰：「君問可，非問子也。」君子謂祁奚能舉善矣。稱其仇不爲諂，立其子不爲比。外舉不避仇，內舉不迴親，可謂至公矣。（漢・劉向《新序》卷一、雜事第一。又見：秦・呂不韋《呂氏春秋》卷第一・去私）

【讀後】外薦舉仇，內荐挑親，劉向崇敬，祁奚至公。
千載之後，猶聞直聲，見賢思齊，懿範堪欽。
今則澆薄，私念綦深，抗我者貶，順我者升。
剷除異己，袒愛家人，黨同伐異，遺臭終生。

三六　韓億索杖訓兒

北宋時代韓億（九七二—一〇四四），字宗魏，進士出身。宋仁宗（西元一〇二三年登位）時代，官任尚書右丞，死後謚曰忠獻，故後人稱為韓忠獻公。他性格方正，以治家嚴肅聞名。

當他在亳州（音播，即今安徽省亳縣）任太守（管理全州政務）時，次子在西京（北宋以開封為首都，稱洛陽為西京）任官（官職為中書舍人），特地來亳州省親。韓億心喜，便備辦酒席，邀集親友及僚屬一同歡宴。

在筵席杯酌暢敘之際，有人順便問韓家二郎說：「聽聞你們西京洛陽，最近發生一件死囚罪案有疑，呈報朝廷定讞的事件，其詳情眞相究是為何？」他兒子思索了好一陣，仍舊無法回答。

韓億見兒子如此尷尬情況，不禁怒氣橫生，他使力把餐桌推移，好讓自己起身，尋了根手杖，責備兒子道：「你支領了國家的厚俸，政務不分大小，都該知道。如今連少見的大辟死刑案件都記不起來，那些比這次等的事更加不知曉了，國家養你這種廢料何用？」一邊說一邊就要當衆責打他。衆多賓客力勸，方才罷手。

他治家訓子之嚴如此。

【原文】宋、韓忠獻公億，教子嚴肅。知亳州，二子舍人自西京告省。公置酒，召僚屬及親友備筵。席間有人問二郎：「西京有死囚疑獄奏讞者，請道其詳。」舍人思之久，未能答對。韓億推案，索杖曰：「汝食朝廷厚祿，事無巨細，皆當在心。大辟奏案尚不能記，則細務不舉可知。」必欲撻之。眾賓力解方已。（明・蕭良友：《龍文鞭影》、二集、下卷「韓億索杖」條）

【讀後】要想造就下代，家教必須嚴厲；璞玉未經琢磨，難以成爲偉器。倘若幼年混沌，長大哪有識見？即使再三加油，只怕來不及矣。韓億督訓雖好，培育功夫尚欠；兒子早已當官，死刑竟爾忘記。足證平時懶散，才會沒法匡濟；當眾揮杖撻罰，但願能有助益。

三七　林積返回珍珠袋

宋代林積，字公濟，慶曆年間（宋眞宗年號，一〇四一—一〇四八）進士。少年時，前往京都，途中經過蔡州（大約在今河南省新蔡縣），天晚了，住進旅館過夜。入睡時，覺得枕頭床褥下有物件亙著，掀開席褥一看，原來是今晨前住的房客遺留了一個綢布錦囊袋，袋中裝有晶瑩珍珠幾百顆。

第二天，林積請問店主人：「這房間前天是何人住過？」店主人告說是某某，是一位富有的商人。林積說：「原來是他，他是我的朋友，如果他再來這裡，請轉告他可到京師大學堂來找我。」林積又在房間裏牆壁上留言道：「某年某月某日，林積在此房住宿。」然後才繼續上路。

那商人前往某一大城市，打算賣掉珍珠，採購貨物，打開行旅包一看，珍珠袋不見了，趕忙循舊路沿途尋找。一直回到蔡州旅館，聽到店主人的告知，又在前住的客房牆上看到林積寫留的文字，就趕到京城，拜見林積。

林積說：「珍珠原封未動，但不便於在此地逕行交還你，請你向官府投狀，我會在公堂上全數歸還。」商人依言照辦，林積交出原袋珍珠。但府尹諭知應由兩方平分。商人甘願述說：「我也希望這樣，才好讓我心安。」

林積堅決拒絕，說道：「我林積如果稍有貪念，當時便不必張揚，全部據爲己有，不就得了。」他一顆也不要。商人也沒法勉強他，便另外拿出好幾百個「千文」（錢幣一枚叫一文），請佛教大寺舉辦多場大法會，普度衆生，也藉此爲林積增添福祐。

【原文】林積，字公濟。少時入京師，至蔡州，入旅邸。既臥，覺床笫間有物逆其背。揭席視之，見一錦囊，有珍珠數百顆。明日，詢主人曰：「前夕何人宿此？」主人以告，乃巨商也。林曰：「此吾故人，脫復至，幸令來上庠相訪。」又揭其名於室曰：「某年某月某日林積假館。」遂行。商人至一城，取珠欲貨，則無有。急沿故道尋之。至蔡邸，見其牓，即訪林於上庠。林具以告曰：「原珠俱在，可投牒府中，當悉以歸。」商如其教，林詣府，盡以珠授商。府尹使中分之。商曰：「固所願也。」林不受曰：「使積欲之，前日已爲己有矣。」秋毫無所取。商不能強，以數百千就佛寺作大齋，爲林君祈福。（宋・李元綱——字國紀，錢塘人——《厚德錄》。又見：清・允祿《子史精華》卷八十七、品行部、度量「歸錦囊珠」條）。

【讀後】滿袋珍珠無價寶，買幢華廈用不了；
平分一半也勿好，佳範如斯哪裏找？

三八　閻敞歸還寄存錢

蘇東坡《前赤壁賦》有名句傳世：「且夫天地之間，物各有主。苟非吾之所有，雖一毫而莫取。」這話寫下來不難，做起來可就不易。尤其在兩千年前的漢代，一百萬並非小數目。今有人焉，一文錢也不要，豈可不予傳述？

漢代閻敞，字子張，任官爲郡掾（秦分天下爲三十六郡，一郡約當一省。首長叫太守，輔佐的官吏叫掾佐，或掾屬。掾音院）。郡太守名叫第五嘗（第五是複姓，嘗是名。漢有司空第五倫，唐有鹽鐵使第五琦）。後來，第五嘗奉到皇帝詔令徵派他調職到別處任官，由於京令急切，即須離職啓程，一時間只得將歷年所積存的俸祿及家財一百三十萬銀錢，寄存在閻敞處。爲了愼密，閻敞將錢裝入幾個瓷缸裡，封了口，埋在堂屋後的地下，別人都不知道。

第五嘗赴任新職後，不久，時疫流行，全家都突染急病死了，僅存活了一個孫兒，纔九歲。第五嘗在臨死時，曾對小孫子提到有錢三十萬寄存在閻敞處。後來孫兒長大成年了，便來拜會閻敞，順便試探著問起有沒有先祖父寄存的遺款？閻敞接待這位孤孫，一則以悲，一則以喜，立刻把埋藏的錢一百三十萬，分毫不差的還給他。

孫兒提醒說道：「先祖父只對我說寄存三十萬，沒有說是一百三十萬，是不是你給我太多了？」

閻敞答道：「我想令先祖大概是在重病之際，記憶力迷糊，把錢數說錯了。你不必懷疑，這一百三十萬沒錯，都該全數歸還給你才是！」

【原文】閻敞，字子張，爲郡掾。太守第五嘗被徵，以俸錢百三十萬寄敞，敞埋之於堂下。後、第五嘗舉家病死，唯餘孤孫九歲。嘗未死時，曾說有錢三十萬寄敞。及孫長大，試謁閻敞問之。敞見孫、悲喜不勝，即悉數取錢還孫。孫曰：「祖僅言三十萬，無一百三十萬。」敞曰：「府君病困謬言耳，郎君勿疑。」（明・鄭瑄：《昨非盦日纂》，種德第三、閻敞條）。

【讀後】百萬錢，數不少；若要私吞，沒人知曉；
這閻敞，太好了。品最端方，漢代之寶！

三九　董宣稱強項

東漢初期董宣（公元前二六—後四八，字少年）官任洛陽令（東漢都洛陽，即首都市長，也就是京兆尹），爲人剛毅正直，不畏豪強。那時漢光武帝劉秀（字文叔。公元前六—公元五七）在位。他有位胞姊湖陽公主，姊弟親情篤厚。湖陽公主的一個老奴僕，白天在外逞兇殺了人，躲進公主府第中，政府官員都不敢前去逮捕治罪。

公主想將那老奴送往別處逃亡避禍，就親自出動車駕，錦輿駟馬，叫這老奴僕陪著乘車，打算出城後，遠走高飛，便沒事了。

那洛陽皇城建有十二道城門，夏門在亥位，這是湖陽公主出城必經之路，城門之外有座涼亭，董宣得知公主行程，便率領衛士，在涼亭等候。

公主到了，董宣喝令停車。叫人扣住馬匹，用長刀畫地，不許前進一步越線。他大聲數落公主的不是。叱喝那奴僕下車，當場下令將他斬了。

湖陽公主受到極大的羞辱，即時回宮，向弟弟光武皇帝投訴，光武帝大怒，立即把董宣召來，要用大杖將他打死，好替姊姊出氣。

董宣一面叩頭，一面奏道：「但請容臣只講一句話，然後領死。」

光武帝道：「你還有甚麼話好說？」

董宣大聲嚷奏道：「陛下使漢室中興（推翻王莽新朝，重建漢家天下），聖德深厚。但縱容奴僕擅殺良民，又曲予包容，怎麼可以治理天下？我不必受杖而死，讓我自行了斷就可以了。」說罷，就用頭碰撞宮中的大石柱，頭皮撞破了，血流滿面。

光武帝叫小黃門（宮殿中聽使喚的宦官）捉住他，迫令他向側旁的湖陽公主叩頭，道個歉賠了罪也就算了。哪知董宣硬是不從，小黃門強行壓著他的頭，用力向下猛按，促他頓首行禮，董宣用兩手撐著地面，就是不肯俯就，連小黃門也無計可施了。

湖陽公主看到這幕場景，悠悠地帶著酸味對光武帝訴道：「文叔（劉秀的字）呀！想你當年身為平民時（未起義之前），家裡窩藏了不少的亡命匪徒，也掩護過一些判了死刑的囚犯。那時的州官府吏都怕你，不敢跨進你的大門。如今你已貴為天子了，威儀赫赫，竟然連一個小小市長也制服不了嗎？」

光武帝笑了，婉言道：「做了天子，行事就和做老百姓不相同了呀！」因叫這位「強項令（硬脖子縣令，不肯低頭的市長）出宮去吧！」並賜他國庫官錢三十萬。

董宣把錢全數分給辦事的諸吏，自己一文不取。從此打擊豪強，更加順手。京城裡的壞人，無不畏懼他。

【原文】董宣為洛陽令。湖陽公主蒼頭白日殺人，匿主家，吏不能得。及主出，以奴驂乘。宣於夏門亭候之，駐車扣馬，以刀畫地，大言數主之失，叱奴下車，殺之。主還宮，訴之帝。帝大怒，召宣，欲箠殺之。宣叩頭曰：「願乞一言而死。」帝曰：「欲何言？」宣曰：「陛下聖德中興，而縱奴殺良人，將何以治天下？臣不須箠，請自殺。」即以頭擊楹，血流破面。帝令小黃門持宣，使叩頭謝主。宣不從，彊使頓之。宣兩手據地，終不肯俯。主曰：「文叔為白衣時，藏亡匿死，吏不敢至門。今為天子，威不能行一令乎？」帝笑曰：「天子不與白衣同。」因敕強項令出，賜錢三十萬，宣悉以班諸吏。由是能搏擊豪強，京師莫不震慄。（宋・司馬光《資治通鑑》、卷四十三、漢紀三十五。又見：南朝宋、范曄《後漢書》、卷第一百七）

【另文】 魏・高道穆（名恭之，糾彈不避權豪）為御史中丞，帝姊壽陽公主行犯清路，赤棒卒呵之不止。道穆令卒棒破其車。公主深恨，泣訴帝。帝曰：「彼所行者公事，豈可以私恨責之？」道穆後見帝，帝曰：「家姊行路相犯，深以為愧！」（宋、孔平仲《續世說》、卷三、方正）

【讀後】 董宣強項令，剛正不低頭，

脖子生來硬，千秋美譽留。

討好君主於一時較爲重要？還是保衛國家於永遠較爲重要？這是考驗當家者的難題，也是賢明與諂佞的分辨。

四〇　古弼派弱馬

南北朝時代的古弼（？——四五二），代郡人。北朝的北魏明元帝（拓拔嗣，號太宗）很賞識他，賜他的名字叫「筆」，意思是剛直而有大用。後又改賜爲同音字的「弼」，意思是他有輔佐國政的魄力。

北魏世祖太武帝（拓拔燾，四二四年就位）繼承皇位後，有一次，舉行了大規模的打獵之旅。地區在河西（黃河以西，今陝西一帶）。古弼那時官任尙書，指定要他在京城留守。太武帝自河西傳來聖旨，要將京裏好的駿馬，都撥去作遊獵之用。古弼代理國政，沒有照辦，改派瘦弱的馬匹，撥送出去。

太武帝大怒，因爲弱馬跑不快，極不稱意，罵道：「古弼是個甚麼東西？竟有天大的狗膽，敢於違抗朕的命令，這不是反了？等我回京，首先就要斬掉這個奴才！」

亂世殺人，本是家常便飯。世祖說了狠話，古弼手下的官員都惶懼恐怖，害怕株連牽扯起來，他們的性命也難保，可能會連帶一起殺頭。

古弼安慰他們說：「大家不必驚慌。想我得罪世祖，只是沒給好馬，打獵不快意而已，這個罪很小。如果在保國衛疆的防禦上有疏漏，讓敵國得逞，這個罪就大了。如今北方的柔然（北狄之國）氣焰正盛，亟想攻我。北燕和北涼，也得提防。至於南朝的劉宋（劉裕），他們國內有個太尉叫檀道濟（？—四三六），有謀有略，更不可忽視。這都是我最放不下心的，所以留下駿馬充實軍力，是經過深思熟慮後的做法。如果對國家有利，又何須規避自己的生死呢？而且這是我一個人決定的，不是你們的錯，一切由我擔起來就得了。」

這番道理，傳到世祖耳中，覺得古弼極有忠誠和遠識，贊道：「有這樣賢能的輔弼大臣，乃是國家的瑰寶。」回京特別賜他錦袍一套，驃馬兩匹，馴鹿十頭，以示褒獎。

【原文】 古弼，代人也。太宗嘉之，賜名曰筆，後改名弼。世祖校獵於河西，弼留守。詔以肥馬給騎人。弼命給弱者。世祖大怒，曰：「敢裁量朕耶？朕還京，先斬此奴。」弼屬官惶怖懼誅，弼告之曰：「吾以爲畋獵不適意，其罪小。不備不虞，使戎寇恣逸，其罪大。今北狄孔熾，南虜未滅，是吾憂也。故選肥馬備軍實，爲不虞之遠慮。苟使國家有利，吾何避死乎？此自吾罪，非卿等之咎也。」世祖聞而歎曰：「有臣如此，國之寶也。」賜衣一襲，馬二匹，鹿十頭。（北齊・魏收《魏書》卷二十八、列傳第十六）

【讀後】 偉哉古弼：國防第一，直不曲從，敢違聖意。確是輔弼邦國的棟才，是有宏觀意識的範例。

四一　國父孫文拒長兄任都督

國父孫中山先生（一八六六—一九二五）名文，號逸仙，民國元年（一九一二）一月一日就任臨時大總統，他主張用人唯賢，指示法制局制定文官考試章程，建立掄才正道。

廣東省都督胡漢民調任總統府秘書長，都督一職空懸，廣東軍民紛紛電請由孫先生的胞兄孫眉（一八五四—一九一五），又名德彰，字壽屏，接任廣東都督（統轄全省軍民財政）。

孫眉本是廣東人，又是興中會元老，且有傾家濟助革命的大功，就任此職應是水到渠成之事。各界推介的電文有一百多封，當時教育部長蔡元培（一八六七—一九四〇）也是薦舉人之一。

孫中山先生出生於農家，十四歲時遠赴檀香山（即火奴魯魯，今美國夏威夷州的都會），大哥孫眉供給他讀書，資助他革命，可謂情深恩重，倘如畀予都督，也是順應輿情。

但孫先生一直不同意。他在民國元年一月覆函教育部蔡部長元培說要用人唯才，反對用人唯親。二月又覆電廣東各團體及報館，闡述不能委任胞兄的理由。同一天，再專門致電長兄說：

「粵中多人議舉大哥為都督，弟以為政治非兄所熟習。兄長為人質直，一入政界，必將有相欺以方者。未登舞臺，則眾人屬望；稍有失策，怨亦隨生。爲大局計，兄宜專就所長，專任一事，如辦理實業之類，而不必當此政治大任。且聞有欲用強力脅迫他人以舉兄者，尤不可不避也……。」

阿弟勸他不必參政，孫眉心生怒火，跑到南京總統府，對弟弟大發雷霆，甚至說：「阿文（國父名孫文）是大總統，我就是大大總統！」

民國元年五月，孫先生回到老家香山縣翠亨村，大哥孫眉仍然斥責他說：「你當了大總統，倒把我一腳踢開了，眞個是六親不認……你說說看，我當都督，哪一點不夠資格？」孫先生等大哥發夠了脾氣，才帶笑回說：「你是我的大哥，家裏的事，大小都可以聽你的。但國家的事，那就不能隨便了。」

經過孫先生的一再勸慰，孫眉終於依從了孫先生的意思，不再堅持了。直到民國三年二月十一日，大哥孫眉在澳門病逝，始終沒有擔任過國家公職。

【原文一】國父孫中山先生，名文。主張任人唯賢。廣東省都督胡漢民調任爲總統府秘書長後，廣東軍民擬舉孫先生胞兄孫眉爲都督，推舉電文多達百餘封，教育部長蔡元培亦爲薦舉人之一。孫先生於民元一月覆函蔡元培部長，謂當用人唯才，反對任人唯親。二月，又致電大哥孫眉謂：「弟以爲政治非兄所熟習。兄質直，一入政界，必將有相欺以方者。爲大局計，兄宜專就所長，如辦實業之類，勿預政事爲良也。」孫眉怒曰：「阿文是大總統，我應是大大總統。」五月、孫先生返翠亨村，孫眉責之曰：「你當了大總統，倒把我一腳踢開了，眞是六親不認。你說，我當都督，哪樣不夠格？」孫先生待長兄發夠了脾氣，才笑答道：「你是我大哥，家事都該聽你的，但國事就不能隨便。」經一再勸忍，孫眉才未堅持。民三年二月十一日，病逝澳門，一生未任公職。（民國、近代史學家、吳相湘：《孫逸仙先生傳》、下册）

【原文二】一八五四年，長子孫眉出生，一八七一年，孫眉十八歲，隨舅父楊文納往檀香山。三年後，已有積蓄，乃開墾良田，又大營畜牧。一八七八年回國召募華工時，已是大富人矣。孫文亦乘船赴檀香山：「始見輪舟之奇，滄海之闊。」

（吳相湘《孫逸仙先生傳》上册，第一——第二章）

【讀後】胞兄愛弟，深恩厚德；
捐財革命，促成建國。
身爲粵籍，省民咸悅；
擁作都督，薦者超百。
任官避親，堅守原則；
國父大公，偉哉品格。

四二　銓官王翱阻女壻調京師

自己有升遷調職大權，女壻要換個工作地點，可不可以？

明代有個好官，名叫王翱（一三八四—一四六七），字九臯，明成祖（一三六〇—一四二四）時進士出身，由於剛明廉直，到明英宗時，官任銓部主管，負責官吏之考選升調（量才授官曰銓）。但他推薦提拔人才，從來就不讓對方知曉。他常說：「官員各憑才能識驗升遷，難道別人可藉考選之權來私下酬恩報恨嗎？我可絕不這樣做。」

他的孫子進入了太學，仕途在望。但王翱不讓他去參加科舉考試任官，說：「你不可去佔那有限的錄取名額，不要妨礙那些貧寒士人的前進之路。」

女壻賈傑，在外地任官。王翱夫人時常要接她女兒回娘家，頗爲費事。賈傑對妻子說：「你父親掌管百官的升遷調職，若把我調回首都，此事易於反掌，何必要像現在這樣老遠的奔波往返呢？」

女兒將此話告訴媽媽，王夫人找機會婉請王翱將女壻調來近處，不求升官，只是換個地點。但王翱沒有同意，一直不肯爲私情而刻意將女壻調職。由於他政績優異，明英宗眷顧益厚，召對便殿，稱他爲先生而不直呼其名，恩遇極隆。王翱死後，諡爲忠肅。

【原文】明代王翱，字九皐。明成祖時進士，後官銓部。論薦不使人知，曰：「吏部豈快恩怨地耶？」孫入太學，不使應舉，曰：「勿妨寒士路。」壻賈傑，官近畿。翱夫人數迎女，傑恚曰：「若翁典銓，移我官京師，反手爾，何往來不憚煩也？」夫人聞之，乘間請翱，翱不應，傑卒不得調。謚忠肅。（清、張廷玉：《明史》、卷一百七十七、列傳第六十五）

【讀後】銓部爲國掄才，焉可私情施惠？
王翱品格端正，贏得後人佩慰！

四三　何瑭拒劉瑾贈扇

人要立品，先做個正人君子，這是第一要務。敦品之後，再求實學憑以服務家邦。否則存心爲惡，只是個害群之馬，人人得以除之。

明代有位何瑭（一四七四—一五四三），字粹夫，武陟人。明孝宗弘治年間進士，選任爲翰林院庶吉士。

那時宦官劉瑾（?—一五一〇）當權，政務都由劉瑾專決，朝中百官都畏懼他，奉承他。有一次，劉瑾要分贈每位翰林一把川繡緞扇，大家都進入劉瑾府中去跪拜領取。那時何瑭官任翰林院修撰（職務是掌修國史），獨有他拱手長揖而已。劉瑾見他不施大禮，心生忿怒，不給他川扇。

其他受贈的翰林們，接到扇子後，又再跪拜，謝賞叩恩。何瑭臉色凝重地指責說：「爲甚麼這樣沒有骨氣？尊嚴何在？」

劉瑾轉爲大怒，直問他姓甚名誰？何瑭毫不畏懼，大聲回應道：「何瑭，翰林院修撰，就是我名我職！」

何瑭自料劉瑾必不可能善罷干休，就幾度上疏，呈請辭職獲准。直到劉瑾伏法受誅後，才又恢復官職，歷任工部戶部禮部侍郎及都御史，死後諡爲文定。

【原文】何瑭，字粹夫，武陟人。弘治進士，選庶吉士。劉瑾竊政。一日，贈翰林川扇，有入而拜見者。瑭時官修撰，獨長揖。瑾怒，不以贈。受贈者復拜謝，瑭正色曰：「何僕僕也？」瑾大怒，詰其姓名？瑭直應曰：「修撰何瑭！」知必不爲瑾所容，乃累疏致仕。後瑾誅，復官。（清、張廷玉：《明史》、卷二百八十二、列傳第一百七十）

【讀後】翰林是讀書人的高位，總得要保持若干骨氣，不可賤到品格掃地。爲受一把扇子，前後跪拜謝恩，何膝蓋之軟弱如是哉？其謹身敦品的修爲，喪失到哪裡去了？

四四　海瑞忤世宗罷官

明代忠骾大臣，有個海瑞（一五一四—一五八五），字汝賢，號剛峯，廣東瓊山人。明世宗嘉靖年間，官任戶部主事。他性情剛直，痛恨世宗迷信太深，國政腐敗、撰寫了長篇奏疏，進呈皇帝親覽。在奏疏中，他措詞毫不保留，甚至直率指責說「陛下之誤多矣。」明世宗看了，赫然大怒，指示說：「好大的狗胆！即刻派人前去，趕緊將海瑞奴才抓來，不得讓他跑掉！」

宦官黃錦在旁奏道：「皇上請息怒，海瑞這個官人，素來負有癡名。聽說他在上疏之時，自知會觸忤皇上，必死無疑，已經買了棺材，訣別妻兒子女。他是不會逃跑的！」明世宗仍不消氣，直說：「我哪能忍受這個狂人的咒罵？」於是海瑞被逮，打入監獄，有詔將予處死。

戶部司務何以尚，遞上呈稟，請求寬恕海瑞。明世宗怒心又起，罰打何以尚一百板子，也押入監牢中待審。但隔了三個月，明世宗嘉靖帝死了，穆宗繼位，兩人才被釋放。以後海瑞任官都御史，極有政聲。

海瑞一生剛正、嫉惡如仇，也平反不少冤獄。後人把它編爲戲劇，如「大紅袍」「海瑞罷官」等，在海峽兩岸連映，觀者不衰。

【原文】海瑞，字汝賢，任户部主事。上疏，言「陛下之誤多矣。」明世宗大怒，曰：「趣執之，無使得遁。」宦官黄錦在側，曰：「此人素有癡名，聞其上疏時，自知觸忤當死，市一棺，訣妻子，是不遁者也。」帝曰：「朕豈受此人詬詈耶？」遂逮瑞，下詔論死。户部司務何以尚，疏請釋瑞，帝怒，杖一百，下獄。越三月，帝崩，穆宗立，兩人俱獲釋。後以瑞爲都御史。（清、張廷玉：《明史》、卷二百二十六、列傳第一百十四）

【讀後】海瑞上疏，呈請皇帝御覽，文中竟然直説「陛下之誤多矣」（你的錯誤太多了呀）。沒人敢如此措詞，海瑞太忠耿了。他就憑此一股凜然正氣，爲國事進言，不恤個人性命。海瑞別號剛峯，其「剛」直之品性，實已上達巔「峯」。

四五　趙軌還桑子

隋代有位趙軌，洛陽人，有品有德。在隋文帝時代（五八一—六〇四在位），官任齊州刺史。他的清白名聲，一直流傳於州郡之間。

他住宅東邊鄰居院子裡，緊靠圍牆邊上，種有大桑樹一株，枝幹橫生，伸展到趙軌院坪的上空。結的纍纍桑椹（桑樹結的果實）也叫桑子，味甘好吃。熟透了，落在趙軌院內，滿地都是。

趙軌叫兒子們撿拾起地上的桑椹，送去鄰家。並對兒輩們解釋說：「我不是想藉此來求取贊譽。只覺得不是屬於我的，就不應該取得。汝等也該以此爲鑑。」

【原文】隋、趙軌，洛陽人，有品德。隋初，官任齊州刺史，以清白聞。其東鄰有桑椹落其家。軌遣諸子悉拾以還其主，而謂之曰：「吾非以此求名，意者、非機杼物，不取於人。汝等宜以爲戒。」（明、蕭良友：《龍文鞭影》、二集、上卷、「飭兒還椹」條）

【讀後】宋代大文豪蘇軾《赤壁賦》說：「苟非吾之所有，雖一毫而莫取。」若能如此，他的品格，就達到了《孟子．盡心》所說的「仰不愧於天，俯不怍於人」的境界了。

四六　陳寔勸偷兒

東漢陳寔（一〇四──一八七），字仲弓。他好學不倦。穎川縣長鄧邵與他交談時，就發覺他是位奇才，十分佩服。

陳寔在縣鄉鄰里之間，也普受讚佩，咸認他心地公正。遇有爭訟之事，每每請他來評斷對錯。他總是坦誠的分析出誰是誰非，讓各人口服心服，爭端就祥和化解了，事後也沒有人抱怨。大家都說：「寧可受到法律的制裁，但不可被陳寔先生說我的品格不好。」

有一年遇到災荒，糧食沒有收成，百姓生活艱困。有個小偷，晚上潛入陳寔家中，藏身在廳堂的橫梁上，想等家人睡後，好偷財物。

陳寔暗中發覺了，他不動聲色，穿上整齊衣服，把廳堂裡的香案茶几坐椅都拂拭潔淨，端肅的坐在正上方，一副莊敬的形像。他把兒孫輩都召喚過來，集合在廳堂裡，凝重的訓示他們說：「我們做人，不可不自己勉勵，以免走到壞路上去。那些不走正路的人，起初未必本性不好，但壞事做多了，日久習性已成，便難得回頭，這是要不得的。例如今晚這位『梁上君子』就是個實際的例子。」

這位偷兒，對陳寔的全部動作都瞧見了，聽到這番訓話，更大吃一驚，知道自己行藏敗露，只好自動下來，伏在地上叩頭請罪。

陳寔溫和的向他開導說：「看你的像貌和舉動，並不是個壞人。希望你能深深反省，改錯向善。不過，如今淪爲偷竊，諒必也是由於貧困受逼的緣故吧？」說時便送給他絹綢兩匹，讓他帶著回家。

這件事傳了開來，從此穎川一縣再也沒有小偷了。

【原文】陳寔，字仲弓，有志好學。縣令鄧邵與語，奇之。寔在鄉閭，平心率物。其有爭訟，輒求判正。曉譬曲直，退無怨者。至乃歎曰：「寧爲刑罪所加，不爲陳君所短。」時歲荒民儉，有盜夜入其室，止於梁上。寔陰見，乃起自整拂，呼命子孫，正色訓之曰：「夫人不可不自勉。不善之人，未必本惡。習以性成，遂至於此。梁上君子者是矣。」盜大驚，自投於地，稽顙歸罪。寔徐譬之曰：「視君狀貌，不似惡人，宜深克己反善。然此當由貧困。」令遺絹二匹。自是一縣無復盜竊。（南朝、宋、范曄：《後漢書》、卷九十二、列傳第五十二）

【讀後】陳寔寬大，恩威齊下，既勉向善，復濟其乏。
況本非惡，焉有不化？浪子回頭，毋須驚訝。

四七　武則天惜駱賓王才子

唐代駱賓王（六四〇—？），七歲就能賦詩，與王勃、楊炯、盧照鄰號爲初唐文壇四傑。《唐詩三百首》有他的五言律詩《在獄詠蟬》，感情豐沛。又《古文觀止》收錄了他撰的《爲徐敬業討武曌檄》，是一篇傳世的宏文。

那武則天（六二四—七〇五）本是唐高宗的皇后。高宗死後，自己稱帝，國號周，改名爲曌，音義同照，取日月當空之意，這是她創造的新字。至於這篇《討武曌檄》，乃是一份官方文書，傳佈天下，是宣告和討伐武則天的罪狀的。文中先訴武后的罪不容誅，繼寫起義王師之不可暫緩。檄文用鏗鏘的四六駢體寫出，極力指責武則天的過惡，雄文勁采，義正辭嚴，乃是一篇名作。

檄文傳到京都，有人呈給武則天在朝堂中閱看。文中有「蛾眉不肯讓人，狐媚偏能惑主」的話，詆毀侮辱已很厲害了，但武則天只是輕輕的笑一笑而已，沒有計較。往下又唸到「一坏之土未乾，六尺之孤何託？」這話已戳到武則天的心臟，但他沒有忌恨駱賓王，卻只責怪自己人，反而說：「我們的宰相，理應延攬天下英才，以爲國用，怎可漏失這位了不起的才子？」

【原文一】駱賓王爲徐敬業作檄，極疏大周過惡（武則天作皇帝，改國號爲周）。則天覽及「娥眉不肯讓人，狐媚偏能惑主」，微笑而已。至「一抔之土未乾，六尺之孤何託？」曰：「宰相何得失此人？」（唐、段成式：《酉陽雜俎》、卷一、「忠志」章）

【原文二】武則天見檄，問曰：「誰所爲？」或對曰：「駱賓王。」太后曰：「宰相之過也。人有如此才，而使之流落不偶乎？」（宋、司馬光：《資治通鑑》、卷二百三、則天后傳。又見：五代、後晉、劉昫《舊唐書》卷二百一、駱賓王傳）

【讀後】檄文是一種對外傳佈的官式文件，用於討伐、曉諭、罪責的宣傳文書。本篇駱賓王的檄文，分爲四段：首段指出武氏的罪狀，次段說明起兵的原因，三段暢述兵威的盛大，末段號召全國響應來恢復唐朝天下，寫得聲光奕奕。但是，本篇的重點，乃是要觀察武則天對此作何反應？請看原文的描述。好個武則天，雖然她在後宮養了男人，但她胸懷博大，實非一般人所能預料。她讀到那些鋒芒尖銳的刺激文詞，不但沒有責怪駱賓王，反而認爲如此雄才，未爲國用而投敵，該自己檢討。寬宏大量如斯，才是本篇摘述的眞意。

四八　徐文遠拜王世充小人

與人相會見面之際，究竟應該恭謹盡禮呢？或是可以疏慢少禮呢？請看徐文遠，他有不一樣的應對。

唐代徐文遠（五四九—六二三），任國學博士。但當隋末唐初年代，天下紛亂，徐文遠被李密（五八二—六一八，自稱爲王）的軍隊擒獲，押解到李密面前，原以爲會當作囚犯受刑。豈知李密久聞徐文遠博學，竟然請他面朝南方，安然高坐，李密自己則北向躬行弟子學生之禮，向他參拜，尊爲老師。

那時王世充（？—六二一）也僭稱皇帝，把李密打潰了，徐文遠又被王世充所得。但文遠對王世充十分恭敬，每次見面，都先行拜揖盡禮。

有人問他道：「文遠博士先生，你以前與李密相見時，多是傲然安坐，甚或跏趺懶得起身，兩足盤踞，也不以爲意。如今卻恭謹敬事王公世充，其故爲何？」

徐文遠釋說：「你們要知道：那李密是位君子，旁人即便是學那酈生簡略地對他拱拱手，禮節粗疏，他也能接受，不會計較（漢代酈食其稱爲酈生，去見漢王劉邦，長揖不拜）。至於今日王公世充，乃是小人，即使你是故交，倘如怠慢失禮，他卻可能殺你。這些都必須觀察對象和時機而作出不一樣的因應，這不是很自然的嗎？」

【原文】徐文遠，任國學博士。爲李密軍所執，密令文遠南面坐，備弟子禮北面拜之。及密敗，王世充得徐。而文遠盡敬，見之先拜。或問曰：「君踞見李密而敬拜王公，何也？」答曰：「李密，君子也，能受酈生之揖。王公，小人也，能殺故人。相對而動，豈不然歟？」（五代、後晉、劉昫：《舊唐書》、卷一百八十九上、列傳第一百三十九上）、

【讀後】禮貌者，彼此交往相見時之動作表示也。度量寬宏的人，即使對方疏慢無禮，也可不予計較。但氣量狹小的人，若遇對方失敬，便認爲是瞧不起我，受到屈辱，就會加倍報復，殺之也不恤矣。爲此，當徐文遠遇見王世充，不敢不先拜，諒即此也。由此便可測知人品的高下了。

四九　八指元勳黃興

中華民國創建之前，革命黨人奮起推翻滿清，歷經多次起義，屢仆屢起，士氣如虹。一九〇六年黃興發動鎮南關之役失敗後，又策動在廣州發難。

黃興（一八七二—一九一六），字克強，組織了敢死隊，準備在廣州起義。但密運槍械多次多批之際，爲清廷暗佈的奸細偵測到風聲，使清軍預作戒備。總司令黃興不改初志，且決定提前於一九一一年農曆三月二十九日（當時國家採行農曆，又稱陰曆。換算爲公元一九一一年四月二十七日）舉事。

他身先士卒，親率革命同志，直攻廣州總督衙門。逼近到大門口，擊斃了衛隊管帶金某。又衝入二堂，續斃衛士十多人，同志也犧牲了三位。繼續直闖內衙，發覺總督張鳴岐外出，乃放火燒衙，轉往市區南大門進擊。

這時敵我展開激烈巷戰。清廷水師提督李準的部隊趕來增援，革命同志林時爽欲與敵軍李準部隊的內應者互通訊號招撫時，突然頭部中槍喪命。黨人被迫沖散，由於勢弱，轉退時有的死傷，有的被俘。黃興在亂槍中右手中彈，斷了食指及中指兩根手指。

這三二九之役被捕的同志，如林覺民有《與妻訣別書》，方聲洞有《起義前稟父書》，喻培倫留有「革命黨人殺不盡」的壯語，都視死如歸，轟烈殉國。事後由黨人潘達微集得遺骸七十二具，合葬於黃花岡（原名紅花岡）。浩氣長存，光昭萬古。

之後，吳稚暉寫了《黃花岡薤露歌》曰：「……黃花落，黃花開，花開花落年年在，斯人一去不復還。」

于右任也撰詩詠贊云：「黃花岡下路，一步一沾巾。恭展先賢壠，難爲後死身。當年同作誓，今日羨成仁。採得雞冠子，殷勤寄故人。」詞意欽仰。

黃興斷了兩指，傷處極爲疼痛。他於忙亂中乘一小船，渡海前往香港，與趙聲相見，抱頭痛哭，暈了過去。經施急救，良久才甦醒過來。嗣後女同志徐宗漢回來，見狀大驚，陪往香港雅麗士醫院動手術割治，由徐宗漢權且假充妻子在手術志願書上簽了字，由此後來結爲夫婦。

黃興傷癒後，並未氣餒，且組成了「東方暗殺團」，繼續進行奮鬥。他寫有《蝶戀花》詞，有「不道珠江行役苦，祇憂博浪椎難鑄。」之句，說明廣州之役事未成，推翻滿清功待竟，用以明志。

隔了半年，辛亥武昌起義，黃興仍然是總司令。革命成功，清廷遜位，民國肇建，五族共和。黃興乃是開國功首。因他少了兩個手指，故被譽稱爲八指元勳。

黃興爲國獻身，只活了四十四歲。我們看古往先哲，例如孔子學生顏回（元前五二一—前四九〇）僅活三十一歲。漢代辭賦名家，人稱賈太傅的賈誼（元前二〇一—前一六九）享年三十二歲。唐初文壇四傑之一的王勃（六四九—六七六）只有二十七歲。宋代抗金名將岳飛（一一〇二—一一四一）僅活三十九歲。宋末抗元的文天祥（一二三六—一二八二）只有四十六歲。清時七十二烈士的林覺民（一八八六—一九一一）死時二十五歲。撰寫《革命軍》極力排滿的鄒容（一八八四—一九〇五）只活二十歲。那推翻袁世凱的蔡鍔（一八八二—一九一六）也只享三十四歲。這些高賢志士，生命都不很長，但勳績卻備受崇仰，永為吾輩之偉範。由此當知：生命的長短。不是重點，做成了甚麼事業，才是人生的目的。

【原文一】革命黨人策定在廣州再舉。黃興組織敢死隊，但清廷已有戒備。黃興決定提前於農曆三月二十九日舉義。黃興親率同志，直攻總督衙門，擊斃衛隊管帶金某，直衝督署二進，斃敵十餘人，直入內進，放火燒署，再趨南大門，雙方激烈巷戰。同志林時爽招撫李準所部時，突中槍死，黨人被迫沖散，黃興在戰亂中右手被擊傷，斷二指。被捕者如林覺民、方聲洞、喻培倫等，均視死如歸，壯烈殉國。計得遺骸七十二，集葬於黃花岡。黃興斷指痛極，乘小船過海到香港。稍後，女同志徐宗漢回，見狀大驚，陪往雅麗士醫院動手術，徐依例權以妻名簽字於手術書，由此而結為夫婦。黃興因被稱為八指元勳。（民國、吳相湘教授：《孫逸仙先生傳》、第二十一章、廣州三二九行動）

【原文二】黃興寫詩，有「一試豈能酬我志，此行聊慰白頭親」之句。一九〇三年，組「華興會」，為同盟會之原動力。革命起義十次，大都由他主導。辛亥年三月二十九日，黃興進攻總督衙門，被流彈射中食指和中指，幸而脫險，又組「東方暗殺團」，他有句曰：「不道珠江行役苦，祇憂博浪椎難鑄」以勵志。（民國、吳相湘教授：《民國百人傳》、第二册、開國元勳黃興）

【讀後】黃興，湖南善化人，乃建國之元勳，與國父齊名，他忠勇無前，舉國崇仰，但後人漠視冷落他了。深感遺憾。最低限度，應起造一幢克強樓，及興建一座克強紀念館。另有人建議說：「湖南長沙有個黃花機場，其命名卻寓有『明日黃花』凋零過時之貶意；應可改稱爲『黃興機場』，因爲黃興就是長沙人」，或可稍舒愧意。

五〇　七言長詩胡適

倡導白話詩文的胡適（一八九一—一九六二），原名洪騂，字希彊，又字適之，別號適盦，安徽績溪縣人。從小就入私塾唸古書。他回憶說：「天剛亮，便要去『上早學』，唸三個鐘頭才回家吃早飯。晚上也還要『唸夜書』，那時期，只要能背就可以了。」他又說：「千字文開頭的『天地玄黃，宇宙洪荒』兩句，我從五歲讀起，到現在做了十年大學教授，還不懂得這八個字究竟是甚麼意義。」

胡適自民國六年於美國哥倫比亞大學獲博士學位後，回國在北京大學任文學院院長，以後任校長。他先後接受歐美各大學的名譽學位共三十五個。

民國十四年，有一次，胡適和司法總長章士釗（一八八二—一九七三）在宴會中兩人同桌而坐。友人認爲胡是白話文之先驅，而章則是文言派的泰斗，因替二人合照一幅相片，且請兩人互題詩句。不料胡寫的是一首七言舊體絕句詩：

「但開風氣不爲師，龔生（指龔自珍，一七九一—一八四一，博通經史）此言吾最喜；
同是曾開風氣人，願長相親不相鄙。」

而章士釗則反而回報一首新體白話詩云：

「你姓胡來我姓章，
你講甚麼新文學，我開口還是我的老腔。
你不攻來我不駁，雙雙並坐各有各的心腸。
將來三五十年後，這個相片好作文學紀念看。
哈，哈，我寫白話歪詞送把你，總算老章投了降！」

兩人風趣，活躍紙上。

民國二十七年，胡適任駐美大使，他以近照寄送陳光甫（一八八〇——一九七六，留美，任外匯平準會主席），附題白話詩曰：「偶有幾莖白髮，心情微近中年，做了過河卒子，只能拼命向前。」表示出獻身國家的志願。

胡適提倡白話詩文，推動文學改革。早在民國五年八月三日，他寫了七字一句的白話長詩，題目是《嘗試篇》，全詩是：

「『嘗試成功自古無』，放翁這話未必是。（宋代陸游號陸放翁說的話）
我今爲下一轉語：自古成功在嘗試。（不斷嘗試，終會成功）
請看藥聖嚐百草，嚐了一味又一味。（神農帝嚐百藥而知溫寒之性）
又如名醫試丹藥，何嫌六百零六次。（抗毒劑，試驗六〇六次成功，故名六零六，後被新藥盤尼西林取代）
莫想小試便成功，哪有這樣容易事？（《莊子・齊物論》：嘗試言之）

有時試到千百回，始知前功盡拋棄。（知道了這些試驗是無效的）
即使如此已無愧，即此失敗便足記。（《鶡冠子・世兵》持國計者，可以有嘗試）
告人此路不通行，可使腳力莫浪費。（使別人不會重蹈覆轍）
我生求師二十年，今得『嘗試』兩個字。（《孟子梁惠王上》：我雖不敏，請嘗試之）
作詩做事要如此，雖未能到頗有志。（作任何事都須勇於嘗試）
作嘗試歌頌吾師，願大家都來嘗試。（《荀子・王制》嘗試之說，謂試爲之也）」

胡適提倡實驗主義，凡事必須經過證實之後，才是眞理。他的思想是教人懷疑，這是共產獨裁政權所不能容許的，民國三十九年，陷身中國大陸的次子胡思杜被逼聲明與胡適脫離父子關係，胡適回答記者訪問時說：「在共產國家裡，沒有言論自由，連沉默的自由也沒有。」中國大陸就展開了批判胡適運動。

【原文】摘自：民國、吳相湘教授：《民國百人傳》、第一冊、胡適。

【讀後】英國哲學家羅素（Bertrand Russell）於民國十年訪華回國後，第二年撰「中國問題」（The Problem of China 1922）文中稱贊胡適。他寫道：「談到中國現代人中，具有才智者，我願意推舉胡適博士。他具有學識、精力、和熱情。他願意吸收西方文化中的優點，但卻不是西方文化的盲目崇拜者。」

五一　劉知幾論史官有三長

唐代史學家劉子玄、本名劉知幾（六六一——七二一），進士出身。唐玄宗開元年間，官任常侍，職務是撰史，任職二十多年。著有《史通》，見識深切。

同朝的禮部尚書鄭惟忠問他：「自古到今，會寫文章的人士倒是太多，但有才華會撰史的人卻很少，其故安在？」

劉知幾解釋道：「有志趣想從事寫史的人，必須具備三項特長，那就是史『才』、史『學』和史『識』，三者俱齊，乃可稱職。倘若僅是有文『才』而無實『學』，那就如同巨匠公輸班，靈巧有了，卻缺少斧鉋刀鋸，無法起造那璇宮錦殿。尤其還要有膽『識』，不論善政或惡政，都要敢於撰評，不怕得罪人，使那些驕橫的暴君和叛逆的權臣知所畏懼而及時收斂。如果沒有完全儲備這三項基本條件，便不可能圓滿的來竊佔這個職位。」

當時的許多人，都認爲劉知幾的評論很爲中肯。

記事叫史，《說文》云：「史、記事者也。」記述歷史之官叫史官，也叫史臣。史官直言不諱，稱爲史筆。將人類的經驗與事蹟記錄下來，就叫歷史。《孟子．離婁章句下》說：「晉之乘，楚之檮杌，魯之春秋，一也。」這些都是歷史。周宣王的史官叫太史籀，撰有《史篇》。漢代司馬談，爲太史令，世稱「史談」。他兒子司馬遷，繼承爲太史令，世稱「史遷」，撰有《史記》。加上以後的《漢書》《後漢書》《三國志》，合稱「四史」。以後各代都有官修歷史，總稱二十四史。至於論斷歷史本身的著作，則明代朱明鎬有《史糾》。清代陳允錫有《史緯》。清代崔適有《史記探源》。清代梁玉繩有《史記志疑》。加上本篇劉知幾的《史通》，都具有研讀價值。

【原文】劉子玄，本名知幾，舉進士。開元初，官常侍，修史。禮部尚書鄭惟忠問曰：「自古以來，文士多而史才少，何也？」對曰：「史才須有三長，謂才也、學也、識也。如有才而無學，亦猶巧若公輸，而無斧斤，終不果成其宮室者矣。尤須有識，善惡必書，使驕主賊臣，所以知懼。苟非其才，不可以叨居史位。」時人以爲知言。（五代、後晉、劉昫：《舊唐書》、卷一百二、列傳第五十二）

【讀後】要成爲優良的史筆者，第一、文詞記述，要明達曉暢，這是才。第二、對百官政務，要了解透徹，不致說外行話，這是學。第三、下筆不苟且，不阿佞以求寵，不屈服以徇權，一字爲褒，一字爲貶，這是識。三者之中，學比才爲難，較爲緊要；識是品格，比學更難，最爲緊要。

五二　李遠庵受布鞋僅一對

明代李遠庵，生性耿介，操守廉潔，不是自己應該得到的東西，一絲也不苟取。他有位得意的學生，名叫鄭澹泉，時常來看望他。有一天，鄭又來拜見，談話之後，仍然站立逗留著，好久不想離去。衣袍裡有件大東西凸出顯現，似乎想要拿出來，卻又逡巡不敢。

李遠庵也察覺了，問他長衣裡懷藏的是甚麼物件？鄭澹泉遲徐地稟答道：「我的妻子手工縫成了一雙布鞋，看來還算不錯，我想送給老師，不曉得老師你會不會嫌棄？」李遠庵見他誠懇，就接來試穿，還很合適，便收受了。他一生受禮就僅此一樁。

【原文】明、李遠庵，性廉介，一毫不取。鄭澹泉乃其得意門生。一日，有布鞋在袖，逡巡不敢進。公問何物？對曰：「賤妻手製一履，欲送老師。」公見其誠，取而著之，生平所受止此。（明、蕭良友：《龍文鞭影》、二集、上卷、「澹泉進履」條）

【另文一】左丞相李廙，有清德。其妹劉晏妻也。晏方秉權，嘗造廙，延至寢室，見其門簾甚敝，迺令人潛度廣狹，以鹿竹織成，加緣飾，將以贈廙。三攜至門，不

敢發言而去。（明、鄭瑄：《昨非庵日纂》、冰操篇）

【另文二】後漢、羊續，字興祖，平陽人。累官廬江南陽二郡太守。敝衣羸馬，清介自持。府丞嘗送生魚，羊續懸之於庭。後府丞又送魚，續指示所懸者仍在，以杜其意。漢靈帝以羊續爲太尉，時拜三公者，按例皆須捐出禮錢數萬，令中使收取。羊續舉縕袍示之曰：「臣之所資，唯此而已。」遂不登公位，徵爲太常。（南朝宋・范曄《後漢書》、羊續傳）

【另文三】後漢劉寵，字祖榮，官會稽太守，政績清明，郡中大化，朝中陞他爲將作大匠。離任時，父老們各以百錢送寵。寵不受，但情意難卻，乃選取一錢受之。會稽人因稱劉寵爲「一錢太守」。（南朝宋・范曄《後漢書》、循吏傳、劉寵）

【讀後】受人一件禮物，就欠對方一份人情，若是久未回饋，心中總會不安。故潔身自好之人，恒常拒收無因之禮，這應是「敦品」中容易修持的。

五三　張釋之結襪帶

漢代張釋之，字季。漢文帝時，官任廷尉（掌管刑獄），為朝中九卿之一（朝中九大部門首長之一），掌理刑罰獄政，執法嚴正，不畏權勢。舉國上下，都尊重他。

有位老儒士王生，學識雖然豐足，但隱居不願為官，被稱為處士，只算是一介平民。張廷尉卻敬佩他，與他交誼很好，也是府中常客。

有一次，王生來造訪廷尉府，此時朝中的三公（丞相太尉御史為三公）九卿（九個官署的首長合稱九卿）也都聚會於此。老王生步入庭中，發覺他的鞋襪帶子鬆脫了，抬頭直視張釋之叫道：「替我把鞋襪帶子結紮一下！」

張釋之起初一愣，但也二話不說，竟然屈膝跪將下來，認眞的幫他把帶子重新結牢。大家都認為這王生毫無禮貌，命令式的語氣也太過分了。之後，有人責怪王生說：「你為甚麼要當著衆多大官之面，羞辱張廷尉，叱喝著命他跪下為你結繫襪帶？」

王生答釋道：「我年歲已老，身分又賤，自知無能對張廷尉有任何幫助。他已經是名滿天下的重臣，我故意當著這多高官大臣面前，叫他跪著替我繫帶，目的是讓他藉由此事而獲得紓尊降貴、禮賢下士的美譽呀！」

大家聽了，才悟到此舉的眞意，都認爲王生是賢友而更加敬重張廷尉了。

【原文】王生者，處士也。嘗來訪廷尉府，三公九卿盡會於此。王生老人曰：「吾襪帶鬆解。」顧謂張廷尉：「爲我結襪帶。」釋之跪而結之。既已，人或謂王生曰：「獨奈何廷辱張廷尉？」王生曰：「吾老且賤，自度無益於張廷尉，故辱使跪結襪，欲以重之。」諸公聞之，賢王生而重張廷尉。（《史記》卷一百二、列傳第四十二）

【讀後】錄一趣談：美國第十六任總統林肯（Abraham Lincoln 1809-1865），在擦皮鞋。有位參議員問道：「這是侍役的工作，總統你怎麼親自擦皮鞋呢？」林肯答道：「我擦我的鞋呀，你擦誰的鞋呢？」

五四　元明善辭賮金

奉命出使外國，任務圓滿達成。對方敬表酬謝，奉上最佳兼金。受呢還是不受？明善三面玲瓏。

元代在元仁宗朝中，有位翰林直學士元明善（一二六九—一三三二），字復初，清河人。讀書過目不忘，尤熟知《春秋》。卒諡文敏。

元朝國勢強盛，常派大使與外邦交往。元明善被遴選爲副大使，前往訪問交趾國（又作交阯，即今越南北部一帶）。至於正大使，則是一位出生於北夷在元朝爲官的蒙古人。

訪問成功，圓滿結束了。返程臨行之前，交趾國君選了成色最佳的兼金（最好的黃金，價值兼倍於常金。《孟子．公孫丑》「王餽兼金一百而不受」），作爲餽賮之禮，分送正副大使。正大使收受了，副大使元明善卻未予接受。

交趾國君向元明善婉釋道：「這是敝小國的一份微薄心意，獻與上國欽使，以表敬愛。如今貴國正使已經笑納了，你元公以副使之尊，小國不敢怠慢，禮物分量相同，尚請不要堅辭。」

元副使眞個是「明」敏「善」言，巧答道：「這都是合乎禮儀的呀！我們的正大使，接受了贈禮，那是不想峻拒你的美意，好安貴邦的心，他收受是合理的。至於我嘛，我可不便接受，因爲我身爲副使，代表元朝上國，自當彰顯泱泱大國的風度，和保全中原上國的體統，我不接受的理由不也是蠻充足的嗎？」

【原文】 元、元明善嘗副一蒙古籍貴官出使交趾。及還，國王贐以兼金。蒙古官受之，明善不受。國王曰：「彼使臣已受之矣，公何固辭？」明善曰：「彼所以受者，安小國之心，我所以不受者，全大國之體也。」（明、蕭良有《龍文鞭影》、初集、卷下「明善辭金」條）

【讀後】 外交官的基本條件之一，就是要善於說話。《論語・子路》篇，孔子說：「使於四方，不辱君命（達成國家使命），可謂士矣。」本篇元明善極會講話：他的長官收了饋金（是對個人的賄贈），他解釋是爲了使對方小國心安。至於自己拒收，解釋是爲了保全大國體統。正反兩面都有理由，而且堂皇正大。如此就衛護了正使，安慰了交趾，潔持了己身，三面玲瓏，令人悅服。

五五　梁寅勖居官勤清慎

官場是個大染缸，《呂氏春秋・當染》說：「墨子見染素絲者，歎曰：『染於蒼則蒼，染於黃則黃，故染不可不慎也』。」甚麼是爲官之道呢？

明代梁寅（一三〇九—一三九〇），字孟敏，新喻人（在今江西省西部），勤研國學，五經全都讀熟貫通了。他結廬居於石門山麓，四方的學子多來從他求學，尊他爲明師。時人譽爲「梁五經」，又號「石門先生」，有《石門集》傳世。

鄰縣有位儒士，初次受任爲官，特來拜會他，請教爲官之道。梁寅扼要答說：「請你謹記：清、愼、勤。三者齊備，即是好官。這乃是簡單明白的『居官三字符』也。」

【原文】明、梁寅，字孟敏，新喻人。自力於學，淹貫五經。結廬石門山，四方士子多從學，稱爲「梁五經」，又稱「石門先生。」鄰邑子初入官，詣寅請教。寅曰：「清愼勤，居官三字符也。」辛年八十二。（清、張廷玉：《明史》、卷二百八十二、列傳第一百七十）

【讀後】石門先生梁五經，
爲官三字清愼勤。

五六　潘府勉為吏廉勤明

作官爲吏，就是從政，《論語，爲政》說：「爲政以德，譬如北辰（北辰就是北極星，恒指北極不移），居其所，而衆星拱之。」但揭示的品「德」近乎抽象，本篇則落實提示爲官應守的基本原則。

明代有位潘府（一四五三—一五二五），字孔修，上虞人。明憲宗成化年間爲進士，後來歷任員外郎、提學副使、太僕少卿，年七十三歲逝世。

潘府提示身爲官吏，應當遵守的「三本」說：「做官要嚴守的基本原則只有三條：其一是自奉儉素淡薄，這是廉的根本。其二是遠離聲色犬馬，這是勤的根本。其三是不聽讒言私語，這是明的根本。守此三本，官聲必謹。」

他病歿時，明世宗特別下詔，賜予國葬。

【原文】潘府，字孔修，上虞人。成化進士。後爲太僕少卿。嘗曰：「居官之本有三：薄奉養，廉之本也。遠聲色，勤之本也。去讒私，明之本也。」年七十三卒，明世宗特詔予國葬。（清、張廷玉：《明史》、卷一百八十二、列傳第一百七十，與上篇梁寅同一卷）

【另文】北周時代之裴俠，字嵩和，以功封侯爵，官任河北郡守。一日，裴俠與諸多牧守同謁北周太祖宇文泰。太祖命裴俠出羣別立，謂諸牧守曰：「裴俠廉愼奉公，勤政愛民，爲天下之最。今衆中若有如俠者，可與之俱立。」衆皆默然，無敢應者。號爲「獨立使君」。卒謚貞。（唐・令狐德棻《周書》卷三十五）

【讀後】反過來說：如果奢侈縱欲，就會貪贓枉法。如果沉迷聲色，就會荒怠政務。如果聽信讒言，就會蒙蔽清明。豈止居官，任何工農商貿之從業員及首長，都應以此爲鑑。

五七　陶侃飲酒有定量

北魏時代，有位高允（三九〇—四八七），字伯恭。撰有《酒訓》一篇，中有句云：「無以酒荒（耽溺於酒而荒廢正業）而陷其身，無以酒狂（飲酒過量而言行瘋狂）而喪其倫。」這是說不可因酗酒而招致禍害。

今另舉一佳例：晉代陶侃（二五九—三三四），字士行。早歲父死，是個孤兒，家境也屬貧困，但他品端志高，歷任江夏太守、武昌太守，官封太尉，拜大將軍，一生事蹟，都有可述。

當他任官在武昌時，地扼荊楚咽喉，多士雲集，那時殷浩（字深源，後爲建武將軍。咄咄書空就是他）、庾翼（字稚恭，後爲刺史），都是陶侃府衙裡的屬員，交往密切。

陶侃每次飲酒，都有一定的酒限。常常在宴會暢敘之中，歡樂有餘而酒的限額已竭，他就停飲而不再加添了。

在場的殷浩等人建議他不妨再加飲一些兒，諒也無傷。這話觸動了陶侃的心思，令他悽然不語。良久才緩緩申言道：「我在少年時，曾經因飲酒過量而犯了疏失。先母沒有責罰，只溫言與我相約：今後飲酒無妨，酬酢當也難免，但酒量必須設限，限滿就不再添杯了。今先母已逝，但約言仍在，不敢違背呀！」

【原文】陶侃在武昌，武昌號爲多士，殷浩、庾翼，皆爲侃之佐吏。侃每飲酒，有定限。常歡有餘而限已竭。浩等勸更少進。侃悽懷良久，曰：「年少曾有酒失，亡親見約，故不敢踰。」（唐、房玄齡：《晉書》、卷六十六、列傳第三十六）

【另文一】岳飛少時，頗豪飲。宋高宗戒之曰：「卿異時到河朔（泛指黃河北岸之地，謂來日收復北方時）乃可飲。」岳飛遂戒酒不飲。（元、脫克脫：《宋史》、卷三百六十五、列傳第一百二十四）

【另文二】三國、吳、虞翻，字仲翔。官任富春長。翻性疏直，數有酒失（多次因醉酒而犯了過失），遂徙翻交州（就降官徙職到交州去了）。（晉、陳壽：《三國志》、卷五十七、吳書、列傳第十二、虞翻）

【讀後】論語子罕：酒困有害。論語鄉黨：唯酒無量。酗酒傷身，失事更壞。請看本篇，酒該設限。約言久矣，母已不在。仍能謹遵，陶公佳範。

五八　高允安貧不求官

南北朝時代，北朝有個北魏（又稱後魏、元魏、拓跋魏）。朝中有位任職爲從事中郎的高允（三九〇—四八七，請見上篇），字伯恭，勃海人。喜好文學，博通經史。

朝中官員，對政務有乖違時，常都撰寫奏牒，論述缺失。雖然是爲國事進言，但還不是最適宜的方式。

北魏高宗文成皇帝宣示道：「國家施政的對或錯，爲何不能當面說清楚，而要寫成書面的稟摺，明顯地來談論？豈不是公開彰顯皇帝的短處，又證明了自己的完美？請看看高允吧！我有是非對錯，他常率直的指正，沒有避諱。我聽到了我的過失，但天下人都不知道他在諫諍，這豈不是最好的忠臣嗎？」

「你們常在我的身邊，沒聽到你們說過一句正直的話。只是等待我高興時，希求討個好職位，都升到公爵王位了呀！高允使國家走上正道，如今還不過是個中郎，你們難道不慚愧嗎？」

此時，高允任職中郎，已經二十七年之久了，於是升他爲中書令。

官任司徒的陸麗奏言道：「高允家貧，養妻活子維持家務困難。」高宗怒道：「爲何不早說？」當天就去高允家一看，只見有茅草屋數間，布被子，廚房裡僅存有鹽菜而已。皇帝即刻賜他絲帛和糧粟。

【原文】高允，字伯恭，勃海人也。任官從事中郎。或有上事陳得失者。高宗曰：「國家善惡，不能面陳，而上表顯諫，豈非彰君之短，明己之美？至於高允者，朕有是非，常正言而論，無所避就。朕聞己之過，而天下不知其諫，豈不忠乎？汝等在余左右，曾無一正言，但俟朕喜時，求升一官，皆至公王。此人匡我國家，不過作郎，汝等不自愧乎？」此時允為郎已二十七年矣，於是拜允為中書令。司徒陸麗曰：「高允家貧，妻子不立。」高宗怒曰：「何不先言？」是日幸允第，唯草屋數間，布被，廚中鹽菜而已。即賜帛賜粟。（北齊、魏收：《後魏書》、卷四十八、列傳第三十六）

【讀後】高允安於低職，不求升官。安於貧窮、不貪享受。但對國家政務，卻勇敢進言，而且多被採納。是乃「高」品也，「允」稱良範。

五九　三鏡唐太宗

唐代魏徵（五八〇—六四三），字玄成。官任諫議大夫，極有治世之才，性情又很耿直。唐太宗（五九七—六四九）李世民每次與他論事，沒有不表示悅服的。魏徵也欣慰地遇到了知己的主人，竭力報效。太宗嘉勉他說：「魏卿，你對我進諫了兩百多項政務，所說的都合我心，我都欣然接納了。」

唐貞觀三年，任魏徵爲秘書監。太宗說：「我對待你，比那春秋時代的齊桓公對待管仲（前？—前六四五）還要超過。請看這幾十世紀以來，君臣相處融洽的，哪還有像我與你如此親近的呢？」

魏徵再拜示謝，奏道：「這都是陛下引導我要進忠言，所以我才敢吐眞言。倘如你不肯接受微臣的淺見，我又哪敢來逆犯龍顏呢？」

魏徵過世後，唐太宗很悲傷，長歎道：「我們以磨光的銅盤爲鏡，可以看到衣冠的整齊端肅；以歷史的古事爲鏡，可以知道朝代的興衰隆替，以正直的賢人爲鏡，可以明察政務的功過得失。我常擁有這三種明鏡，以防止自己犯錯。如今魏徵離世了，我就喪失了一面鏡鑑了。」

【原文】魏徵，爲諫議大夫，雅有經國之才，性又抗直。唐太宗每與之言，未嘗不悅，徵亦喜逢知己之主，竭盡心力。太宗勞之曰：「卿所諫前後二百餘事，皆稱朕意。」三年，遷秘書監。太宗曰：「我任卿逾于管仲，近代君臣相待，寧有似我與卿者乎？」魏徵再拜曰：「陛下導臣使言，臣所以敢言。若陛下不受臣言，臣亦何敢犯龍鱗乎？」魏徵卒後，太宗歎曰：「夫以銅爲鏡，可以正衣冠；以古爲鏡，可以知興替，以人爲鏡，可以明得失。朕常保此三鏡，以防己過。今魏徵殂逝，遂亡一鏡矣。」（唐、吳兢：《貞觀政要》卷二、任賢）

【另文】元代、拜柱，元英宗時，任中書左丞相。英宗嘗問曰：「今日有如唐代魏徵之敢諫者乎？」拜柱對曰：「有唐太宗納諫之君，乃有魏徵敢諫之臣也。」帝善之。（明、宋濂：《元史》、卷一百三十六）

【讀後】古今歷史所載君臣和協相得者，無過於唐太宗與魏徵。太宗肯開懷納諫，魏徵累犯顏直諍。卻兩都融洽，相得益彰，誠是難逢之盛事。三鏡喪其一，無怪乎太宗吁嗟長歎也。

六〇 九世張公藝

九世老幼同居，少長和矣。百忍祖孫共處，童叟睦哉。

唐代張公藝，壽張人（壽張在今山東省陽穀縣附近）。他一家九代同居，相處和融，沒有分爨。

唐朝麟德年間（唐高宗年號，六六四—六六五），唐高宗前往泰山祭天。那泰山居五嶽之首，稱爲東嶽，位於山東省泰安縣，以丈人峰爲最高。歷朝帝君，常舉行封禪大典，稱爲封泰山。

唐高宗進入山東境界，聞說張家九代聚居，這乃是國之祥瑞，祭天後，御駕就親臨張府，並垂詢張公藝九代同住一起，用甚麼家法能夠長久共處？

張公藝叫幼輩拿來紙筆，寫了一百多個「忍」字，呈給皇帝御覽，以代口奏。意思是大家庭若要和睦共處，有賴上下長幼的互相忍讓。

唐高宗很受感動，賞賜了許多絲絹縑帛，以示慰勉。此後張姓稱爲「百忍堂」，便是由此而來。

【原文】張公藝、壽張人、九代同居。麟德中，高宗有事泰山，親幸其宅，問其義

由。張公藝請紙筆，但書百餘忍字。高宗賜以縑帛。（五代、後晉、劉昫：《舊唐書》、孝友傳、張公藝）

【另文一】㈠唐、張公藝，九世同居。高宗封泰山，還，幸其宅。問所以能和睦之道。公藝乃書忍字百餘以進。帝善之，賜縑百匹。㈡南北朝，博陵李氏，凡七世共居同財。家有二十二房，百九十八口，長幼濟濟。㈢太原郭世儁，七世同居。㈣南唐江州陳氏，五代同居。㈤明初、浦江鄭氏，同居九世，稱天下第一家。（明、蕭良友：《龍文鞭影》、初集、卷下「公藝百忍」條）

【另文二】清乾隆五年，索綽羅氏，年一百又三歲，其子孫五代同堂。萬歲節扶掖入朝，照例旌表，加恩賞賜，並御製詩章獎之。（《清通典》，原名《皇朝通典》、禮典、嘉、優老）

【讀後】五代、七代、九代同居的偌大家庭，必須恪守孝悌友愛倫常之道。由於是集體共居，尤須注意「群己關係」，這是李國鼎先生在五倫之外所倡的「第六倫」。有容乃大，能忍自安也。時至今日，人際交往更繁，群己關係更廣，賴由家庭之互忍，推至社會之共融，則祥和豈遠乎哉？

六一　歐陽鬧市鞭軍卒

小縣官對抗大將軍，要憑很大的勇氣。

明代歐陽銘（？—一三七一），字日新，官任臨淄縣令（在山東省淄河東岸）。那時的大將軍常遇春（一三三〇—一三六九），字伯仁，是明太祖（一三二八—一三九八）的得力悍將，平陳友諒，擒張士誠，每戰必勝。此次率領大軍團，路過臨淄。部隊中有個士兵，進入一百姓家拿酒，雙方毆鬥，百姓受了重傷。全市大譁，都爲老百姓抱不平。

歐陽銘派縣役捉拿到這名士兵，就於鬧市中當街鞭打屁股，罰完後才放他回去。這士兵受了羞辱，回營後，就造謠說縣官咒罵了常將軍。常遇春乃質問陽歐銘爲何如此無禮？

歐陽銘答道：「大將軍你的士兵，乃是國家的部隊。我郡的百姓，也是國家的公民，人權應是平等的。如今百姓被毆，快要死了，這惹禍的士兵不該受罰嗎？再者，我歐陽銘雖然欠聰明，但爲這件事何至於要咒罵到你的名號？你常將軍保國衛民，當然也不會爲偏私一個士兵而扭撓國法的執行吧？」

常遇春聽了這番正理，氣也消了，斥責那個士兵，以示謝意。

後來，另一位大將軍徐達（一三三二—一三八五）也帶兵經過臨淄。軍士們告誡說：「這裡的歐陽縣長，是個硬漢，以前曾抗贏過常將軍，我們不要在這裡犯事呀！」

【原文】歐陽銘，字日新，官臨淄縣令。常遇春師過其境，有軍卒入民家取酒，相毆擊，一市盡譁。銘箠而遣之。卒訴令罵將軍，遇春詰之。曰：「卒、王師，民、亦王民也。民毆且死，卒不當箠耶？銘雖愚，何至詈將軍？將軍大賢，奈何私一卒而撓國法？」遇春意解，爲責軍士以謝。後大將軍徐達至，軍士相戒曰：「是健吏，曾抗常將軍者，毋犯也。」（《明史》卷一百四十、列傳第二十八）

【讀後】據法就有理，理直則氣盛。所可貴者，乃是歐陽銘只是一個縣令小官，竟敢對抗皇帝的寵帥常大將軍，在太歲頭上動土，這要莫大的膽勇。一番正論，今日猶聞其聲壯。因以詞贊曰：「世亂法不能亂，國安民要先安；當街箠撻滿城觀，悍卒刁兵喪膽。縣長敢違軍長，文官逆抗槍官；拼將紗帽護平康，永博吾人激賞。」

六二　王愷當街撻武官

無獨有偶，上篇是鞭打士卒，本篇則是箠撻軍官，嚴罰更重。

明代有位王愷（一三一七—一三六二），字用和，安徽當塗人，處事果斷。明太祖朱元璋克服了衢州（今浙江衢縣），就任命王愷爲衢州總制，管理民刑財政。他安撫百姓，維護治安，績效表現優異。

那時，明太祖的寵將，聲威顯赫的常遇春大將軍，屯兵在金華，他部屬中有位武官，恃強無理的與一位當地市民毆鬥，這位市民吃了大虧。王愷竟然抓來這位擾民的部屬官，將他鐐銬起來，押往出事的市上，當街抽打屁股，以示懲罰。

這一舉措，傷害了常遇春的大面子。遇春不滿，責問王愷的不是與不該。王愷駁道：「人民者，國之本也。武官擾民，民情激憤，若不處置，國法何在？我今當眾示罰，百姓之心轉安。撻一將而換得一郡人民歸心，料想將軍也會樂於聽聞吧！」

常遇春此時氣也消了，覺得王愷處置不錯，向他稱謝。

【原文】王愷，字用和，當塗人。太祖克衢州，命王愷總制軍民事。常遇春屯兵金華，部將擾民，愷械而撻諸市。遇春讓愷，愷曰：「民者國之本，撻一將而民

安，諒將軍所樂聞也。」遇春意解，乃謝愷。（清、張廷玉：《明史》、卷二百八十九、列傳第一百七十七）

【另文】南北朝・北魏（又稱後魏、元魏，以別於三國之曹魏）高恭之，字道穆，以字行。北魏敬宗莊帝朝中，官任御史中尉。莊帝之姊壽陽公主，行犯清路，執赤棒卒呵之不止（清路就是清道，要閒人迴避，用紅色棍棒驅逐，叫赤棒）。道穆令卒棒擊破其車。公主深恨，泣以訴帝。敬宗帝答曰：「高中尉爲官清直，群官畏之。彼所行者，公務也，豈可以私恨責之？」（唐、李延壽《北史》高恭之傳。又見：清、允祿監修《子史精華》卷五十七，政術部、威嚴「赤棒破車」條）

【讀後】本篇「撻一將而民安」，這話出自王愷之評斷，誰能駁倒？上篇「奈何私一卒而撓國法」，乃是歐陽銘的詰問，誰敢攬此罪名？兩條硬漢，前後輝映。

六三　孔子釋窮通

孔子（元前五五一—前四七九）自魯國南行前往楚國，經過陳國蔡國（均在今河南省）時，不幸被亂兵圍困了一段時期。後來雖然解除了，但在那受困期間，糧食尋求困難，幾乎有七天無法正常炊食，隨行的學生們都一起挨餓了。（《論語・衛靈》「孔子在陳絕糧」）乃是一次無妄之災。

學生子路（元前五四二—前四八〇），生來直性，就率爾向孔子問道：「我聽說：『行善的人，上天報以福澤，作惡的人，上天降以禍殃。』老師你累積的福德太多太久了，爲甚麼今時還會遭受到飢餓窮迫呢？」

孔子釋示道：「子路呀！你對這窮困和通達，可能還未全曉，今借此事正好開導：你以爲有睿智的人一定會爲君王所愛用吧？但那商紂王不是把老臣比干的赤心挖出來剖驗有沒有七竅嗎？你又以爲盡忠的人一定會爲君王所樂用吧？但那夏桀王不是把忠臣關龍逢殺掉了嗎？你還以爲進諫的人一定會爲君王所留用吧？但那楚平王不是把諫臣伍子胥抉眼懸於姑蘇城的東門之上嗎？

「你要知道：人的一生，能不能得到明主的賞識，要看那佳好時機有沒有來到？而且也要估量自己的材質是否足夠或是不夠？這要兩者都能夠同時配合才行。但即令作爲一個君子，學驗廣博，謀猷深遠，卻一直沒有遇到時機的人，料想該有許多位，哪會只有我孔某一人呀！

「而且、你也可以觀察到：那高潔幽雅的芝蘭，雖然孤獨地生長在深林之中，它並不會由於無人欣賞而不吐芬芳。因此，君子進學修德，也不可只是爲了要逢迎君王而已。假如遭到窮途厄運的抑壓，仍然要挺身撐住，不可倒下。一旦遇到了明主，就立即可以展現他固有的才華實學，又有甚麼困難呢？

「所以身爲君子的人，要先謹修自身的品學，端肅自己的操持，一俟時機到來，就可以造福邦國，而安定天下了。」

【原文一】孔子南適楚，戹於陳蔡之間，七日不火食，弟子皆有飢色。子路進問曰：「由聞之：爲善者天報之以福，爲不善者天報之以禍。今夫子累德積義久矣，奚居之隱（隱謂窮約）也？」孔子曰：「由、吾語汝：汝以智者爲必用耶？王子比干不見剖心乎？汝以忠者爲必用耶？關龍逢不見刑乎？汝以諫者爲必用耶？吳子胥不磔姑蘇東門外乎？夫遇不遇者時也，賢不肖者材也。君子博學深謀，不遇時者多矣，何獨丘也哉？且夫芝蘭生於深林，非以無人而不芳。君子之學，非爲通也，爲窮而不困也。苟遇其時，何難之有？故君子修身端行，以俟其時。」（戰國・荀況《荀子》宥坐篇）

【原文二】「絕糧七日，外無所通，藜羹不充，從者皆病。」（清・四庫總目・子部・王肅注：《孔子家語》、在厄篇）

【讀後】窮與通是相對的兩極。通達是外遇的，要看環境和時機的配合，這要等候緣分降臨。至於守窮熬困，則是內修的，正好以讀書來充實自己，單憑毅力，就可克服而求改造。《南史・沈攸之傳》說：「早知窮達有命，恨不十年讀書。」這是勉人自求進德修業。又《論語・衛靈公》說：「君子固窮，小人窮斯濫矣。」這是指有修爲的人，能謹於處逆境，若是小人，就可能守不住而去作壞事了。此外《莊子・讓王》則說：「古之得道者，窮亦樂，通亦樂。」這是指不爲窮通而改節，正與本篇主旨相符。

六四　陶安論驕侈

明代有位陶安（一三二〇—一三六八），字主敬，當過明道書院山長（等於校長）。明太祖洪武元年（一三六八），官任知制誥，就是為皇帝撰寫詔書，深得信任。

陶安向明太祖朱元璋建言說：「國家喪亂的根源，乃是由於驕傲和奢侈之故。」明太祖點頭認可，而且引申解釋說：「身居高位的貴官容易犯驕，處於逸樂的豪門容易犯奢。若驕傲存心，則善言不願聽，規過不欲聞。若奢侈成習，則節約不能確立，儉素不克顧及。若是國中群官大多如此，便沒有不滅國毀身的了。」

陶安效忠明太祖十多年，太祖書製門聯賜給他。聯云：「國朝謀略無雙士，翰苑文章第一家。」旁人都為他感到榮耀。

【原文】陶安，字主敬，洪武元年，任知制誥。安建言：「喪亂之源，由於驕侈。」帝應曰：「居高位者易驕，處佚樂者易侈。驕則善言不入，而過不聞。侈則善道不立，而行不顧。如此者，未有不亡者也。」安事帝十餘載，御製門帖賜之曰：「國朝謀略無雙士，翰苑文章第一家。」時人榮之。（清，張廷玉：《明史》，卷一百三十五、列傳第二十四）

【讀後】驕傲必亡，奢侈必敗。驕侈雙犯，倍增大難。若能早悟，庶幾免害。

六五　己清父更清胡威

為官者潔身自愛，不貪財貨，謂之清廉。《楚辭・宋玉・招魂》說：「朕清而廉潔兮，身服義而未沫。」注解云：「不求曰清，不受曰廉；不污曰潔。」今舉一對清廉父子為範。

胡質，字文德，是漢末以迄魏晉時代的人，曾任荊州刺史。兒子胡威（？—二八〇），字伯武，從京州來探望父親。胡質賞給兒子絲絹一匹，以示關愛。

胡威跪著接了，但還不敢逕行收受，請問道：「父親大人一向清廉高潔，不知怎麼會存有這種貴絹？」

胡質開釋說：「這是我用歷年薪俸節省下來的餘錢買的，來源清白，不必懷疑。」胡威才恭謹的領受了。

晉武帝司馬炎（二三六—二九〇）有一天問胡威說：「你與你父親相比，誰最清廉？」

胡威回奏道：「我不及家父高尚。我父一生清廉，卻唯恐別人知道（善事不欲人知，以免沽名釣譽）。我也謹守清廉，卻唯恐旁人不知道（善事要人知曉，可證尚非純善）。如此比較起來，我還差了一大截呢。」

【原文】晉，胡質，爲荊州刺史，其子威，自京州來省之，質賜絹一匹。威跪曰：「大人清高，不省安得此絹？」質曰：「是吾俸祿之餘也。」威始受之。晉武帝問威曰：「卿與父孰清？」威曰：「臣不如父。臣父清恐人知，臣清恐人不知。」（盧弼：《三國志集解》、魏書、二十七卷、胡質、注）

【讀後】清者，清白、清廉、清望、清操、清徽、清淨、清穆、清澹、清高、清逸、清輝、清標、清譽、清芬、清範也。清是高品格，但清欲人知，恐非純清，或者是特意造作，好讓別人看到，以爭取清譽美名吧？不過胡威自動坦白承認清廉而恐人不知，則他首先必須自清，然後才可讓旁觀者測驗他確是眞清，所守者仍應是純潔長期固守的正規的清，能受多人之評鑑也。

六六　經師兼人師曹端

授業、解惑、誦習，僅是「經師」，乃是以「言教」向人灌輸學識的，不難遇到。至於敦品、立德、踐道，則是「人師」，乃是以「身教」誨人作端士君子的，很難尋覓。今在正史裡記載著一位人師。

明代曹端（一三七六——一四三四），字正夫，澠池人。明成祖永樂六年（一四〇八）舉人，爲明初理學的宗師，後來任霍州學正（管考教訓導），訓教學生衆多，一郡人都受到他的感化。死時，州郡人罷市巷哭。學者尊他爲「月川先生」，私諡靜修。遺著有《孝經述解》《四書詳說》《周易解義》《儒學統譜》《太極圖說》《家規輯略》《月川語錄》《存疑錄》《曹月川集》等書。

霍州知府郭晟向他請教爲政之道？曹端扼要說：「那祇是公和廉兩個條件就夠了。如果處事公正，那黎民百姓就不敢侮謾；如果居官廉潔，則屬下諸吏就不敢欺誑。」郭晟認爲中肯，拜揖接受指教。

霍州另有一位儒士李德，與曹端同時在這個州郡的不遠之處也授徒講學。他前來會見曹端，晤談聆教後，告知曹端的學生說：「古來有銘語云：『要找到講解經義的老師容易

（經師易得），要尋得做人楷模的老師很難（人師難求）。』你們這群學子有幸遇到這位人師了。」

李德自知不及，就關閉了自設的講席，轉往別處另作發展去了。

【原文一】曹端，字正夫，澠池人。永樂六年舉人，後爲霍州學正，郡人皆化之。知府郭晟問爲政，端曰：「其公與廉乎？公則民不敢謾，廉則吏不敢欺。」晟拜受。霍州李德，與端同時，亦講學於某鄉。及見端，退語諸生曰：「古云：『得經師易，得人師難。』諸生得人師矣。」遂避席去。（清、張廷玉：《明史》、卷二百八十二、列傳第一百七十）

【原文二】「蓋聞經師易遇，人師難遭；故欲以素絲之質，附近朱藍也。」（宋、李昉、奉敕撰：《太平御覽》、布帛部、絲。又見：晉、袁宏：《後漢紀》、靈帝紀上）

【讀後】經師僅講解文意，人師兼垂示德操。經師隨處可覓，人師卻很難尋。若更深一層論之：經師只是職業之一種，稱爲教師，與律師、醫師、會計師、工程師相類似，甚至理髮師、按摩師也忝稱爲師了。但人師則是品德崇高的碩彥，乃人間瓌寶。他將言教身教，合爲一體，成爲既能勵志敦品，兼又勤學愼事的雙重典範。

六七　劉大夏蓋棺才定品

人的一生，升沉起伏，順逆多變，其中的正邪眞僞，難以臆度，一直要等到哪一天生命終結了，才可定其忠佞。

明代有位劉大夏（一四三六—一五一六），字時雍。進士出身，曾建草堂於東山之下，時人譽爲「東山先生」，卒謚忠宣。

明孝宗（一四八八—一五〇五在位）很器重他，任官爲尙書。劉大夏曾說：「擔任官職，就須忠於國家，服務百姓。凡事都該以『正己』爲先，不單是要戒除獲取私利，而且要遠離浪得虛名。」

他又說：「人的一生作爲，須待死時蓋上棺材，方可定其邪正。如果一天沒有死，就須擔憂這一天的責任未了。」

另有一位官任巡撫的大人物，自百里以外之地趕來拜會劉大夏。到了目的地，因不認得路，見道旁有一位扶著犁頭耕田的人，巡撫問他何處是尙書劉大夏家？這位耕田人領他到劉府，入內換衣，重回客堂相見，才知這領路人就是劉大夏。

【原文一】劉大夏，字時雍。遇知於明孝宗，官尙書。大夏嘗言：「居官以正己爲先，不獨當戒利，亦當遠名。」又言：「人生蓋棺論定。一日未死，即一日憂責未已。」有爲巡撫者，枉百里謁之，道遇扶犁者，問孰爲尚書家？引之登堂，即大夏也。（清、張廷玉：《明史》、卷一百八十二、列傳第七十）

【原文二】「大丈夫蓋棺事方定。」言人死後而賢佞始可判定曰蓋棺事定也。（唐、房玄齡：《晉書》、劉毅列傳）

【原文三】所以古人說：「蓋棺論始定，不可以一時之譽，斷其爲君子；也不可以一時之謗，斷其爲小人。」（明、馮夢龍：《警世通言》、四）

【讀後】本篇有兩意：前段是「戒利遠名」。張廷玉也說「名高速謗（名氣高時，誹謗很快就跟著來了）。」又有人說「利字旁邊有把刀（貪利就會死亡）。」林語堂更指出：「腐蝕人品的毒害有三：一是貪利、二是好名、三是弄權。因貪利而攘利，由好名而爭名，自弄權而濫權，三害不除，終將毀敗。」說得更爲中肯。後段是「蓋棺論定」，人若未死，功過善惡尚難遽定。證諸白居易《放言五首》詩曰：「周公恐懼流言日，王莽謙恭未簒時，向使當時身便死，一生眞僞有誰知？」此話不虛也。

六八　王義方買樹再付錢

唐代有位王義方（六一五—六六九），他深研經學，高自標樹。初期入值弘文館（講經，教授生徒並參議朝政），唐高宗時官任侍御史（掌管糾察）。後因母喪，辭官回家。

有一次，他騎馬前往京都，在半路上，見到一位步行的人，由於長途跋涉，身心兩都疲憊，躺在路邊憩息。這人幽幽的解釋說：「我父親在遠地任官，生了重病，性命恐怕活不久了。我想趕快去照顧他，但不幸我也勞累得快要倒下了。」

王義方覺得他有此急難，值得同情。亟須幫助，便把自己的馬，送給他當坐騎，叫他即時趕路。也不告知自己的名姓，純然基於一股善念。就由於此事，大家都稱譽他。

後來，王義方官任御史，買了一棟住宅。搬遷入住幾天後，覺得前庭大院中有株高樹，枝繁葉茂，綠意盎然，極爲可愛。義方將那售屋的原住人再度請來相見，提議說：「這株大樹眞美，我原先給的房價，並沒有把這樹算進去，虧欠你了。」於是又增給了買樹的錢。

【原文】王義方，詣京師。客有徒步疲於道者，自言：「父宦遠方，病且革，欲往省，困不能前。」義方哀之，解所乘馬以遺，不告姓名去。由是譽重一時。義方爲御史時，買第。後數日，愛庭中樹。復召原主人曰：「此佳樹，得無欠償乎？」又予之錢。（宋、歐陽修：《新唐書》、卷一百一十二、列傳第三十七）

【另文一】唐、王義方，泗州漣水人也，博通五經。因詣京師，中路逢徒步者，自云：「父爲潁上令，聞病篤，倍道將往焉，徒步不前，計無所出。」義方解所乘馬與之，不告姓名而去。（五代、後晉、劉昫：《舊唐書》、卷一百八十七上、列傳第一百三十七）

【另文二】王義方，官御史。買宅，數日，忽對賓朋，指庭中青桐樹一雙曰：「此無酬直」（這樹還沒給錢）。親朋言：「樹當隨宅，別無酬例。」義方曰：「吾只買宅耳，樹何所載？」召宅主，付錢四千。（明、鄭瑄：《昨非庵日纂》、種德第三，「王義方」條）

【讀後】品德超群的人，處事與眾不同。王義方見人有難，解鞍贈馬，不告姓名，高品之一也。買宅愛樹，再給樹價，高品之二也。這些善舉，我們能不欽佩？

六九　許衡吾心有主

元代許衡（一二〇九—一二八一），字仲平。學識淵博，凡是經傳子史、禮樂名物、星曆兵刑，莫不通曉，學者稱爲「魯齋先生」。元世宗時，召爲國子祭酒，後任中書左丞相。他小時候，就問老師「讀書何爲？」請參看本書第二十二篇。

有一次，許衡與同伴們在炎熱的夏天出門遠行，路過河陽（即今河南省孟縣），口渴得厲害，就暫且停在路邊歇息。正巧道旁有株梨樹，結了許多梨子，大家爭著去摘來解渴，兼且充饑。只有許衡端坐樹下，神情自若，沒有行動。

有人一面吃梨，一面問他想不想也摘來嚐一嚐？許衡說：「不是我所有的東西而擅自取來享用，是不可以的。」

那位同伴反駁說：「這幾年來時局很亂，許多人都離家逃難，這些梨子，已經沒有主人管了呀！」

許衡說：「梨子雖然無主，我們心中難道也無主了嗎？」

許衡幼有異質，稍長，嗜學如饑如渴，而慨然以「道」爲己任。衡見世宗帝，多奏本，及退，皆毀其稿，故其言多秘，世罕得聞。卒謚文正。撰有《讀易私言》《魯齋心法》《魯齋遺言》等書。

【原文】許衡，嘗暑中過河陽，渴甚，道有梨，眾爭取啖之。衡獨危坐樹下自若。或問之，曰：「非其有而取之，不可也。」人曰：「世亂，此無主。」曰：「梨無主，吾心獨無主乎？」（明、宋濂、《元史》、卷一百五十八、列傳第四十五）

【另文一】許衡奏事毀稿，不令人知——許衡，字仲平。嗜學，如饑如渴。常夜思晝誦，身力踐之。謳誦之聲，聞於戶外。元世祖即位，召至京師，任爲太子太保、國子祭酒。許衡見帝，多所奏陳。及退，皆削其草（多次呈遞奏章，事後毀掉原稿）。故其言其事多秘，世人罕得聞之。（明、宋濂《元史》卷一百五十八、列傳第四十五、許衡）

【另文二】道旁李樹多子必苦——晉、王戎，七歲時，嘗與諸小兒遊玩，見道邊有李樹，多子。諸兒競相摘取，唯王戎安坐不動。有兒童問之，王戎答曰：「李樹生長在路邊，今且多子，此必苦李也。」嚐之信然。（南宋・劉義慶《世說新語》雅量第六。又見：明、曹臣：《舌華錄》、慧語第一、「王戎七歲」條）

【讀後】梨樹已經無主，吾心仍該有主。外在之主雖死，內主不容違忤。品德哪可廢壞，只因吾心懈怠。許衡神情安泰，最可作爲良範。

七〇 孟昶上天難欺

唐朝末年國勢衰頹，天下成爲五代十國的分裂割據局面。十國中有個「後蜀」（自九三四—九六五有國），建都於四川成都（故四川稱蜀）。建國者爲孟知祥，傳至其子孟昶（九一九—九六五），字保元，被宋太祖趙匡胤滅了。

孟昶在位時，於該國廣政四年（九四一），御製有《令箴》二十四句，頒行於境內。宋太祖攻滅後蜀，乃摘取其中四句計十六字云：

「爾俸爾祿，民膏民脂。下民易虐，上天難欺。」

他將右列四句警語，取名爲「戒石銘」，頒行天下，刻成石碑，立於全國各州縣官衙之廳右，作爲官箴，晨夕以之爲戒。

【原文一】五代後蜀孟昶，在廣政四年，著《令箴》二十四句，頒行於境內。宋太祖滅蜀後，摘取其中四句，計十六字：「爾俸爾祿，民膏民脂。下民易虐，上天難欺。」更名爲「戒石銘」。（宋、張唐英：《蜀檮杌》，又名《外史檮杌》，足以補《五代史》之遺漏）

【原文二】宋、景煥，成都人。隱居玉壘山，有《野人閑語》一書，載後蜀孟昶立戒石碑廿四句，如「爾俸爾祿，民脂民膏，下民易虐，上天難欺」。即其書中語。又宋紹興二年，以黃庭堅所書戒石十六字頒刻于州縣。見《綱鑑》。（明、蕭良友《龍文鞭影》、卷四、九青、「景煥垂戒」條。又見：清、錢大昕《十駕齋養新錄》「戒石銘」條）

【讀後】國家設官，都應爲民服務。人民是主人，官員是公僕。而官員的俸祿，則都是徵收自人民的血汗錢，謂爲民脂民膏，實不爲過。卻見有些公僕，自視爲官老爺，高高在上，頤指氣使。自尊爲主，人民爲奴。人民要聽從的是我，而不是法。有人虐民以逞，有人見錢就撈（如某前總統）。本篇四句戒石官箴，到今天仍是足爲炯鑑的銘言警語。

七一　施邦曜不受畫不遊覽

本篇引述一位潔身自愛和體恤官民的佳範。

明代施邦曜（一五八五—一六四四），字爾韜，餘姚人。明神宗萬曆年間進士，官任四川按察使（即四川省的司法長官）。他品格端正，不肯巴結朝廷當權的宦官魏忠賢。

有人贈送他一幅名畫，是用硃紅與黑墨繪成的勁竹數竿。幹節挺拔，富有傲氣，竹葉橫伸，濃淡適意，稱得上是珍品。

他姊姊的兒子也在旁觀賞，心生喜愛，連說：「此畫甚好，請舅舅收留下來，好讓我們一家人隨時欣賞。」

但施邦曜卻另有主見，辭謝了。他表示：「不能接受這份好禮物。我如果收下了，就欠對方一份人情。他將來就可能利用機會來提出某項請求，對我而言，便是敞開了一扇讓人關說的大門。那時節，我峻拒或照辦，兩都很難了。」結果沒有收受。

施按察使喜歡遊山賞水，有人善意的建議他：何不到他四川所轄的著名勝地峨眉山去遊覽一圈？他婉謝了，說：「可惜我是四川的上級長官。如果我要去遊，就會驚動當地的屬官來迎送招待，陪侍導覽，也會勞累百姓們的食宿供應，道路清掃，和干擾遊客的戒嚴迴避。這是擾官又煩民，當然不去爲最好。」

施邦曜的人品，便是這樣的純正溫良。

【原文】施邦曜，字爾韜，餘姚人，官四川按察使。有餽之朱墨竹者，姊子在旁，請受之。曰：「不可。我若受之，則彼得以乘間而嘗我，我則示之以可欲之門矣。」性好山水，或勸之遊峨眉。曰：「上官遊覽，動煩屬官支應，且傷小民幾許物力矣。」其潔己愛民如此。（清、張廷玉：《明史》、卷二百六十五、列傳第一百五十三）

【讀後】施邦曜拒受朋友贈畫，免欠對手人情；拒在四川旅遊，免擾屬官百姓，都是謹守品格的佳例。

七二　張雄飛拒濫殺拒升官

元代張雄飛（？—一二八六），字鵬舉，臨沂人。在元朝官任兵部尚書之職。同朝的秦長卿（耿直之臣，寫奏疏要誅斬阿合馬）與劉仲澤（忤逆了阿合馬），兩人和官任中書平章政事的阿合馬（？—一二八二，回人，元史列爲姦臣傳）勢同水火。阿合馬也成心要殺掉他兩人。張雄飛則堅持不可如此枉法。

阿合馬派出心腹人以高官厚爵引誘張雄飛說：「只要你能夠將他倆人判成重罪而處以死刑，阿合馬就保證升你爲參政顯位。」

張雄飛即刻拒絕，回應道：「殺死無辜的忠耿朝官來換取不應得的大位，這是昧良心的勾當，我張雄飛一輩子也不肯做的。」

【原文】張雄飛，字鵬舉，在朝爲兵部尚書。秦長卿、劉仲澤忤平章阿合馬，欲殺之，雄飛持不可。阿合馬使人啗之曰：「誠能殺之，當以參政相處。」雄飛曰：「殺無罪以求高官，吾不爲也。」（明、宋濂：《元史》、卷一百六十三、列傳第五十）

【讀後】蓄意誣陷他人以莫須有之重罪而處死，使自己獲升高官，這是毒心惡行，正人君子都不會不願或不屑如此做。張雄飛品端德正，洵爲良範。

七三　劉伯溫評丞相

丞相就是宰相，要輔佐天子，統攝百僚。位居一人之下，萬官之上。既要有識有才，又須有品有德。無此條件，不能勝任。

明代劉基（一三一一—一三七五），字伯溫。明初各種典章制度，多是他所訂定。明太祖朱元璋（一三三八—一三九八），因感於國政欠佳，責怪丞相李善長（一三一四—一三九〇）沒有盡職。劉基護李，進言說：「李善長乃是我朝具有勳功之老臣，唯有他才可調和諸多將帥。」

明太祖道：「李善長有好多次想架害於你，你今天還幫他講好話嗎？」

後來李善長罷離丞相位了，太祖想要楊憲接任。楊憲素來與劉基友好，但劉基極力認為不可，說：「楊憲有丞相之才華，但缺少丞相之器量（俗語說：宰相肚裡好撐船）。大凡一個好的丞相，必須心境如水一樣的潔淨清明，凡事都用義理來作權衡，楊憲在這方面還差了一點。」

太祖又問：「若是汪廣洋（？—一三七九）如何？」劉基答：「汪的褊急淺薄，比楊憲更差多了。」

太祖進一步說：「我知道了，我要找個理想的丞相，沒有比你更好的人了。」

劉基奏道：「我有缺點：一是痛恨邪惡的人太深。二是不能忍耐繁劇的事太多，這都不合丞相的條件。我想：天下之大，何患無才？但陛下剛才所提的這些個，我認爲還不是合適的人選罷了。」

【原文】劉基，字伯溫。太祖以事責丞相李善長，基言：「善長勳舊，能調和諸將。」太祖曰：「是數欲害君，君乃爲之地耶？」及善長罷，帝欲相楊憲。憲素善基，基力言不可，曰：「憲有相才，無相器。夫宰相者，持心如水，以義理爲權衡。憲則不然。」帝問汪廣洋？曰：「此褊淺殆甚於憲。」帝曰：「吾之相，誠無逾先生。」基曰：「臣疾惡太甚，又不耐繁劇。天下何患無才，唯目前諸人，誠未見其可也。」（清、張廷玉：《明史》、卷一百二十八—列傳第十六）

【讀後】劉基觀察別人，評論自己，都很客觀，語語中肯。本篇讀後，誠覺此種賢良碩彥，歷史上還不多見。我們能學到他的百分之一嗎？

七四　周太祖拜孔子

殘唐五代時期，有個後周（以別於春秋時的東周西周，南北朝的北周，武則天的武周），由周太祖郭威（九〇一—九五四）建國。在帝位時，御駕幸臨山東曲阜，到孔子祠內參謁，準備行跪拜大禮。

左右隨員奏道：「孔子只是個陪臣，陛下不値得以天子之尊來跪拜他。」

周太祖諭道：「孔子乃是百世帝王之師，我怎敢不尊不敬？」就行了跪拜大禮。

他又拜了孔子墓，並下令禁止砍樹採果。又訪得孔子及顏淵（前五二一—前四九〇，後世尊爲復聖）的後代，任職爲曲阜縣令及主簿等職。

又明太祖朱元璋（一三二八—一三九八）也崇奉孔聖，每歲拜祀，見原文二。

孔子歷代都有尊稱：唐開元二十七年追謚爲文宣王，宋大中祥符五年尊爲至聖文宣王，元大德十一年封大成至聖文宣王，明嘉靖九年改爲至聖先師孔子。清聖祖崇爲萬世師表。

【原文一】後周太祖郭威，謁孔子祠，將拜。左右曰：「孔子，陪臣也，不宜以天子拜之。」太祖曰：「孔子，百世帝王之師也，敢不敬乎？」遂拜。又拜孔子墓，

禁樵采。訪得孔子顏淵之後，以爲曲阜令及主簿。（趙伯平：《通鑑雋語》，後周紀）

【原文二】劉仲質，在明太祖洪武十五年，官任禮部尚書。定釋奠禮，每歲春秋，通祀孔子。侍臣有言：「孔子雖聖，人臣也。」帝曰：「昔周太祖蒞孔子廟，左右謂不宜拜。周太祖曰：『孔子百世帝王師，何敢不拜？』今朕有天下，敬禮百神，於先師理（禮）宜加崇。」乃命仲質詳議。（清、張廷玉：《明史》、卷一百三十六、列傳第二十四）

【讀後】皇帝是怎樣產生的？一類是開國之君，由殺伐或篡奪而得來。另一類是繼承之君，因出生爲帝王之子而嗣位。都認爲朕即天下，以致暴君多於賢君，都只是封建專制時期的產物。於今已改爲總統制，由人民投票選出賢能的元首來治國，這才合乎民主潮流。至於孔子，乃是萬世師表，你若不敬他，只凸顯你的無知，對他的至聖之尊，毫無損害。請看《論語・子張》所載：「叔孫武叔毀仲尼，子貢曰：『無以爲也，仲尼不可毀也。他人之賢者，丘陵也，猶可踰也。仲尼、日月也，無得而踰焉。人雖欲自絕，何傷於日月乎？多見其不知量也』。」身爲帝王，禮拜孔子，足證他有崇聖的品德，沒有屈辱，不會貶低聲價，反而會受到欽敬。

七五　明鄭曉受茗又還茗

茶葉埋金飾，私求多照顧；鄭曉渾不曉，夫人說緣故。
禮物當面退，婉言還道謝；讓人好下台，讀來眞快慰。

明代鄭曉（一四九九—一五六六），嘉靖（明世宗年號）進士，後任尚書。當他受命爲選拔人才的官位時期，有位官員造府來拜會他，攜來一個用細篾片織成的精緻竹編筐盒，盛滿了茶葉，香茗下面卻埋藏著一批黃金首飾，想要暗中送賄，外表看不出來，作爲晉謁的禮物，奉請鄭尚書哂納。

鄭曉一時憑其直覺，以爲只是一筐茗茶，就收受了，令女僕攜入內室請夫人收存。夫人試著撈起茶葉來聞香，無意中發現盒中藏有金飾，就傳話另有他事請鄭曉入內，低語告知此一發現。

鄭曉不動聲色，將茗茶覆蓋平整，還其原狀，攜到前廳，從容謙婉對來客說：「我起初、誤以爲家中茗茶正好用罄了，所以領受你的惠賜。剛才回到內室，女僕說大櫃裡還有多箱茶葉，不好意思收受你的厚禮，原茗璧還，但仍要謝謝你的美意！」

茶筐退回給訪客，令他拿走了。

【原文】鄭曉，爲文選時（《唐書選舉志》「選有文武：文選吏部主之，武選兵部主之」），仕宦有餽黃金首飾者，承筐以將（將者呈送也），而上覆以茶茗。公直謂茗也，受之。入夫人手，撥茗知之，語公。公不動聲色，第整理其茗，覆筐如初。出召其人，謂曰：「吾初以家適乏茗，故拜君惠。頃入內詢，家尚有餘茗，心謝尊意矣。」授之，令持歸。（清‧史玉涵《德育古鑑》功過案、性行類、鄭曉條）

【另文】東漢、楊震，字伯起。好學，累遷荊州刺史，東萊太守。當之郡，道經昌邑。故所舉荊州茂才王密爲昌邑令，夜懷金十斤以遺震。震曰：「故人知君，君不知故人，何也？」密曰：「暮夜，無知者。」震曰：「天知、地知、我知、子知，何謂無知者？」密愧而出。（司馬光《資治通鑑》卷四十九、漢紀四十一。又見：尹會一《四鑑錄》卷一、師儒）

【讀後】原《德育古鑑》文末有評語曰：「清者極易刻，廉者多好名。鄭曉無二者之病，而又出之從容謙婉，反覺楊伯起之『四知』（即楊震，字伯起，見本篇「另文」），直而寡趣。」這六句話，簡明直接，十分中肯。只可惜這位鄭曉，品德端莊，處事圓婉，卻未普受傳揚，知曉此事者尚不多見，令人深爲惋惜。本篇偶爾摘自罕見之雜書，有幸樂留此一佳範。

七六　公儀休嗜魚卻拒魚

我喜歡吃魚，你就送我魚；我卻拒不受，豈不是陋儒？原因究何如？守法不可逾。

戰國時代，有位公儀休（公儀是複姓，休是名），魯國人，魯穆公時（公元前四一〇—三七七），位居宰相。他奉公崇法，深得國人尊敬。《史記・循吏傳》中述及他的幾項特殊事蹟，今舉《韓非子》書中的一例：

公儀休官任魯國的相國，喜歡吃魚，國人都爭著送魚來給他嚐鮮，但他都拒絕了。他的弟弟問道：「你愛吃魚，卻又不肯接受贈魚，究是因何原故？」

公儀休解釋道：「正因爲我喜歡吃魚，所以才不能接受他人贈魚。如果我收受了別人送的魚，我就必然欠下對方一份人情。欠了人情，可能就想回報。若要回報，難免不違背法令。倘眞違背法令，就會免除我這個相國的職位。到那時，我雖然愛好吃魚，別人便不一定再給我魚。我免職之後，自己也無錢可以買魚了。

「今時我不接受他人送我的魚，就不會被免職，我才可以安然的、長期的、自己有能力隨時買魚呀！」

【原文一】公儀休相魯而嗜魚，一國盡爭買魚而獻之。公儀子不受。其弟諫曰：「夫子嗜魚，而不受者、何也？」對曰：「夫唯嗜魚，故不受也。夫既受魚，必有下人之色。有下人之色，將枉於法。枉於法，則免於相。雖嗜魚，此不必能自致我魚，我又不能自給魚。今無受魚而不免相，雖嗜魚，我能長自給魚也。」（戰國・韓非《韓非子》外儲說右下）

【原文二】公儀休爲魯相，奉法循理。客有遺相魚者，相不受。客曰：「聞君嗜魚，遺君魚，何故不受也？」相曰：「以嗜魚，故不受也。今爲相，能自給魚。若受魚而免，誰復給我魚者？故吾不受也。」（漢・司馬遷《史記》卷一百十九、循吏列傳第五十九、公儀休）

【讀後】嗜魚免惹害，不受是良相；
小處恒自愛，公儀示佳範。

勤學第三——知識吸收廣泛，破解各種困難。

「勤」是努力求進取，「學」要深研鑽到底；人十能之我百之，最後受益歸自己。
「求知」列爲第三章，奉請大家多踐履。

七七　歐母畫荻教子

宋代歐陽修（一〇〇七—一〇七二），字永叔，舉進士，爲翰林學士，以文章冠天下。晚號六一居士（爲何稱「六一」？因他藏書一萬卷，集錄金石遺文一千卷，有琴一張，棋一局，置酒一壺，及自己老翁一個），也是北宋古文運動領袖。

他四歲時，父親去世了，母親韓國夫人鄭氏，守節撫孤，親自教育歐陽修。歐家那時貧窮，歐母常常用荻枝（蘆葦）在灰沙地上畫寫成字，教導兒子認識。後來歐陽修兩次考試國學，一次考試禮部，都是第一名，人稱「畫荻教子」。

父親歐陽觀，任官爲泗州司理（官名，掌刑法獄訟）之時，曾在夜晚於燭光下批撰判詞，屢次停筆歎息。母親問他爲何？歐父答道：「這件刑案，乃是一樁死獄，我想要替囚犯尋求活命卻未能做到，故而只好長歎。」

【原文】宋、歐陽修，字永叔。四歲失父，母韓國夫人鄭氏，守節自矢，親教育之。家貧，常以荻畫地教字。後成進士，兩試國學，一試禮部，皆第一，文章名冠天下。修父觀，爲泗州司理時，嘗秉燭治官書，屢廢筆而歎。妻問之，曰：「此死獄也，我欲其生，不得，故歎。」（元、脫克脫：《宋史》、卷三百一十九。後段又見于歐陽修：《瀧岡阡表》，已收入《古文觀止》、卷十）

【另文一】南朝、梁、陶弘景（四五六—五三六），字通明。四歲，以荻爲筆，畫灰中學字。後隱居江蘇省句容縣句曲山，人稱「山中宰相」。（唐、姚思廉、《梁書》、處士傳、陶弘景。又見：清、王晫：《今世說》、文學、「陶弘景」條。）

【另文二】唐、柳公綽妻韓氏，常以苦參、黃蓮、熊膽（都是苦藥），滲和爲丸，給其子柳仲郢，於永夜讀書時，含之以習勤苦，世稱「丸熊教子」。（宋、朱熹：《小學集註》卷六、外篇善行第六、「實明倫」章。又見于《新唐書》柳公綽傳）

【讀後】歐陽修，陶弘景，兩家貧窮，沒有紙筆，都用蘆荻畫地學字，後來皆有大成。又唐代進士柳仲郢母「柳母含丸」，後世並歐母合稱「和丸畫荻」，譽爲母教之典範。

七八　任末燃蒿唸書

漢代任末，勤學不倦。他沒有一定的老師，常背著書包，不怕路途遙遠，不懼艱難險阻，一心去尋求好的老師苦讀。

他每對人說：「人而不學，何以成爲一個完人？何以去實踐心願？」

他有時候依在樹林之旁，用茅草搭蓋成擋風遮雨的陋屋，將小樹枝削尖當筆，擠壓出樹汁或草汁作墨。晚上天朗，則映著月光唸書，有烏雲遮月，則點蔴蒿照著火光閱讀。

臨終時，仍不忘勸人求知，他說：「一個人若是好學，雖然死了，他的遺範依然會長期存在。一個人若不好學，雖然他是活著，但因一無所知，只能算是行屍走肉的活死人而已，豈不可惜？」

他博通群經，時人稱譽他爲「經苑」。

【原文】任末，學無常師，負笈不遠險阻。每言：「人而不學，則何以成？」或依林木之下，編茅爲庵，削荊爲筆，尅樹汁爲墨。夜則映星望月，暗則縛蔴蒿以自照。臨終誡曰：「夫人好學，雖死若存。不學者雖存，謂之行屍走肉耳。」時人謂任氏爲「經苑」。（東晉・王嘉・《拾遺記》）。

【讀後】現今工商社會，人人必須求知，求知就要讀書，這是最方便、最有效、最快速、最划得來的一條捷徑。想一想：前人把一輩子累積的學識經驗，辛苦地寫成書冊，我們只須用短短的幾天時間，就輕鬆地吸收爲己所有，這是何等快意的勾當？

今天此處暫且不談科技，那太專門（專技更須求知），僅以文史而論：左思寫《三都賦》，「埋首十年」乃成；司馬光撰《資治通鑑》，乃是「窮一生之精力」，盡瘁於斯。他們嘔心瀝血的知識結晶，毫不保留、不偷懶、不隱瞞、不吝惜，公之於世。我們一下子就承襲過來，世界上哪還有比這更便宜的投資獲利之事？

英國文學家蕭伯納（George Bernard Shaw 1856-1950）說：「我有一個蘋果，你也有一個蘋果，你我交換後，各人仍只有一個蘋果。但如我有一項知識，你也有一項知識，你我交換後，每人都有了兩項知識。」收穫就加倍了。

爲甚麼大家喜歡去炒股票？因爲容易撈錢。但撈到的錢會花掉的，花掉就沒有了。倘如賺到知識，則是終生受用，花了出去，知識仍在，而且識見和經驗愈加倍增，永遠不會蝕本，兩者高下，全不能比。

「日月逝矣，歲不我與（《論語・陽貨》）。」請看：周公上聖，月日讀百篇。孔子天縱，竟韋編三絕。這都叫典範。我們不必懸梁刺股（傷身體），不必映月偷光（有電燈），只須不時多下點硬功夫，不也就可以出人頭地了嗎？

七九　賈逵聽經五歲即熟

人的聰明才智不同。《論語・公治長》子貢說：「我比不上顏回。顏回聞一知十，我聞一僅能知二。」但不必氣餒，《禮記。中庸》說「人一能之己百之。」努力就可趕上。今且介紹一位天才。

漢代賈逵（三〇—一〇一），五歲時，他姊姊每天早晚抱著他隔著籬笆，聽鄰家學子誦讀經書。賈逵安靜的諦聽，入神在書聲裡，不言不動，姊姊也很歡喜。

到了十歲，賈逵竟能背出六經的文句。姊姊問道：「我們家窮，沒有哪位老師來過我們家中，你怎麼會背得出六經，還沒有漏句呢？」賈逵應道：「早年姐姐你抱我在籬牆邊聽鄰人朗誦詩書，我天天聽，就熟了，到今天還不會遺漏一句半句。」

年長後，知識豐富了，博通群書。門徒來求學的很多，用稻穀麥子繳交學費而積滿了倉庫。當時人認為賈逵用口舌教書為生，稱他為「舌耕」。

【原文一】賈逵，年五歲，聞鄰家讀書，其姊旦夕抱逵隔籬聽之。逵靜聽不言。姊以為喜。至十歲，乃暗誦六經。姊問曰：「吾家貧困，未嘗有教書者入門，汝安能誦無遺句耶？」逵曰：「往年姊抱逵於籬間聽鄰家讀書，今萬不遺一。」期年，

經文通，門徒來學，贈獻者積粟盈倉。（晉、苻秦、王嘉：《拾遺記》、前漢．賈逵）

【原文二】 賈逵年五歲，姊抱聽鄰家讀書。及長，俱能通經籍。姊問曰：「吾未嘗教汝，何得致然？」逵曰：「姊抱我，聽讀書，吾皆省之。」及成人，博通群書，載粟受業，而家大富。時人以爲賈逵舌耕。（唐、李冗：《獨異志》、賈逵）

【讀後】 賈逵慧根特優，料其「智商」無人能及。智商（Intelligence Quotient）是心理學名詞，簡寫爲ＩＱ，是威廉司騰（William Stern）所首倡，以顯示智力的高低。智商高的人，對諸事懂得快，記得住。漢代賈逵，耳聰心敏，接受力強。五歲就能夠「聽熟六經」，應有超異的ＩＱ，乃成此難見的範例。

八〇　張巡唸書三遍不忘

記憶力特強，上篇有賈逵，第一三九篇有李清照，本篇又有張巡，請對照比較。

唐玄宗時代，藩鎮安祿山造反，張巡（七〇九—七五七）守睢陽抗賊，城破殉國，韓愈撰有《張中丞（張巡任官御史中丞）傳・後序》。序中寫記了一樁唸書的事。

有位于嵩，少年時起，即跟隨著張巡。有一次，張巡見于嵩在讀《漢書》（東漢班固所撰，爲三史之一），問道：「爲甚麼讀這麼長久？」于嵩答道：「我還沒有讀熟嘛。」張巡說：「我讀書，不超過三遍，就一輩子不會忘記。」於是就從于嵩正在閱讀的這一句開始背誦，一直唸到卷末，沒有錯漏一個字。

于嵩大爲驚奇，又以爲張巡碰巧對《漢書》這一册熟習，就信手胡亂挑出桌上的另一兩本書來試試看，張巡都能依著朗讀出來。于嵩又抽取架上的各類冷門書册，張巡都順口隨唸不誤。

于嵩跟隨張巡已有許多年了，也沒有見過張巡時常讀書。至於張巡撰寫文章，他提筆就手不停揮，從來沒有要先打草稿。

以上是韓愈筆下所記述的。以他文起八代之衰的聲望，和國子祭酒（掌領太學）博士中書的高位，敘事應不致於虛構。

【原文】有于嵩者，少依於張巡。巡見嵩讀《漢書》，謂嵩曰：「何爲久讀此？」嵩曰：「未熟也。」巡曰：「吾於書，讀不過三遍，終身不忘也。」因誦嵩所讀書，盡卷，不錯一字。嵩大驚，以爲巡偶熟此卷，因亂抽他帙以試，無不盡然。嵩又取架上諸書試以問巡，巡應口誦無遺。嵩從巡久，亦不見巡常讀書也。爲文章，操紙筆立書，未嘗起草。（唐、韓愈：《張中丞傳後敘》，附於李翰《張巡傳》後。亦見於《古文觀止》）

【讀後】我們都只欽敬張巡爲國捐軀的英烈，「不爲不義」、「嚼齒皆碎」的故事，請見第二十六及第三十一篇。但哪知道他還有「誦書三遍，終身不忘」的特長，這是他的另一過人天賦。通過大文豪韓愈的描述，簡直是如見其人，如聞其聲。我們能不能努力來學習而企及他的十分之一？

八一　楊時程門立雪

學生是如何尊敬老師的呢？請看本篇典範。

宋代楊時（一〇五三—一一三五），字中立。他潛心經史，後來做到諫議大夫、國子祭酒、工部侍郎。晚年隱於龜山，世稱龜山先生，卒諡文靖。

他崇拜大儒程顥（一〇三二—一〇八五，世稱明道先生），以學生之禮拜見，接受教導。後來，楊時要歸去了，程顥目送他辭別，說道：「我倡的儒道，由楊時帶去南方了。」（原文是：吾道南矣）

程顥逝世後，楊時又投拜程顥胞弟程頤（一〇三三—一一〇七，世稱伊川先生）繼續受學，此際楊時已近四十歲了，但他侍奉程頤，比以前師事程顥更加恭敬。

冬季來了，某一日，老師程頤，白天偶然在書齋中閉目養神，坐著小睡。楊時和同學游酢（字定夫，後官太學博士）二人，在旁侍立，不敢擅離。等到老師程頤醒來，門外飄下的白雪竟然累積有一尺深了。

元代謝應芳，有咏《楊文靖公（楊時謚文靖）祠堂詩》曰：「立雪程門道學傳，東南瓜瓞遂綿綿」之句。

這段事叫「程門立雪」，凸顯出學生對老師的崇敬。

【原文一】宋，楊時，潛心經史，以師禮見程顥，相得甚歡。及歸，顥目送之曰：「吾道南矣。」顥卒，又從程頤，時年已四十，事頤愈恭。一日，頤偶瞑目坐，楊時與游酢侍立不去。頤既覺，門外雪深一尺矣。（明、蕭良友：《龍文鞭影》、卷一、「立雪楊時」條。又見于：宋、程顥程頤著、王孝魚點校：《二程集》、外書、十二）

【原文二】游酢楊時侍伊川程頤，伊川瞑目而坐，二子侍立。既覺，顧謂曰：「賢輩尚在此乎？日既晚，且休矣。」及出門，門外之雪，深一尺。（見：《二程集》、外書、十二）

【讀後】歷來求學敬師之良範，便是以此篇「立雪程門」爲代表。也唯有楊時游酢兩人之作爲，既屬空前，也將絕後。

八二　承宮聽課棄豬

東漢時代，有位承宮（？—七六，承是姓，宮名。春秋有大夫承盆，唐代有高僧承遠），字少子。家境貧苦，八歲時，替富有人家牧豬。鄉里之中，有位大儒徐子盛，設館授徒，學生甚多，講解《春秋》經義，能深入淺出。承官帶著一頭豬，經過學堂時，也停下腳步，在窗外聆聽。聽到入神，豬隻走開了都不知道。

豬主人奇怪，正常時間已過，爲何不見承宮牽豬回家？只得出外尋覓。見到承宮仍在窗外聽講，便想用鞭子抽打他。幸有那學館裡的學生同情他，替他說好話，豬主人停手了，卻也不想再雇用他了。仍舊是學子們做好事，留他在學舍裏做小工過日子。

承宮每天在學館打掃，上山撿拾薪柴，做飯。有空就旁聽徐大師講課，等於是半工半讀。經過許多年，他一直勤勉不倦，終於也成爲大儒。漢明帝永平年間（西元五八—七四），皇詔徵他，任爲博士，升左中郎將。

此期間，他直言敢諫，氣節懾人，連匈奴也聞其名了。北單于派來特使，求見承宮，但承宮認爲自己容貌粗陋，不足以威外邦，皇帝准他另請魏應（字君伯，官光祿大夫）代爲接見。最後他官職做到侍中祭酒。

【原文】承宮，字少子。年八歲，爲人牧豕。鄉里徐子盛以《春秋》經授諸生。宮過徐子盛，好之，因棄其豬而留聽經。豬主怪其不還，求之，得宮，欲笞之，門下生共禁止，因留之。爲諸生拾薪，數年，勤學不倦，後爲大儒。永平中，拜博士，遷左中郎將。敢進直言，朝中憚其節。名播匈奴，北單于遣使來求見宮，自以貌陋，詔以魏應代之。官終侍中祭酒。（南朝宋・范曄《後漢書》卷二十七、列傳第七十）

【讀後】貧窮無助幼童，卻想進修求學；窗外凝聽書聲，失豬竟爾不覺。課堂半讀半工，研習經史淵博；終爲忠耿大臣，贊我承宮卓犖。

八三　范仲淹斷虀畫粥

三餐不繼，讀書苦唸。范公仲淹，無人能比。

宋代范仲淹，字希文（九八九—一〇五二），江蘇吳縣人。是北宋時代有名的政治家，文學家。官任參知政事。死後謚文正，故又稱范文正公。

他年少之際，境況很苦，在「長白山」僧舍唸書時，每天只能煮一次飯，限用小米一筒，熬水煮成粥糊，等粥冷凝後，用刀切割劃爲四塊，午晚兩餐各吃二塊。另外用幾根虀菜（醃過的菜），切成小段，拌著冷粥下肚，就算過了一天，後人稱之爲「斷虀畫粥」。范仲淹不以爲苦，還寫了一篇《虀賦》。

他的故事很多，當夜讀昏怠時，便常用冷水澆臉提神，見第一一三篇。任官後，創設義田，幫助窮困，見本篇另文一。又倡言賢者應先憂後樂，見另文二。都是良範。

【原文】范文正公仲淹，讀書長白山。日煮粟米作粥，待其凝，畫爲四塊。斷虀數莖，旦暮啖之。嘗作《虀賦》，其警句云：「陶家甕內，淹成碧綠青黃；措大口中，嚼出宮商角徵。」（明、蕭良友：《龍文鞭影》、二集、上卷「文正斷虀」條。又見：宋、釋文瑩：《湘山野錄》）

【另文一】范文正公，好施與，置田千畝，號曰義田以濟人。嫁女者五十千，娶婦者三十千，葬幼者十千。公雖位崇祿厚，而貧終其身，歿之日，身無以為斂，子無為喪。……（宋、錢公輔《義田記》，見《古文觀止》卷九、宋文）

【另文二】慶曆四年春，滕子京守巴陵郡，重修岳陽樓，囑予作文以記之。予嘗求古仁人之心，居廟堂之高，則憂其民；處江湖之遠，則憂其君，是進亦憂，退亦憂，然則何時而樂耶？其必曰：「先天下之憂而憂，後天下之樂而樂歟！」（宋、范仲淹《岳陽樓記》，見《古文觀止》卷九、宋文）

【另文三】范仲淹能文能詩，「先憂後樂」之語，膾炙人口。今錄其《漁家傲》詞一首：「塞下秋來風景異，衡陽雁去無留意。四面邊聲連角起，千嶂裏、長煙落日孤城閉。濁酒一杯家萬里，燕然未勒歸無計。羌管悠悠霜滿地，人不寐，將軍白髮征夫淚。」此時范在陝西省，西夏不敢南侵，因為范的「胸中有數萬甲兵。」這首詞氣魄宏大，語句雄渾，蒼涼壯闊，突破了塡詞只寫男女與風月的界線。（見《宋詞精選注評》范仲淹）

【讀後】宋・錢公輔在《義田記》中贊譽范仲淹說：「公之忠義滿朝廷，事業滿邊隅，功名滿天下」，最是中肯。

八四　甄思伯熬夜奕棋

南北朝北魏時代，有位甄琛（?—五二四），字思伯，秀才出身。爲了想求深造，就辭別父母，遠離家鄉，前往首都京師（北魏建都於洛陽）。本是打算進修，卻轉而貪享優閒歲月。算算進京日子，也混過一年了。他成天都沉迷於棋局之中，甚至通宵熬夜下棋，久不休止。

他帶來一個僕人，大概年紀也大了，稱他叫蒼頭。每晚都指定那蒼頭舉著火燭照明，好看清楚棋路。蒼頭深夜持燭久了，有時不免由於困頓而要瞌眼思睡。燭光偏移，甄琛就用棍杖大加罰打，如此已發生許多次數了。

這位僕人，挨打多次，精神受虐，身體受苦，爲時既久，忍不住了，乃斗膽向甄琛申述道：「小主人你辭別父母，來到京師，如果是爲了讀書求知，晚上命我舉燭，我有疏失而遭打罰，那是我的不該，罪有應得。但郎君卻是天天下棋，夜裡也不休息，這豈是前來京師的初意？你多次用棍杖打我，不也是於理有些站不住嗎？」

甄琛聽罷，惕然省悟，感到慚愧，乃痛改前非，轉而努力攻書，知識日漸廣博。到北魏太和年間，被任官爲中書博士。

【原文】甄琛，字思伯，舉秀才。入都積歲，頗以奕棋棄日，乃至通夜不止。手下蒼頭，常令舉燭，時或睡頓，大加其杖，如此非一。奴後不勝楚痛，乃白琛曰：「郎君辭父母，仕宦京師，若爲讀書執燭，奴不敢辭罪。乃以圍棋，日夜不息，豈是向京之意？而賜加杖罰，不亦非理？」琛惕然慚感，遂改而溫書，聞見日優。太和中，拜中書博士。（北齊、魏收：《魏書》、卷六十八、列傳第五十六。又見：唐、李垕《南北史續世說》、德行「甄琛知過」條）

【讀後】甄琛閒廢，奕棋通夜，蒼頭進言，終獲高位。

我們閱後，也當欣慰，迴返正途，勸學爲貴。

八五　樊燮訓子成器

清代左宗棠（一八一二—一八八五），當初在湖南巡撫駱秉章的衙署裏擔任幕僚長，深受倚重，大權獨攬。那時永州府（在湘南，轄七縣）總兵官（相當於軍長）樊燮，因公務來參見左師爺，卻因話不投機，左宗棠火氣大升，竟然當面叱罵他說：「你目不識丁，不准無理由一再囉唆，滾回去！」

樊燮低頭退出，心想這次羞辱太重了。雖然貴爲總兵官，但目不識丁，也是實情，要如何雪此奇恥？唯有反求諸己。他拿定主意，預先在未死之前，爲自己立了一塊神主牌位，寫的是「目不識丁樊燮之神位。」安置在自宅正廳的神龕裏，以收警惕大效。

他有個兒子，名樊增祥（一八四六—一九三一），別號樊樊山，那時只十來歲，長得聰敏。樊總兵官花費重金，禮聘來一位學識淵博的老翰林（清代最高等考試錄取的叫進士，再廷試得庶吉士的叫翰林）作專責的家庭教師，教兒子苦讀。

到了十八歲，樊總兵告誡兒子說：「你若考不上翰林，就不算是我的兒子，我這個『目不識丁』的牌位，必須繼續留著，天天上香供奉。一直要到你的兒子考到翰林之後，才可撤掉！」他心裏的傷痛，眞是又深又切，到了極點。

樊老總兵死後，樊增祥愈加發憤，終於在清光緒三年（一八七七）考上了翰林，後來做到江寧布政使，學者稱為樊樊山先生。他親撰了祭文，到亡父墳前哀哀拜祭，詞情悱惻，淚眼汪汪。

左宗棠罵樊燮目不識丁，按理來說，兒子樊增祥應該記恨。但他不僅無怨，反而對左宗棠後來西征新疆勝利一事，極力揄揚。可見古人胸懷，確有寬大過人之處。

【原文】 左宗棠在駱秉章幕府時，有永州總兵樊燮，因事參見，左面斥以「目不識丁」。及樊退出，自以受辱太甚，乃於生前立一靈牌曰：「目不識丁樊燮之神位」。樊燮有一子名樊增祥，年十餘歲，聰敏過人。樊燮以重金聘一老翰林，課子苦讀。至十八歲，樊燮告其子曰：「汝如不點翰林，便非吾子，此目不識丁之神位，便須俟汝子點翰林後，始可撤去。」其傷痛之情極矣。老總兵死後，增祥愈加發憤，卒點翰林，為文祭父，哀惻不忍卒聽。樊增祥對左，非但無怨恨之詞，且於左之西北軍事成就，備極頌揚。足見前人胸襟，確有過人之處。（《湘軍掌故》）

【讀後】 罵我目不識丁，誓必洗此羞愧。自己年事已高，厚植兒子遂願。
每晨靈位供香，痛徹兩代心肺。孜孜得中翰林，惻惻墳前告慰。

八六　李密騎牛唸書

隋唐時代李密，字玄邃，一字法主（五八二——六一八）。少年時，有一天，前去訪晤包愷（字子和，通經史）。他把黃牛當坐騎，仍然不忘勤讀，帶了一套《漢書》，裝入書囊，掛在牛角上，坐在牛背出發了。他一手牽牛繩，一手拿册《漢書》，邊騎邊讀。

恰巧尚書令越國公楊素（公元？——六〇六）也坐著馬車同路同向而行，看到前面一個少年緩緩騎牛，專心閱書，十分希奇，就從後面輕鬆跟上，問道：「這是哪位儒生，發憤讀書到這個程度？」

李密轉頭一看，認識他是越國公，連忙自牛背上下來，報上姓名。

楊素追問他正讀的是甚麼書？李密答道：「我正在唸『項羽傳』（按《漢書·列傳第一》即項羽傳）。」

楊素見他如此好學，非常難得，前途將大有爲。與李交談之下，十分喜悅。回家對兒子楊玄感（後爲禮部尚書）說：「我看李密的才識氣度，你們將來都趕不上。」

按歷史上有兩位同姓名的李密：一爲晉代李密，字令伯（二二四——二八七），幼孤，由祖母劉氏撫養成人，後來朝廷要徵他爲太子洗馬，他撰有《陳情表》懇辭不就。事見《晉書・孝友傳》，文見《古文觀止》。另一位是隋唐時代李密，字玄邃（五八二—六一八），即本篇所述「牛角掛漢書」故事。

【原文】李密，字玄邃。嘗欲尋包愷，乘一黃牛，將《漢書》一帙，掛牛角上，一手提牛靷，一手翻書讀之。越國公楊素見于道，從後按轡躡之。問曰：「何處書生，耽學若此？」密識越公，乃下牛，自言姓名。又問：「所讀何書？」答曰：「項羽傳。」越公奇之，與語大悅，謂其子玄感曰：「吾觀李密識度，汝等不及。」（五代・後晉・劉昫《舊唐書》卷五十三，列傳第三。又見：宋・孔平仲《續世說》卷五・賞譽）

【讀後】騎牛豈可廢讀，手挾漢書猛看；
學問若嫌不足，本篇應是良範。

八七　皇甫績自杖三十求進

南北朝時代的北周，有位皇甫績（五四一—五九二），字功明。三歲時，父親過世了，成爲孤兒，只好由外祖父韋孝寬（名叔裕，官大將軍、大司空）收留養育。

皇甫績年幼，未免貪玩，有時就與同住的表兄弟們（韋孝寬的孫兒們）互玩賭博之戲來消遣。韋孝寬看到了，認爲這幾個年輕娃兒不幹正事，樂於嬉遊，非常不肖，應嚴加管教，除了各打手心之外，還罰寫大字三紙。卻憐憫外孫皇甫績是孤兒，就單獨對他免罰，半句責備的話都沒有。

皇甫績自忖道：「我沒有嚴父的約束，寄居外祖家中，外祖父也不好嚴格責罰我。如果不能自己奮勵，剋制玩心，將來憑甚麼能夠生存下去？」他深自慚悔，硬是要求外祖的家丁用細木杖責打自己三十下，然後潛心向學，終於經史精通。北周武帝（公元五六一年即位）在未登基之前，仍是魯公，便任皇甫績爲侍讀（官名，教授帝王經史）。後來官任中大夫、都官尚書。

【原文】皇甫績，字功明。績三歲而孤，爲外祖韋孝寬所鞠養。嘗與諸外兄博奕，孝寬以彼等惰業，督以嚴訓，愍績孤幼，特捨之。績歎曰：「我無庭訓，養於外氏，不能克躬勵己，何以成立？」深自感愧，命左右杖己三十。於是精心力學，熟通經史。周武帝爲魯公時，引爲侍讀。後爲中大夫、都官尚書。（唐、魏徵：《隋書》卷三十八，列傳第三）

【讀後】凡事要痛下決心去做，才會切實達成，這乃是有一股堅定不移的意志力在身後推進之故也。求學不是一天兩天就能速成的，也不是一出學校就可終止進修的。「勤」學含有二義：一是有強毅的鬥志，二是要長期的鑽研，才會有得。宋代張君房《雲笈七籤》說：「學如掘井，不堅其心，豈得見泉源也？」良言佳範，請勿忽之。

八八　裴諏之借書一旬便還

南北朝時代的北齊，有位裴諏之（諏音ㄗㄡ，讀如鄒），字士正。年少時，就喜歡閱讀各種典籍。每每向那藏書甚多的常景（字永昌，後魏時代人，官秘書監、儀同三司，有著作多種）借來書册研讀，一借便是一百卷，看了大約十來天，就全部送還。常景心生疑惑，猜想裴諏之大概是學淺，讀不下去，才會提前歸還。便試探著把各書卷中的要點，隨意挑出一些問題來考一考他。哪知裴諏之都回應快速，而且解答得未有遺漏，顯示他不但讀過了，而且也記熟了。

常景贊歎道：「從前、那些有名的學者，如後漢時代的應奉，讀書時，可以一目五行齊下。又如後漢的禰衡（一七三—一九八），讀書時，只要看過一遍，便都記得了。想不到時至今日，又有你這裴君，足可和他們並美，眞是了不得。」

後來，北周文帝任裴諏之爲大行臺倉曹郎中。

【原文】 裴諏之，字士正。少好儒學，常從常景借書百卷，十許日便返。景疑其不能讀，每卷策問，裴回答無遺。景歎曰：「應奉五行俱下，禰衡一覽便記，今復見之於裴生矣。」周文帝任爲大行臺倉曹郎中。（唐、李百藥：《北齊書》卷三十五）

【讀後】 裴生領悟力強，吸收力富，理解力深，記憶力健。故一看就懂，過目不忘。

八九　宋趙普讀論語

記載孔子及弟子言行的書叫《論語》（論音ㄌㄨㄣˊ，讀倫），共二十篇。乃是修身齊家的圭臬，治國平天下的寶典。趙普一生都讀它、學它、用它。

宋代趙普（九二二—九九二），字則平，薊州人（今河北薊縣）。爲人沉厚寡言，每天手不釋卷。他歷經宋太祖（九二七—九七〇）宋太宗（九三九—九九七）兩朝，一直擔任宰相。

宋太宗贊譽他說：「趙卿能決斷大計，對政務竭誠調理，盡忠國事，安定邦畿，不愧爲社稷大臣。」

趙普每天散朝，回到自己宅第，必定關上書房之門，啓開書篋，取出《論語》來讀。他曾經向宋太宗啓奏說：「爲臣的家中藏有《論語》一部，每天都在讀它。臣以半部論語輔佐太祖掃清天下，又以半部論語襄助陛下策定太平。」這是他吐露的眞言。由他的切身實踐和體會，足可驗證《論語》內容的宏博，和其價值的崇昂。

【原文一】宋趙普，字則平，薊州人。沉厚寡言，手不釋卷。歷相兩朝。太宗嘗稱之曰：「普能斷大事，盡忠國家，眞社稷臣也。」每歸私第，必闔户啓篋，取《論語》讀之。嘗語上曰：「臣有《論語》一部，以半部佐太祖定天下，以半部佐陛

下致太平。」（元，脫克脫：《宋史》、卷二百五十六、列傳第十五）

【原文二】趙普，少習吏事，爲相。晚年，手不釋卷。每歸第，取書，讀之竟日。及次日臨政，處決如流。既薨，家人發篋視之，則《論語》二十篇也。（明、《御製賢臣傳》相鑑、卷之十二）

【另文】宋．李沆，宋眞宗時爲宰相。嘗讀《論語》。或問之，沆曰：「沆爲宰相，如『節用而愛人』『使民以時』，尚未能行聖人之言，終身誦之可也。」（明、蕭良友《龍文鞭影》、二集、下卷「沆讀論語」條）

【讀後】本篇有兩事。共一爲趙普身爲宰相，下朝後仍然手不釋卷，不唯求知勤而不輟，而且識見必有增進，足爲吾儕之良範也。其二爲《論語》乃儒家經典，包容豐富，舉凡勵志敦品，勤學惜時，愼事擇友，都有明訓，宜予研讀。即使科技掛帥之今日，欲成大事大業者，仍不宜忽略此書也。

九〇　歐陽修刪文章

金代文學家元好問（一一九〇—一二五七），字遺山，詩文為一代之宗。他有《與張仲傑「論文」》詩曰：「文須字字作，亦要字字讀，咀嚼有餘味，百過良未足。」大文豪歐陽修以文章冠天下，但文稿多經刪改，也不例外。

北宋歐陽修（一〇〇七—一〇七二），字永叔，晚號六一居士。他寫下了不少的範文，《古文觀止》裡就收錄了十三篇，其中大家耳熟能詳的便是《醉翁亭記》。

醉翁亭，在安徽省滁縣城外西南。那時節，歐陽修因直言獲罪，貶官外放滁州，乃寄情於山水之間，自號醉翁，寫出這篇《醉翁亭記》。文章並不很長，卻在篇中用了二十一個「也」字，個個貼切，足見他的神奇工力。

這篇宏文，由於有人買到他撰寫《醉翁亭記》的原稿，發現修刪了好多次。起始在破題時，最先寫的是「滁州四面有青山」，還用了好多句話來描述滁州四面是哪些山，山脈山形如何？佔了好幾行字。交待雖然詳細，行文卻很累贅。他反覆審看，覺得並非醉翁亭的重點。因而屢寫屢改，五易其稿，最後濃縮成一句，只留下「環滁皆山也」五個字，反而顯得簡潔響亮，起勢頓覺不凡，文氣為之凝聚。大家都認為這破題首句，精鍊有力，替整篇生色不少。

該文大致可分四個段落，寫景寫情，兼寫感慨；文句簡短，情趣活潑。篇中「醉翁之意不在酒」之句，迄今已成爲大衆日常慣引之口語，用以比喻「本意並不是如此，乃是另有所鍾」之俏皮輕脫話了。

【原文一】歐公爲文，亦多是修改直到妙處。頃有人買得《醉翁亭記》稿，初云「滁州四面有山」，凡數十字。末後改定，只曰「環滁皆山也」五字而已。（《歐陽文忠公文集》，據《四部叢刊》本。又見：《朱子語類大全》、卷一三九）

【原文二】嘗見歐公《醉翁亭記》原槀，發端凡三四行，後悉塗去，而易以「環滁皆山也」五字。（宋・黎靖德《朱子語類》又名《朱子語錄》）

【另文】歐陽修爲宰相韓琦撰「晝錦堂記」首云：「仕宦至將相，富貴歸故鄉。」韓公得之，愛賞。後數日，歐陽復以別本至，云：「前有未是，請換此本。」韓再三對看，但於仕宦，富貴下各添一「而」字，文氣更暢。前輩撰文，愼重如此。（清、潘永因《宋稗類鈔》。又見宋、范公偁《過庭錄》）

【讀後】鄭板橋《板橋全集》說：「爲文須千斟萬酌，再三更改無傷也。」曾國藩剿太平天國，初期吃了敗仗，他必須稟告朝廷，自請處分。奏疏已經恭楷寫好了，李鴻章建議應將「屢戰屢敗」顚倒爲「屢敗屢戰」，把頹喪失利轉爲奮勵昂揚，顯得愈挫愈勇，因此改寫了，且獲得朝廷慰勉。

九一　沈元用不及宋肅王

強中更有強中手，能人難比最能人。最能的人，不矜誇，不炫耀，有若無，實若虛，讓你心服口服，甚至震駭不已。有何佐證，請看本篇。

宋代沈晦（一〇八四—一一四九），字元用，宋徽宗宣和年間進士任官，博聞強記，受到朝廷重用，屢陞要職。

有一次，沈元用隨同肅王出使到北方胡虜之邦，接待在燕山（在河北省。木蘭詞說：但聞燕山胡騎聲啾啾）的愍忠寺休憩，作爲行館。公餘有暇，兩人在大寺裡遊觀、偶然看到一座唐人碑，碑文刻的都是四六對偶句的駢儷文體，全篇約有三千多個字。

沈晦素來記憶力特強，對抑揚頓挫聲律調諧的駢體文尤富興趣。異域遇此佳作，豈肯錯過，便停步下來仔細觀賞，更將全文朗讀，讀了幾遍才罷。

那肅王一直未曾正眼看碑，他一面聽到沈晦在朗誦碑文，一面卻在往來徘徊踱步，神情好像全不在意。

兩人回到館室，沈元用想要顯一顯他超強的記性，便取來紙筆，將那篇碑文追憶抄錄下來。遇到記不得的文字便空著，全篇只空了十四個字，也眞是十分難得的了。

沈元用默寫完了，肅王順眼一看，瞧見文中尚有一些空白之處，隨手拿起毛筆，在那些空白處一一補填上正確的字，全無遺漏，更將沈抄錯的文字塗正了四五處。改完了，他把筆擱下，繼續談討明天的外交話題，臉上毫無得意之色，全不認爲這樁閒事有何令人矜誇之處。

沈晦元用瞧在眼裡，內心駭然震驚，暗中敬佩得無以復加。此事是陸游（一一二五—一二一〇）字務觀、號放翁在他的《老學庵筆記》書中所記，應屬可信。

【原文】肅王聽唸唐碑——肅王與沈元用同使虜，館於燕山愍忠寺。暇日同行寺中，偶見一唐人碑，詞皆偶儷，凡三千餘言。元用素強記，即朗讀一再。肅王不視，且聽且行，若不經意。元用歸館，欲矜其敏，取紙筆追書之，不能記者闕之，凡闕十四字。書畢，肅王視之，即取筆盡補其所闕無遺者，又改元用謬誤四五處。置筆他語，略無矜色。元用駭服。（宋・陸務觀：《老學庵筆記》・肅王）

【另文】虞世南默列女傳——唐太宗命虞世南寫《列女傳》以裝屏風，于時無本（當時未找到列女傳的書本），世南暗疏之（虞世南憑記憶默寫），無一字謬，衆皆歎服。（後晉・劉昫：《舊唐書》卷七十二、列傳第二十二）

【讀後】碑文三千餘字，當時要背透，返回要追錄，這是何等高超的強記工力？沈元用是眼到口到心到手到，四者同施，乃可牢記追寫；但那位肅主，卻僅是耳聞，竟然一聽就熟，勝於沈元用多矣。震撼了你我，他卻視爲平常，何其宏而寬也。

九二　許勉無難比許先甲

發憤讀書，每須眼到、口到、手到、和心到，反覆誦唸，才會記住。可是，慧敏超強的人，一聽就捷悟，一聞就不忘。倘若不信，彝千作證。

清代許先甲，字彝千，杭州人，是許勉無的兒子。

老爸許勉無，讀書很用功，唸到夜晚都不肯休止。兒子許彝千已經上床了，但還未曾入睡，常常閒靜地反覆諦聽父親誦讀的文句。到第二天早上，許彝千竟然能把昨夜聽熟的書文流利地背誦出來，沒有錯漏。

父親許勉無不禁歎了一口氣，又慚又喜地訴道：「我兒子睡覺的時候，居然還勝過我這老頭子清醒的時候！」

【原文】清代許彝千，許勉無之子也。勉無喜好唸書，竟夜不輟。許彝千在牀，尚未入睡，每聽父讀書。待旦，輒能複誦。父勉無歎曰：「兒臥時，乃勝我醒時。」

（清・王晫《今世說》捷悟・許彝千）

【讀後】老爹本也發了狠，豈料兒子更聰敏；
唸的不及聽的強，天資顯然有差等。

九三　孟軻母訓子

（一）三遷擇鄰

孟子，名軻（元前？—元前二八九），字子輿，戰國時代鄒人（屬山東省）。他的母親，稱爲孟母。起初，他家住在墓區附近。孟子年小，模仿性強，就學著用瓜皮當喪冠，拿竹竿作喪杖，用土石堆砌成墳墓，很起勁的築埋跪拜，而且自得其樂。

孟母說：「小孩子不學好，這裡不是我該住的地方。」於是搬到商貿市場之旁。孟子檢來一些瓦石碎塊，攤在道旁，當作貨品，學著生意人喊著叫賣，顯出煞有介事模樣。

孟母又說：「這裡也不該是我居住的地方。」於是再遷往學宮之旁。孟子就跟著那些學生，學著進退有序，禮讓長者，還能背唸出兩三句聽熟的經書，孟母才安心地說：「這裡才是眞正可以讓我兒子久住的地方了。」

（二）斷機訓子

孟子之母，姓仉氏（仉音掌）。孟子上學了，小孩子嘛，玩心很重。一天，孟母正在織機前用線紗織布，孟子卻在大白天從私塾裡溜回家來，也不知道逃學有甚麼不好，仍舊習慣性的在門前玩耍。

孟母問道：「你唸書唸到第幾章了？」孟子信口答說：「隨我自己的高興來唸最好，希望永遠停留在第一章。」

孟母瞧了聽了，心想如果硬施責罰，並非挺好的訓子之道。她只是叫喚小兒子過來，靠近織機旁邊看著。自己拿起一把大剪，把那快要織完的這匹布攔腰橫剪，斷了。

小兒子一時驚詫，不禁問道：「媽媽呀，你這是做甚麼嘛？」

孟母告誡他說：「兒呀！這匹布，快要織成了，織成後，正好替你做衣服。但現在剪斷了，衣服做不成，你沒有新衣穿了。這就好比你荒廢學業逃學不想唸書，將來長大了甚麼都不懂，就如同這剪斷的布一樣無用，你明白了嗎？」

孟子聽了，連忙回到學塾裡用心攻書，終於成爲亞聖。

【原文一】孟軻之母，號孟母。其舍近墓。孟子之少也，嬉遊爲墓間之事，踴躍築埋。孟母曰：「此非吾居處也。」乃去，舍市旁。孟子嬉戲學賈人衒賣之事。孟母又曰：「此非吾居處也。」復徙學舍之旁。其嬉戲乃設俎豆揖遜進退。孟母曰：「此眞可居吾子矣。」遂居焉。（漢、劉向：《古列女傳》、母儀篇、孟軻母）

【原文二】孟母，姓仉氏，孟軻之母也。夫死，挾子以居，三遷爲教。及孟子稍長，就學而歸。母方織，問曰：「學何所至矣？」對曰：「自若也。」母憤，因以刀斷機，曰：「子之廢學，猶吾之斷斯織也。」孟子懼，旦夕勤學，遂成亞聖。

（明、蕭良友：《龍文鞭影》、卷一、「孟母斷機」條）

【原文三】 岳岳大聖，巖巖泰山。功邁禹稷，德參孔顏。（清代、康熙帝《御製孟子廟碑》頌銘）

【讀後】 環境對人的影響很大，故有「居移氣」（住的處所可以改移氣志，見《孟子》盡心上）之說。孟母不憚煩費，用心深遠，三遷斷機之教，傳誦至今；培育孟子，終成亞聖。又大凡偉人背後，常有位偉大的母親：岳母刺字，歐母畫荻，柳母和丸，陶母截髮，與本篇孟母斷機，都是佳範。

九四　樂羊妻勸夫

求學是一輩子的事，要長時期的勤力，一點一滴的累積。倘若一曝十寒，那是三天打魚，兩天曬網，只恐怕把原先已經學到的都忘記了。

東漢時代，有個樂羊子，他的妻子，不知是誰家閨秀，身世已無可考。樂羊子離別家鄉，到遠處去從師，讀了一年，突然回家了。妻子問他爲甚麼回來，羊子說：「只不過離家太久，很是想家，就回來看看，也沒有甚麼大緣故。」

他妻子順手拿把大剪刀，走到堂屋中的織布機前，對羊子說：「你看我正在織的這匹綾緞，是由蠶兒吐絲作繭，繅成綫縷，裝進機梭，編織而成的。我是一絲復一絲，累積而成寸。一寸復一寸，累積而成丈。一丈復一丈，累積會成匹，乃有大用。今天我如果用大剪刀把它剪斷，不但這割裂的綾緞無法用了，而且還浪費了我幾個月的時間，這樣花得來嗎？」

「做學問也好比織綾緞一般，貴在累積，應當『日知其所亡』（亡讀作「無」，是「己之所未有」之意，見《論語子張》。每天都該學一些己所沒有的新知），使品學兼進。如果半途放棄，只掛念回家，那與把織物割斷的後果不是一樣嗎？」

樂羊子聽了這番譬解，很受感動，便依妻子的話，仍回到老師那邊，完成了學業。

【原文一】樂羊子妻者，不知何氏之女也。羊子遠從師學，一年來歸。妻問其故，羊子曰：「久行懷思，無他異也。」妻乃引刀趨機布而言曰：「此織生自蠶繭，成於機杼。一絲而累，以至於寸。累寸不已，遂成丈匹。今若斷斯織也，則捐失成功，稽廢時月。夫子積學，當日知其所亡，以就懿德。若中道而歸，何異斷斯織乎？」羊子感其言，復還終業。（南朝宋・范曄《後漢書》、卷八十四、列女傳）

【原文二】有盜欲犯樂羊子妻者（要姦淫她），乃先劫其姑（挾持樂羊子之母）。妻聞，操刀而出。盜曰：「從我者可全，不從我者，則殺汝姑。」妻仰天而歎，舉刀刎頸而死。盜亦未殺其姑。太守聞之，即捕殺賊盜，而以禮葬妻，號曰「貞義」。

（范曄《後漢書》列女傳，樂羊子妻）

【讀後】求學必須有恒，《孟子盡心篇》說得更透：爲學好比掘井，雖然挖到七十二尺深（掘井九軔），快要挖到泉水了，如果停止不再往下挖，那依然只是一口廢井而已。本篇樂羊妻斷織勸夫，志向高矣。

九五　甯越勤讀威公尊為老師

學貴有恒，有「恒」爲成功之本。勤則有功，一「勤」天下無難事。

大約在戰國時代，中牟（古地名，今不可考，非現今中牟縣）地方，有位想求上進的農人甯越。他覺得耕田很辛苦，問朋友說：「有甚麼方法可以免除下田的勞碌呢？」朋友答道：「沒有比求學更好的了。讀二十年就可通達一切，作任何事都成。」甯越欣然接受，並立志說：「我打算用十五年來苦學。別人要休息，我不休息。別人要大睡，我不敢多睡。我要把二十年該學的，在十五年內完成。」

他發憤勤讀，有恒而不懈，經過了十三年，學識精博，卓然有成。西周威公（《史記》卷四有威公之名）且尊他爲賢師。

【原文】甯越，中牟鄙人也。苦耕之勞，謂其友曰：「何爲而可以免此苦也？」友曰：「莫如學。學二十年，則可以達矣。」甯越曰：「請十五歲。人將休，吾不敢休。人將臥，吾不敢臥。」十三歲學，而周威公師之。（漢、劉向：《說苑》、卷第三、建本。又見：秦、呂不韋：《呂氏春秋》博志篇）

【讀後】治學無他，唯有「勤」與「專」二字。中國經史，應可自修而通達。若能孜孜不倦，日就月將，則雖愚必明，雖笨亦通也。

九六　呂蒙力學魯肅結締深誼

三國時代，吳國佔據長江下游，由孫權（一八二—二五二）開國，稱吳大帝，人才很盛，官任中郎將的呂蒙（一七八—二一九，歷任偏將軍，太守，封侯），是衆武將之一。當初，孫權關愛他，勸勉說：「你現在當路掌權，前程無量，應當充實學問，對將來的發展會有很大的助益。」

呂蒙推諉道：「我在軍中，常苦於武事太繁，恐怕不容許我有餘暇來進修研習。」

孫權說：「你這些話，恐怕是託辭逃避。你說軍務繁多，哪能比我更忙。我今身居帝位，統理萬機，但仍時常研讀史籍兵書，自認爲獲益極大。你心腦寬博，意識穎悟，怎可推諉不肯讀書？孔子說：『吾嘗終日不食，終夜不寢，以思，無益。不如學也。（見《論語‧衛靈》）。』你看那漢光武帝劉秀統兵征伐爭天下，仍然手不釋卷。再看那曹操（一五五—一二〇），他自己說年歲雖老，仍不敢廢讀。何獨你就可以不必勤學，不思上進呢？」

呂蒙聽後，深爲感動，自此努力勤讀，久而不休，終於識見日高，智慧日進，讓一般守舊儒士都跟隨不上。

後來，奮武校尉魯肅（一七二—二一七，此時代替周瑜爲相）路過潯陽，會見呂蒙。交談時，論及國政輿情，以及史評兵策，有時竟受到呂蒙的指正。魯肅大爲驚異，拍著呂蒙的肩背贊歎道：「呂大弟！我原認爲賢弟僅識武略，未諳文事。今日相談之下，才知道你現在學識精英廣博，已經不是當年吳郡鄉下的那個阿蒙了！」

呂蒙一時高興，笑著回應道：「勤學求知的人，每天都會進步，只要三天不見，學識就和往日大不相同，恐怕要刮去目中的白翳，改用明亮的眼光才會看得眞切，魯大人見事或許有些疏慢吧？」

魯肅心中悅服，便請求拜見呂蒙的老母，進而與呂蒙結爲知友才告別。

【原文】 孫權謂蒙曰：「卿今當塗掌事，宜治學問以自開益。」蒙曰：「在軍中常苦多務，恐不容讀書。」權曰：「卿言多務，孰若孤。孤自統事以來，省覽史家兵書，自以爲大有所益。卿意性朗悟，寧當不爲乎？孔子言：『終日不食，以思，無益，不如學也。』光武當兵馬之務，手不釋卷。孟德亦自謂老而好學。卿何獨不自勉勖耶？」蒙始就學，篤志不倦。其所覽見，舊儒不勝。後魯肅過蒙，言議每常受屈。肅撫蒙背曰：「吾謂大弟但有武略耳，於今學識英博，非復吳下阿蒙。」蒙曰：「士別三日，即當刮目相待，大兄何見事之晚乎？」肅遂拜蒙母，結友而別。（陳壽《三國志》吳志、卷五十四，呂蒙傳，注）

【讀後】 讀有益之書，即是交有益之友。讀得愈多，獲益愈大。三日不見，進步難料也。閱者諸君，何妨試試看。

九七　孫明復春秋最熟

宋代范仲淹（九八九—一〇五二），又稱范文正公。當他在睢陽（今河南商邱縣附近）掌管學政時，有位姓孫的秀才，借遊學之名，前來拜謁，呈上詩文手本。范仲淹見他文詞清麗，且同是讀書人，送他錢幣一千文。第二年，孫秀才又來睢陽，再度謁見。范除了仍送他十個一千文之外，便問他爲甚麼這樣不斷在四方遊訪，令人費解。

孫秀才神色戚然，低聲答道：「實因母親年老，無錢盡孝，才離家出外四處想辦法。若是每天能得一百文，奉養之資就夠了。」

范仲淹說：「和你兩次談話，看你的舉止吐屬，不像是個討乞的遊方俗子，這兩年以來，在路上風塵僕僕，又能獲得多少？可是荒廢治學，卻太多太久了。假如我收錄你入學館作生員（范此時的官職正在掌理學館），每月可領津貼三千文，足以奉養老母了，你能安下心來做學問嗎？」

孫秀才聽了大喜，趕忙謝恩拜受。於是讓他研讀《春秋》（孔子刪定成經的古代史書）。這孫生也努力向學，晝夜研習，行爲也極規矩，范仲淹也很歡喜。

明年，范仲淹離開了睢陽，孫秀才也辭館回平陽老家（屬山東省），各自發展去了。

歲月不居，景況互變，往事因時光流逝，大家也漸漸淡忘了。

隔了十年，傳說山東省泰山之下，出了一位大學者孫復（九九二—一〇五七，字明復，宋史入儒林傳），擅長以《春秋》經義教授學生，品學俱高，且有著作，朝廷便召他進京，任爲國子監直講。

大學者來到京都朝中，范仲淹正眼一看，原來就是當年遊學的那位孫秀才嘛。

【原文】范文正在睢陽掌學。有孫秀才者上謁，文正贈錢一千。明年，孫生復來謁文正，又贈十千。因問何爲汲汲於道路？孫生戚然動色，曰：「母老，無以養。若日得百錢，則甘旨足矣。」文正曰：「吾觀子辭氣，非乞客也。二年僕僕，所得幾何？而廢學多矣。吾今補子爲學職，月可得三千，子能安於學乎？」孫生大喜，於是授以《春秋》。而孫生篤學，不捨晝夜，行復修謹，文正甚愛之。明年、文正去睢陽，孫亦辭歸。後十年，聞泰山下有孫明復先生，以春秋教授學者，道德高邁。朝廷召至，乃昔日孫秀才也。（宋・朱熹《五朝名臣言行錄》第十卷、泰山孫復。又見：宋・魏泰：《東軒筆錄》「范文正公」條）

【讀後】宋代杜衍有言：「人無生計，則不能不俯仰。」若是低頭求人，抱負就難於伸展。孫明復才堪深造，范仲淹仁心拉拔。我們欣羡孫明復終成大儒，更欽佩范仲淹之提攜扶植。

九八　司馬光駢文欠精

宋代司馬光（一〇一九—一〇八六）字君實。宋仁宗寶元初年取進士，時年約二十歲，而且榜列甲等。後來宋神宗即位，要陞他爲翰林學士，替皇帝撰寫詔書。此一高位，乃是皇上的近臣，別人求之不得，司馬光卻想謙辭不就。

司馬光認爲自己才學不足，難以勝任。神宗諭道：「古來的君子儒臣，有的雖腹中富於學問，但筆下欠缺文采；有的筆下詞藻流暢，卻鮮少眞知宏識。你學飽文雄，兩都兼美，何故不欲就位？」

司馬光奏道：「替皇上恭撰詔書，都該採用駢文體裁頒佈。駢體文須用四字六字組合成爲雙璧對偶句，其平仄抑揚排比對仗的講求都十分嚴格，聲韻要綺麗調諧，文詞要警策精切，著重於工巧典雅，讀來才蕩氣迴腸。我不擅於撰寫四六文，故爾不宜擔任。」

神宗開示道：「這事不必過於苛求，你仿採西漢時代的詔書制式就可以了。我知悉你在前朝考進士時，錄取爲優等甲科，超逾其他儒士，卻說不擅長於四六文，怎麼會呢？」謙辭不予考慮，只好受命。

他在宋仁宗英宗神宗哲宗四朝任官，後來做了宰相，晉封溫國公，故後人尊稱爲司馬溫公。且用十九年的長時間撰成《資治通鑑》，神宗賜「序」，至今仍是寶典。

【原文】司馬光，字君實。神宗即位，擢爲翰林學士，光力辭。帝曰：「古之君子，或學而不文，或文而欠學。卿有文學，何辭爲？」對曰：「臣不能爲四六。」帝曰：「如兩漢制詔可也。且卿能進士取高第，而云不能四六，何耶？」竟不獲辭。光常患歷代史繁，人主不能盡覽，遂爲《資治通鑑》以獻，神宗自製序，俾日進讀。（元、托克托《宋史》卷三百三十六、列傳第九十五）

【讀後】本篇敘述司馬光篤實純誠的本質，足可作爲吾人的良範。

現今流行白話文，但文言文在多種場所中仍須用到。白話文每鬆散冗贅，文言文則言簡意賅，白話文說「他是他父親唯一的兒子」十個字，不如文言文「獨子」兩字簡潔。

四六駢體是文言中最精緻的一種，乃是高水準的文章。它講究平仄抑揚，左右對仗，叶音成韻，利於誦讀，雅麗勝於散文，以致有時甚難構撰。

論述四六文體的書：唐代李商隱有《樊南四六甲集・乙集》，宋代王銍有《四六話》二卷，宋代李劉有《四六標準》四十卷，宋代謝伋有《四六談塵》 卷，明代王志堅有《四六法海》十二卷，清代孫梅有《四六叢話》卅六卷。由於劉勰《文心雕龍》說：「四字密而不足，六字舒而非緩。」四六之名，便沿用以爲通稱。

所謂四六，是說用四字六字配成排偶句，大率兩句一排，四句成偶，例如：

①「漁舟唱晚，響窮彭蠡之濱；雁陣驚寒，聲斷衡陽之浦。」——體例是順的四

六四六對句。漁舟對雁陣，彭蠡對衡陽（見《王勃．滕王閣序》）。

②「張敞爲妻畫眉，媚態可哂；董氏對夫封髮，貞節堪誇。」——體例是倒的六四六四對句。妻對夫，可哂對堪誇（見《幼學故事瓊林．夫妻》）。

③「秋桂遺風，春蘿罷月；騁西山之逸議，馳東皋之素謁」——體例是順的四四六六對句。秋對春，風對月，西山對東皋（見《孔稚珪．北山移文》）。

④「共立勤王之勳，無廢大君之命；凡諸爵賞，同指山河。」——體例是倒的六六四四對句。勤王對大君，勳對命（見《駱賓王，討武曌檄》）。

⑤「屈原放逐，乃賦離騷；左丘失明，厥有國語。」——體例是四四四四對句。屈原對左丘，離騷對國語（見《太史公司馬遷，報任少卿書》）。

⑥「既窈窕以尋壑，亦崎嶇而經丘；木欣欣以向榮，泉涓涓而始流。」——體例是六六六六對句。窈窕對崎嶇，欣欣對涓涓（見《陶淵明．歸去來辭》）。

宋．洪邁《容齋隨筆》說：「四六駢麗，上自朝廷之詔令，下至縉紳間之書疏，無所不用。其屬詞比事，固宜諷味不厭，乃爲得體。」不但對仗排比要精，而且抑揚平仄要順。如果學問欠通，是難於下筆的。然自南北朝以後，駢文流於以聲色相矜，以藻飾相競，浮艷鋪張，文格就未免靡薄佻巧了，因而引起韓愈來救弊，文起八代之衰。現在都將四六對偶句稱作駢文，不用對偶的叫散文，也是各有千秋了。

九九　曾侯唸書挨罵

清代曾國藩（一八一一—一八七二），字伯涵，號滌生。平定了太平天國，封毅勇侯，是同治中興第一功臣，卒謚文正。他的道德文章事功，一時無兩。

當他求學時，曾在湖南長沙「岳麓書院」（湖南大學前身）進修，和另一位文士同室。那位文士的書桌，原本離窗戶有好幾尺遠，曾國藩剛住進去，便將自己的書桌安置在窗下。豈知那位同學大爲光火，怒道：「我案頭的光線，都被你攔掉了！」

曾國藩問：「那要我把書桌擺在哪兒好呢？」

那同學指著曾的床頭說：「擺在那裡不就好了！」曾國藩依言，不予計較。

但曾治學很勤，雖到半夜，還在誦書。那位同學又罵道：「平時不唸，半夜還在唸，打擾別人睡覺，眞是豈有此理！」

曾國藩只好默讀，不敢出聲，因而磨鍊了忍耐工夫，乃能成不世之業。以後治軍從政，即使遇到挫折阻礙，也能堅忍圖成，從容達成使命。

【原文】錄自：清、易宗夔：《新世説》、紕漏。文意相同，免予抄錄。

【讀後】忍是磨鍊，能忍自安。忍得一時之氣，乃可達成不世之大功業也。

一〇〇　王冕聽課失牛

一代著名畫家、詩人，自號飯牛翁，少時嗜學苦讀，全靠自力勤奮，成爲名家，他就是王冕。

元代王冕（一三三五—一四〇七）字元章，浙江諸暨人。自幼家貧，七歲時就當放牛童。村裡有所私塾，王冕天天路過，聽見塾中傳出的琅琅書聲，好生羨慕。一次，他把牛拴在路旁，自己扒在課堂的窗戶外聽老師講書，十分入迷。自此，習以爲常，竟然開始了他的啓蒙教育。

有一天，他又去聽課，越聽越入神，竟把放牛的事忘記了，等他聽完，發現牛不見了，直到天黑，仍未找著，只得回家。原來牛餓極了，扭脫了繩子，去吃了別家的莊稼，受害人牽著牛到王冕家中問罪，父親大怒，打了王冕一頓。

王冕有心向學，後來熬不住又去聽課，同樣的事又發生了，父親又要打他。媽媽心疼了，說：「這孩子如此癡心想唸書，不如由了他吧！」父親一想，這小孩兒讀書也許會有出息，就允許他聽課。王冕要求自己吃差一點，穿爛一點，省了幾文錢，買來幾本舊書，自己一心勤讀。

王冕找到一所寺廟，求得住持和尚的允許，准他在廟裡安靜用功。他白天苦讀還不夠，夜晚無人，就坐在殿中大佛的腿膝上，映著佛像前方懸垂下照的長明燈（大佛像前，多有日夜不熄的長明燈，又叫續明燈、無盡燈），讀到深夜。如此三年，學問大進。會稽郡的大儒韓性（一二六六—一三四四，字明善，學者多受業於他，謚爲莊節先生）聽到了，覺得王冕有異於常兒，便收錄他爲弟子，學業因而更進，博曉典籍，成了通儒。韓性去世之後，學生們尊奉王冕，如同敬奉韓性一樣。

他在湖邊放牛時，有一天雷電交加，大雨傾盆而下，雨霽之後，天空浮現出兩弧斑斕霓虹，照映著那湖中叢叢荷花，分外嬌艷，荷葉上的水珠，跟著微風滾轉，反射出晶瑩的五色光彩。這眼前美景，使王冕心動，他省下零花錢，買來畫具與顏料，自學寫生，潛心習畫。他越畫越好，求畫者愈來愈多，竟然聲名大噪。

後來，他隱居在九里山，種了一千株梅樹，自號梅花房主，又號煮石山農。他有《梅花屋》詩云：「荒苔叢篠路縈迴，繞澗新栽百樹梅。花落不隨流水去，鶴歸常伴白雲來。買山自得居山趣，處世渾無濟世才。昨夜月明天似洗，嘯歌行上讀書臺。」如今北京故宮博物院仍藏有王冕墨梅一幅，畫上有王冕的自題詩曰：「吾家洗硯池頭樹，箇箇花開淡墨痕。不要人誇好顏色，只流清氣滿乾坤。」誠乃詩、書、畫三絕之珍品，也是王冕一生超脫不群，亮風雅節之最佳寫照。

【原文】王冕，字元章，諸暨人。幼貧，父使牧牛。冕竊入學舍，聽諸生誦書，暮乃返，失牛。父怒，撻之。已而復然。母曰：「兒癡如此，曷不聽其所爲？」乃任其求學。冕因去依寺僧，夜坐佛膝上，映長明燈讀書。會稽韓性聞而異之，錄爲弟子，遂稱通儒。性卒，門人事冕如事性。後隱九里山，樹梅千株，自號梅花房主。（清、張廷玉：《明史》、卷二百八十五，列傳第一百七十三）

【讀後】我們身處今天這個急速競爭時代，無知就無法生存。要求知就必須讀書，而讀書又必須自動的專志向學。《論語。雍也篇》說：「知之者，不如好之者。好之者，不如樂之者。」這是說：勉強去求知的人，比不上那喜愛去求知的人。而喜愛去求知的人，又比不上那快樂地沉潛於學海之中的人。王冕便是佳範。

西方名賢範語

◇我認為知識是一切智能中最強的力量──古希臘哲學家・柏拉圖

I count Knowledge the greatest of all abilities. —Plato (Greek, 427-347 B.C.)

◇房間裡缺少書籍，就好像軀體裡沒有靈魂──古羅馬政治家作家・西塞羅

A room without books is a body without soul. —Marcus Tullius Cicero (Ancient Rome, 106-43 B.C.)

◇讀書令人悅樂，進使品性優美，更可增長才能──英國哲學家・佛蘭西斯培根

Studies serve for delight, for ornament, and for ability. —Francis Bacon (Englishman, 1561-1626)

◇書是我的奴隸，應該依從我的意志，聽候我來使用──德國社會主義者・馬克思

Books serve me as my slaves and should submit to my will and my use. —Karl Heinrich Marx (German, 1818-1883)

惜時第四——時間就是生命，敢不寸陰是競？

「人生百年幾今日，今日不為眞可惜（明・學正・文嘉《今日歌》之句）！」倘若仍然愛此生，省來寸刻都有益。今列為第四章。

一〇一　葛洪賤尺寶

不愛珍寶，這需要超卓的智慧。乃是認為另有別的事物更為貴重，更值得愛惜也。例如葛洪，便是此中一例。

歷史上前後有兩位葛洪，一位是司馬氏晉朝時代的葛洪，字稚川，江蘇句容人，著有《抱朴子》一書，見《晉書》葛洪傳。本篇推介的是南宋時代的葛洪，字容父，浙江東陽人，南宋孝宗淳熙年間進士。歷官尚書員外郎、參知政事，封東陽郡公。自號蟠室老人，著有《涉史隨筆》。

葛洪少年時，就拜呂祖謙（學者稱東萊先生，與朱熹張栻並為東南三賢）為老師，發憤勤學，到老年都不敢稍有荒怠，終成通博大儒。

南北朝梁元帝蕭繹《金樓子・立言上》說：「尺璧非寶，寸陰是競，葛洪也。」好個葛洪，不以一尺之長的希世之寶爲貴，卻珍視每一寸每一分的光陰，足可奉爲模範。

【原文】宋代葛洪，字容父，東陽人。束髮求師，從呂祖謙學，老而不倦，「賤尺寶而惜分陰。」（元・托克托《宋史》卷四百十五。列傳第一百七十四。又見：明・蕭良友《龍文鞭影》卷四「夏禹惜陰」條）

【讀後】甚麼是尺璧？乃是指高有一尺的精雕寶玉。雖然極爲稀貴，卻僅只供人欣賞而已。無怪乎北齊劉晝《劉子新論・貴農》說：「璧不可以禦寒，珠未可以充饑。」乃是由於缺乏實用價値也。又甚麼是寸陰分陰呢？就是指極短的時間。例如我們的心臟，每一分鐘應跳六十次，少了就會發生心臟衰弱症，要緊急醫治。又如長江三峽大壩蓄水太滿時，必須洩洪。當閘門齊開，洪水奔騰湧出，其洩洪量是每秒七萬立方米，每一分鐘高達四百二十四萬立方米，壯盛無倫。誰敢忽視這一分鐘的效果呢？請立刻倍加珍惜吧！

一〇二　陶侃惜分陰

夏代大禹，曾經說「吾人當惜寸陰。」所以傳下來有「寸陰是競」的話。莊子告訴我們：「吾生也有涯，而知也無涯。」晉代五柳先生陶潛，字淵明也有〈惜時〉詩說：「宇宙一何悠，人生少至百；歲月相催逼，鬢邊早已白。」都是勸勉我們要珍惜時光。

晉代陶侃（二五九—三三四），字士行。作荊州刺史時，也對人說：「大禹是聖人，乃惜寸陰。我等凡輩，尤須愛惜分陰，哪可逸遊荒醉？」

現今桐城縣縱陽鎮（桐城屬安徽省，文風昌盛，稱桐城文學）有座「惜陰亭」，便是因為陶侃以前擔任過縱陽令，後人為了懷念他，就建亭以示追思。

【原文】夏、大禹嘗言：「吾人當惜寸陰。」陶侃為荊州刺史，嘗語人曰：「大禹聖人，乃惜寸陰；至於吾輩，當惜分陰，豈可逸遊荒醉？」今桐城縱陽鎮建有「惜陰亭」，蓋陶侃曾為縱陽令，後人立亭誌念也。（明、蕭良友《龍文鞭影》卷四、「夏禹惜陰」條）

【讀後】時間眞太奇妙了，它具有多種特性：㈠時間不能儲存，無法將今天留待明天再用。㈡時間不能預支，無法將明日提前到今日享受。㈢未來有多少時間不能猜到，人生壽命的長短無法預測。㈣時間最公道，窮漢富翁，愚公智叟，每人每天都給予廿四小時。㈤時間最無情，你想要它停止一分鐘也辦不到。㈥時間最有規律，卻沒有伸縮性，悲時無法請它快些過去，樂時也無法讓它多留一會兒。㈦時間沒有代替物，不若飛機停班，可以改乘汽車。㈧時間是抽象的，它無形無狀，你看不到，摸不著，聽不見，也抓不住。所以我們只能去愛惜它。

俄國小説家、劇作家高爾基（Maksim Gorky 1868-1936）説：「世界上最快而又最慢，最長而又最短，最平凡而又最珍貴，最易被忽視而又最令人後悔的，就是時間。」這是深切的體會。

唐人綦毋潛（字孝通，官右拾遺）《送章彝下第詩》云：「三十名未立，君還惜寸陰。」又唐人鄭谷（字守愚，是改詩一字師）《贈咸陽王主簿詩》曰：「登科未足酬多學，執卷猶聞惜寸陰。」又清代學人李錫齡就建有「惜陰軒」來實踐珍惜光陰。都勗勉我們莫忘奮勵。

一〇三　韓愈焚膏繼晷

何謂「焚膏繼晷」？焚是燃燒。膏是點燈的油脂，意指燈燭。繼是接續。晷音軌，是日光。全句意義是點著燈，繼續接替太陽光來照明，珍惜時間，夜以繼日的用功學習。

唐代大文豪韓愈（七六八—八二四），字退之，昌黎人。博通經史百家之學。他與柳宗元（七七三—八一九）共倡散文體，反對駢體時文。蘇軾（一〇三八—一一〇一）稱譽他文起八代之衰。唐憲宗時，官任吏部侍郎，卒謚文，世稱韓昌黎，有《昌黎先生集》傳世。

韓愈七歲時，每天就能記住幾千字的文章。一直到壯年，仍好學不倦。後來官任國子博士，尤其努力去貪尋衆多的知識，俾能獲致更理想的心得。因此他常是燃點著油燈，珍惜時光，夜以繼日的不斷學習（原文便是「焚膏繼晷」，意謂晝夜不休苦學），從年頭到年尾，總是勤苦用功，終於對經史百家的內奧都搜羅殆盡了。

今日便常以「焚膏繼晷」來形容夜以繼日，勤學不怠。

【原文一】唐，韓愈，年七歲，讀書日記數千言，比長，學而不倦。爲國子博士，尤貪多務得，焚油膏以繼晷，經史百家，搜抉無隱。（明、蕭良友：《龍文鞭影》、卷三、「韓愈焚膏」條）

【原文二】國子先生，晨入太學。有笑於列者曰：「先生口不絕吟於六藝之文，手不停披於百家之編，貪多務得，細大不捐。焚膏油以繼晷，恒兀兀以窮年。先生之於業，可謂勤矣。」（唐、韓愈：《昌黎先生集，進學解》。又見：清、吳楚材：《古文觀止》、卷八、唐文、《進學解》）

【另文】顧歡燃松以繼晝——南齊、顧歡，字景怡。家世寒賤，父祖並爲農夫，歡獨好學。鄉中有學舍，歡貧，無由受業，乃立於學舍後壁倚聽，竟未有遺忘。至夜則燃松節續讀，篤志不倦，終成大儒，受業者常逹百人。（唐．李延壽《南史》顧歡傳）

【讀後】愛惜光陰苦用功，
群經諸子百家通；
焚膏繼晷勤研習，
夜以繼日學才精。

一〇四　吳澄夜讀續燈

挑燈夜誦，環境安靜，心神專一，收效定然豐盛。

元代有位學者吳澄（一二四九—一三三三），字幼清，撫州人。當他三歲時，老師教他古詩，隨口就能背得。到五歲時，每天就教他讀一千多字，他愈讀愈愛。常常連夜燃燈讀書，有時直到天亮。

媽媽擔心他過於勤苦，會傷害健康，便從節省燈油膏火著手，油量給得有限。吳澄就等到母親睡著了，再起身添油點燈續讀。如此惜時，戮力於聖賢之學，以致精進不已，學者稱爲「草廬先生。」

同時代的文儒元明善（一二六九—一三三二，後來在元仁宗時官任翰林直學士），素以文學自負，曾經請問吳澄有關《易經》《書經》《詩經》《春秋》等古代典籍的深邃意義，事後贊道：「向吳澄先生討教，你會測知他的學識、有如淵潭一樣的深、大海一般的廣。」竟然尊吳澄爲老師。

元明善此後一輩子對吳澄保持著門生（即是學生）身分。

【原文】吳澄，字幼清。三歲，教以古詩，隨口成誦。五歲，日受千餘言。夜讀至旦。母憂其過勤，節膏火，不多與。澄候母寢，燃火復誦，用力聖賢之學。元明善，以文學自負，嘗問澄《易》《詩》《書》《春秋》奥義，歎曰：「與吳先生言，如探淵海。」遂執弟子禮終其身。（明、宋濂：《元史》、卷一百七十、列傳第五十八）

【讀後】元、托克托《宋史》卷三百四十二，王巖叟說：「為學之要，在專與勤。屏絕嗜好，謂之專；久而不倦，謂之勤。」由於專一，必有心得，由於勤習，才能博進。吳澄夜以繼日，惜陰苦學，自己添油燃燈，天天勞瘁，何等堅毅？如今則太方便了，只須一撳開關，電燈亮如白晝。處此順境，倘仍怠惰，豈不愧對幼清先生？

一〇五　歐陽修多在三上構思

北宋文學家兼史學家歐陽修（一〇〇七—一〇七二），字永叔，號醉翁，晚號六一居士，諡文忠。他是北宋古文運動領袖。

歐陽修撰寫有《歸田錄》二卷，記述當代軼聞，都是他親身經歷的事故，已收入清乾隆帝欽定《四庫全書．子部》。其中有一則是：

「錢思公出生於富貴之家，但很少沾染吃喝玩樂等淺薄之嗜好。他曾對僚屬表示：『我平生只喜歡讀書，端坐時，就讀五經四史（這是正規書，要熟讀深思），躺臥時，則閱小說（這能益智，可以輕鬆閱覽），上廁所時，便看小辭（辭是言或文，指短篇小品）。我都沒有片刻手上不拿書本。』

「友人謝希深（宋代謝絳，字希深）也說：『我與宋公垂（宋綬，字公垂，藏書萬卷）同在國史館。每當上廁所時，宋必帶書，而且翻頁朗唸，外間都可聽到。他不肯浪費時間，竟然如此誠篤。』

「我（歐陽修自稱）聽了，因也回應道：『我平生所寫的文章，多完成在三上。這三上就是馬背上、枕頭上、和廁所上。當我在這三上時，心情寬鬆，思慮清靜，正可以排除雜念，專意構思也。』

【原文】錢思公雖生長富貴，而少所嗜好。嘗語僚屬言：「平生唯好讀書，坐則讀經史，臥則讀小說，上廁則閱小辭，蓋未嘗頃刻釋卷也。」謝希深亦言：「宋公垂同在史院，每走廁，必挾書以往。諷誦之聲，琅然聞於遠近，其篤學如此。」余因謂希深曰：「余平生所作文章，多在三上，乃馬上、枕上、廁上也。蓋唯此乃可以屬思也。」（宋・歐陽修《歸田錄》卷下・錢思公條）

【另文】余在廁間，燃燭照明。燭淚墜地，住往成堆（燭油流滴到地面上堆集起來了）。——這是說歐陽修常在廁所用功。（歐陽修：《歸田錄序》）

【讀後】本篇歐陽修有三上。此外朱子說讀書有三到：心到、眼到、口到。董遇說爲學有三餘：夜者日之餘、冬者歲之餘、雨者晴之餘。論語有三省吾身。季文子有三思而後行。由此觀之，三之爲用，大矣哉！

一〇六　王闓運勵求百家誦習

清代學人王闓運（一八三三—一九一六），字壬秋。原名開運，又字紉秋，又字壬甫，又字壬父，湖南湘潭縣人。清咸豐三年（一八五三）舉人。自幼好學，但資質魯鈍，每天唸不完一百字。他乃發憤自責，即使勉強，也決定努力以赴。因而為勤讀所下的苦功，比別人多費好幾倍力氣。

他既下定決心，對不懂不熟的課業，完全用加倍的時間去拚鬥，早上溫習的功課，如果背不出來，便不吃。晚上背熟的功課，如果不懂意義，便不睡。這樣苦學到十五歲，可以懂得文辭的義理和宗旨了。到二十歲，能夠分析古書的章節句讀了。到二十四歲，可以開講《周禮》《儀禮》和《禮記》了。

王闓運辛勤苦讀，惜時爭時，寒冬酷暑，從不休息。所有經（十三經）史（二十四史）百家（諸子學說）之書，全都研習背誦過。每天注解、箋釋、抄錄、校勘，都訂下進度，務必克時完成。每當遇有心得，立即隨手筆記，以備查考。

他感歎地說：「我不是個才思敏捷的通儒，只是個困知勉行的學子罷了。」

他學成之後，曾任長沙思賢講舍、衡州船山書院山長（即校長）。民國後任國史館館長。著作有《尚書大傳》《詩經補箋》《春秋公羊傳箋》《論語注》《墨子莊子義解》《湘軍志》《湘綺樓詩文集》等凡二十六種。

【原文】王闓運，字壬秋，湘潭籍。咸豐舉人。幼好學，質魯，日誦不能及百言。乃克時發憤，勉強而行之。昕所習者不成誦，不食。夕所誦者不得解，不寢。於是年有十五，明訓詁，二十而通章句，二十四而言禮。闓運刻苦勵學，寒暑無間。經史百家，靡不誦習。箋注抄校，日有定課。遇有心得，隨筆記述。嘗自歎曰：「我非文人，乃學人也。」學成，曾爲長沙思賢講舍、衡州船山書院山長。（國防研究院《清史》卷四百八十一・列傳二百六十七・儒林傳・三）

【讀後】王壬秋撰《湘綺樓日記》從卅八歲寫起，到八十五歲臨死才停筆。他說：「余自二十五歲以來，迄今五十年，日書三千，作字以億兆計。」如此勤奮有恒，能不敬佩？我們知道：天才究是少數，多的都是凡夫。凡夫求學，必須日積月累。別的事可以速成，做學問只能漸進。有一夜致富的人，但沒有人一天就拿到博士。妙的是：賺到了錢，花出去就沒有了；求得了知識，運用出去，知識仍在，而且愈用愈熟，愈學愈精，這便是知識的可貴之處。

一〇七　蘇秦引錐刺股

戰國時代，遊士紛起，蘇秦（元前？——前三一七）字季子，是縱橫家（戰國期間，七雄對峙。六國聯合抗秦叫合縱，六國共同事秦叫連橫，簡稱縱橫）。起初，他以連橫之策，去遊說秦惠王。前後以言詞和書牘建議了十次，都未採納。黃金旅費用盡了，求官的願望破滅了，只好挑著行旅，羞慚返家。

進入家門，滿屋清冷，妻子不相迎，嫂子不做飯，父母也不願談話。他歎道：「這都是秦國給我的罪過呀！」於是連夜攤開所有的書籍，挑出一部姜太公撰寫的寶典《陰符》（即太公陰符鈐錄，朱熹說此書深邃有精語），即刻伏案詳細研讀。如此夜以繼日，不肯稍休。若是疲倦已極，要打瞌睡了，就拿一尖銳的鋼鐵錐子，戳進大腿的皮肉裏，藉痛楚來趕走睡魔。腿上的血，任它流到腳背，也不顧了。下了一年苦功，乃自奮道：「這套謀略，已經爛熟，運用它再去遊說君王，哪還有不能叫他們拿出黃金美玉、錦綾繡帛，給我公卿宰相之位的道理嗎？」

於是往見趙王（趙肅侯），倡言合縱之利，趙王很是歡喜，封蘇秦為武安君，授以宰相之印，續到其他五國（趙以外的韓魏齊楚燕）去簽訂合縱之約，共同抵抗秦國。蘇秦為縱約長（事在周顯王三十七年），兼任六國宰相，達十五年之久。

【原文】蘇秦始將連橫說秦惠王，書十上，而說不行。黃金百斤盡，乃去秦而歸。至家，妻不下紝，嫂不爲炊，父母不與言。蘇秦歎曰：「是皆秦之罪也。」乃夜發書，得太公陰符之謀，伏而誦之。讀書欲睡，引錐自刺其股，血流至足。曰：「安有說人主，不能出其金玉錦繡，取卿相之尊者乎？」期年，揣摩成，見說趙王，趙王大悅，封爲武安君，受相印，六國訂約合縱，以抑強秦。（漢・劉向《戰國策》、秦卷、蘇秦始將連橫說秦）

【另文】漢・孫敬，嗜學，晨夕不休。讀書欲睡，乃以繩繫頭髮，懸屋梁上。後爲大儒，時人稱閉户先生。（宋、李昉《太平御覽》引自《漢書》）

【讀後】蘇秦乃是九流之一的縱橫家，所學的是「謀略」，擅長的是「權術」，起初游說秦王推銷「連橫」，後來卻對趙王改而推銷「合縱」，只是個投機捭闔的政客罷了。不過，要強調的是他「引錐刺股」的求知功夫，無人能及。這不是要我們跟著刺股，但這種不熱不止、不眠不休的鑽研精神，值得稱譽。有分教：

詭哉蘇秦，合縱有成；串聯六國，好不威風。

當年刺股，珍惜光陰；晝夜苦讀，以此立功。

一〇八　匡衡鑿壁偷光

從前有人因為不肯浪費光陰，都設法爭取時間來讀書，例如負薪讀書（漢代朱買臣），牛角掛書（唐代李密），囊螢讀書（晉代車胤），映雪讀書（晉代孫康），映月讀書（有二人：南齊江泌、宋代陸佃），頭髮懸梁（漢代孫敬），錐尖刺股（戰國蘇秦）。本篇再引介一則鑿壁偷光的唸書實事。

西漢經學家匡衡，字稚圭，極為好學，但家境貧困，夜晚沒有錢買蠟燭燈油，但他很想讀書，又不欲浪費光陰，因就在牆上鑿開一個大洞，讓隔壁鄰居的燈先射穿進來，他就映著亮光勤讀。

匡衡是東海人，在這同一城邑中，有家大戶人氏，藏有許多書籍。匡衡往這戶人家去作工，卻不要工資。主人感到奇怪，問他甚麼因由？匡衡說：「我只想要讀遍你府上的全部藏書，就心滿意足了。」主人見他向學之心極篤，深為稱賞，就任他借書，博覽，因此他學識大進。

十年之後，漢元帝時代，他官任丞相，受封為樂安侯。

【原文一】匡衡，字稚圭，勤學而無燭。鄰舍有燭，衡乃穿壁引其光，以書映光而讀之。邑人某氏，家富多書，衡乃與其傭作而不求償。主人怪，問衡。衡曰：「願得主人書，徧讀之。」主人感歎，資給以書，遂成大學。（東晉、葛洪：《西京雜記》、共六卷）

【原文二】 漢、匡衡，東海「承」人。家貧好學，邑有大姓，多藏書。衡爲佣作而不求值。主人怪問，衡曰：「願得藏書遍讀之。」主人感歎，給以書。嘗夜讀，無膏燭，鑿鄰壁，借其光，遂致精詣絕人。十年之間，而致相位，後封樂安侯。（明、蕭良友：《龍文鞭影》、卷三、「匡衡鑿壁」條）

【讀後】 唐、獨孤鉉，撰有「鑿壁偷光賦」來贊頌匡衡。唐、元禛也吟有「偷光恨壁堅」之詩句。如此借光助讀，請大家一致看他：

家貧力學，夜以繼日。
晚上無燭，偷光鑿壁。
鄰居亮度未滅，匡衡以此受益。
如此勤讀惜時，我們能不警惕？

一〇九　皇甫謐二十未向學

由怠轉勤，終成大器；晉代皇甫，是個佳例。

晉代皇甫謐（二一五—二八二，謐音ㄇㄧˋ讀密），字士安。年齡已屆二十歲了，還不想讀書求學，每天四處遊蕩，沒有節制。有人看他像個癡呆小子，將來大概不會有何出息。養育他的叔母任氏告誡他說：「你如今已二十歲了，心目中不存有求知受教的想法，也就沒法讓我安心了。」

叔母爲此而鬱結很深，繼而長歎道：「是不是我的教導方式有差錯呢？但是你也爲何這樣愚魯，獃笨到無以復加呢？如果你能夠篤志誠修，求學進德，因此而受到實益，那都是爲你自己好，不是爲我呀！」她說得懇切，還不斷淌下了眼淚。

皇甫謐這才大受感動，痛改前非，便拜鄉儒席坦爲師，不捨晝夜，努力向學。他家裡貧窮，要自己下田耕種。但爲了珍惜時間，就常常帶著書本務農，有空就讀。長期如此，乃熟諳了經史典籍，貫通了諸子百家。志氣也轉爲崇高，且以「玄晏先生」自號。

晉武帝司馬炎在位時，皇甫謐呈上奏本，向皇帝借書。武帝居然送他一車書，供他詳讀。後來即使得了風痺症，仍然手不輟卷。著有《高士傳》《逸士傳》《列女傳》《玄晏春秋》《甲乙經》《帝王世紀年曆》等書。

【原文】皇甫謐，年二十，不好學，遊蕩無度，或以爲癡。嘗得瓜果，輒進叔母任氏。任氏曰：「《孝經》云：『三牲之養，猶爲不孝。』汝今年二十，目不存教，心不入道，無以慰我。」因歎曰：「豈我教有所闕，何汝魯鈍之甚也？修身篤學，自汝得之，於我何有？」因對之流涕。謐乃感激，就席坦受書，勤力不怠。居貧，躬自稼穡，帶經而農，遂博綜典籍，旁貫百家，自號玄晏先生。武帝時，自表就帝借書，帝送一車與之。後得風痺疾，猶手不輟卷。著有《高士傳》《列女傳》等書。（唐、房玄齡：《晉書》、卷五十一、列傳第二十一）

【讀後】與皇甫謐「帶經而農」相類的，還有漢代朱買臣，家貧好學，肩負薪柴，手拿書本，且行且讀，後官承相長史，這是「負薪讀書」故事見《漢書・朱買臣傳》。又《漢・樂府・長歌行》古詩曰：「百川東到海，何時復西歸？少壯不努力，老大徒傷悲。」再有宋儒蘇頌《書帙銘》云：「非學何立？非書何惜？終以不倦，聖賢可及。」見《宋史・蘇頌傳》。都是我們的榜樣。

一一〇　董仲舒三年不窺園

漢代董仲舒，一生專講書，三年不窺園，譽曰儒人師。

西漢年代的董仲舒（西元前一七九？——元前一〇四？）廣川人，即今河北省棗強縣東境。少年時代，就研讀完了《春秋》，極有心得。漢景帝時，任爲博士。主張「正其誼不謀其利，明其道不計其功」，是漢代醇儒。

他每天垂下帷帳，教授經書，講史論詩，毫無倦態。歷經三年之久，沒有步出書房到前後園庭裡去觀花賞景。他就是如此的珍惜時光，勤於治學。

董仲舒的行爲舉止，不論一進一退，都是循規順矩，非禮弗動。當時諸多學士，都以老師之尊來敬重他。遺著有《春秋繁露》等書。

【原文】董仲舒，廣川人也。少治《春秋》。漢景帝時，任爲博士。下帷講誦，蓋三年不窺園，其惜時勤學如此。進退容止，非禮不行。學士皆師尊之。（東漢、班固：《漢書》、卷五十六、列傳第二十六）

【讀後】班固有「贊」曰：「仲舒有王佐之才，雖伊尹呂尚，無以加之。他遭漢承秦滅學之後，六經離析，下帷發憤，爲群儒之首焉。」評語應是確論。至於「三年不窺園」，恐怕不是一般常人所容易做到的吧？

一一　周公朝讀百篇

戰國時代的思想家墨翟（約公元前四八九—約前四〇六），有一次，他要前往衛國，路途遙遠，牛車上裝載了許多書簡。他的朋友強唐子（另位學者）看到了，問道：「墨夫子，你只是去衛國訪問，爲甚麼隨帶這多册籍，不覺得累贅嗎？」

墨子答道：「前朝周代攝政的周公（姓姬，名旦，周武王之弟，成王之叔，使國事大治）輔佐周成王，攝政治國。雖然政務紛忙，他每天早上還要讀畢百篇經文，傍晚且要接見七十二位儒士。他爲國事操心，時間太緊湊了，尙且不辭勞倦，我們這些閒散之輩，哪敢荒廢懶惰呢？」

可惜的是，不少的現代人，整天要唱卡拉阿開，愛打電玩，丟掉書本了，哀哉！

【原文】墨子南使衛，載書甚多。強唐子怪而問之。墨子曰：「昔周公旦，朝讀書百篇，夕見七十二士，相天下猶如此。吾安敢廢讀也？」（宋、王應麟：《困學紀聞》、卷二）

【讀後】求學乃是長時期的志業，不要半途停止。俗諺說：「活到老，學到老。」我們讀了新書，可以增加新知識。即使去重溫以前唸過的書，也會萌生另一層新的或深的體悟。謂余不信，請君一試。終生奮勵，學識必富。

一一二　韋述寢食兩忘

有人喜好讀書，竟然忘記吃飯，不想睡覺了。

唐代韋述（公元？——七五七），家中櫃架上儲藏了圖書兩千卷。韋述在小時候，就喜好閱覽。幾年之後，翻讀已徧，記誦也差不多夠熟了。

他大姑母的兒子叫元行沖，就是他的大表哥，官任行文館學士，當時被稱儒宗。每次外出，常載著書籍自隨。韋述也常到元行沖的書室裡閱書，經常讀得入迷，每每忘記了用餐和回房就寢。

元行沖發現韋述與衆不同，試著與他攀談，乘間問他有關前朝各代的諸多事蹟，韋述都能即時解答，說得明白清暢。要他試寫文章，拿來紙筆，一口氣就能寫成交卷。

韋述考取進士時，方當年少。另一位官任考功員外郎（掌管官吏考課）的詩人宋之問（約六五六——七一二，《唐詩三百首》有他的詩）問他說：「你這小夥子，打算做甚麼事業？」韋述答道：「我嗜好讀書。近來在著手撰寫《唐春秋》三十卷，只可惜時間不足，我還沒有編撰完成。」

以後，韋述累官集賢學士，工部侍郎，封爲萬城縣侯。典掌圖書四十年，任史官二十年，撰《開元譜》《國史》等書，文約事詳。一輩子與書為伍。

【原文】韋述，家儲書二千卷。述爲兒時，記誦略徧。元行沖，韋述父姑子也，時爲儒宗，常載書自隨。述入其室觀書，每不知寢食。行沖異之，試與語前代事，如指掌然。使屬文，受紙輒就。舉進士，時述方少。考功員外郎宋之問問曰：「童子何業？」述曰：「性嗜書。所撰《唐春秋》三十篇，恨未畢也。」（宋、歐陽修：《新唐書》、卷一百三十二、列傳第五十七）

【讀後】儲書甚多不希奇，酷嗜讀書才希奇。瀏覽書籍不希奇，廢寢忘食才希奇。讀遍群書不希奇，能解答兩千卷才希奇。寫文章不希奇，少年敢於撰史才希奇。任官不希奇，一輩子與書爲伍才希奇。這些都敦促我們惜時勤學。

一一三　范仲淹冷水沃面

北宋時期的范仲淹（九八九—一〇五二），字希文，宋眞宗大中祥符八年（一〇一五）進士，官至樞密副使，參知政事，即副宰相。他是北宋政治革新運動的領袖人物。當他任陝西宣撫使時，抗拒西夏入侵，西夏人相戒說：「小范老子，胸中有數萬甲兵。」憑此使邊境長年相安無事。卒諡文正，遺著有《范文正公文集》。

他求學時，拜鴻儒戚同文爲老師。讀書堅苦刻厲，晝夜不肯休息。到了冬天，學習感到疲憊時，便用冷水澆臉，來提振精神。米糧也常不夠，就將粟米熬成糜粥充饑（見第八十三篇「斷虀劃粥」故事）。別人都受不了，但范仲淹不以爲苦。乃考錄爲進士，後任參知政事。

范仲淹的一生行事，令人欽敬。出生兩歲，父親就死了，母親改嫁朱氏，他也改姓朱，後來才恢復姓范。他家況並不好，卻設置「義田千畝」，濟助貧困；「麥舟贈友」，救人之急（見第一四八篇）。但他「病歿之日，身無以爲殮，子無以爲喪（錢公輔《義田記》之語）。」這在歷史上當是少見的了。

《范文正公年譜》說：「慶曆丙戌歲，范年五十八（一〇四六），爲好友巴陵郡太守滕子京撰《岳陽樓記》（岳陽樓在今湖南省岳陽縣，古稱巴陵郡，滕子京那時官任郡守，乃重修岳陽樓，請范仲淹作「記」），寫有『先天下之憂而憂，後天下之樂而樂』之名句，至今傳誦不衰。」這便是他一生的信念。

【原文一】 范仲淹，字希文。二歲而孤，既長，依戚同文學，晝夜不息。冬月憊甚，以水沃面。食不給，至以糜粥繼之。人不能堪，仲淹不苦也，舉進士第。（元、托克托：《宋史》卷三百一十四、范仲淹傳）

【原文二】 范仲淹，讀書於南都學舍，晝夜苦學。或遇昏怠，輒以冷水沃面。醒後，繼續用功，後取進士，任參知政事。（宋、朱熹：《名臣言行錄》范仲淹）

【讀後】 歐陽修《范文正公神道碑（豎立在墓前，記述亡者生前事蹟之石碑曰神道碑）》述說：「范公少有節，於富貴、貧賤、毀譽、歡戚，不一動其心，而慨然有志於天下。」他的偉大，這篇短文哪能盡述？今僅摘要點出他苦學、安貧、恤民、濟友的行爲之一臠，就足夠我們倣而效之，學習他的萬分之幾了。

一一四　宋景濂凍手抄書

勤學才有益，寸陰要珍惜；宋濂吐實情，我輩宜勉力。

明代宋濂，字景濂（一三一〇—一三八一），浙江浦江人。元朝末年，為翰林編修，明洪武三年，撰修《元史》，任命為知制誥，乃是替皇帝撰寫聖誥。

宋濂博極群書，孜孜於聖學。文章典雅，著作甚多。他撰有一篇《送東陽馬生序》文章，記述他勤苦求學不敢誤時的真實情況如下：

我幼年時代，就極喜好讀書。由於家境貧寒，無錢買書來讀；每次都是向有書的人家去借來研習；我就親手抄錄備忘，而且計算天數，及時奉還。

有時天氣嚴寒，硯池裡的水都結成硬冰塊；手指頭也凍得僵硬了，屈伸都感到困難，但我一絲也不敢懈怠，一分鐘也不敢浪費，狠心咬牙，不停摘錄。抄寫完畢後，即速步行把原書送還，不敢稍有違約。由此而諸家多願借書給我，我因而能夠遍覽群書。

後來我成年了，就往走百里之外，從先進前輩執經問難。我侍立在老師身邊，躬身傾耳請問。有時也遇到呵叱，我禮貌愈恭，不敢吐一句話回嘴。等前輩氣平了；我才又請教。所以我雖愚陋，但終能獲取進步。

那時我去求師，背著書篋，拖著布鞋，在深山大谷中趕路，天氣沍寒，冷風刺面，大雪積深數尺，腳膚皸裂，都失去知覺了。行到學舍，四肢僵硬，不能活動。僕人拿來熱水溫腳，良久才得復元。

同舍的學生，都穿華服，我只有舊衣可穿，但我並不羨慕他們，乃是由於書中自有足以悅樂之處也。

【原文】余幼時即嗜學。家貧，無錢購書以觀，每假借于藏書之家，手自筆錄，計日以還。天大寒，硯冰堅，手指不可屈伸，弗之怠。錄畢，走送之，不敢稍逾約。以是人多以書假余，余因得徧觀群書。既冠，嘗趨百里外，從鄉之先達，執經扣問。余立侍左右，俯身傾耳以請。或遇其呵叱，禮愈至，不敢出一言以復。俟其欣悅，則又請焉。故余雖愚，卒獲有所聞。當余從師也，負篋曳屣，行深山巨谷中，窮冬烈風，大雪深數尺，足膚皸裂而不知，至舍，四肢僵硬不能動。媵人持湯沃灌，久而乃和。同舍生皆被綺綉，余則敝衣處其間，略無慕羨之色，以中有足樂者也。（明、宋濂：《送東陽馬生序》，見《歷代文選》下册）

【讀後】宋濂由於勤力苦讀，乃至才學淵博，而終有大成。本篇是他自述其不息不懈，如飢似渴，追求知識的實際旅程，拜閱之後，應可萌生深切倣摹之感慨。

一一五　夏寅君子三惜

明朝時代，有位夏寅，字正夫，華亭人。明英宗正統十三年（一四四八），考取進士。畢生勤力求學，文章也寫得宏偉深奧。

他平生遵守直道，不喜歡結黨營私。在郎署任官三十年，當副使十六年，未嘗以壓抑於下位，久滯不升官而降低志向。後來拔擢爲山東右布政使。

他曾提出格言與人互勉說：「君子有三可惜：此生不學，一可惜也（不求上進）。此日閒過，二可惜也（不愛惜時間）。此身一敗，三可惜也（不守正道）。都不可犯。」

三惜流傳及於現在，都認爲是銘言。

淺白來說：我們活著，總須略求上進，如果一生廢學，那便是《三字經》所述的「人不學，不知義」，一不好也。再者，人生壽命有限，如果虛耗歲月，一事無成，那便等於是《岳飛・滿江紅詞》所述的「莫等閒白了少年頭，空悲切」，二不好也。進一步言，我們活著，應能恪遵正道，如果一意爲非作歹，那便是《兒女英雄傳・十三》所述的「弄到身敗名裂，骨肉喪亡」，成爲三不好了。

【原文】夏寅，字正夫。正統十三年舉進士。力學，爲文以宏奧稱。後官山東右布政使。夏寅清直，無黨援。嘗語人曰：「君子有三惜：此生不學，一可惜。此日閒過，二可惜。此身一敗，三可惜。」世傳爲名言。（清、張廷玉：《明史》、卷一百六十一、列傳第四十九）

【另文】要是不死呢——我有位好友周君，於今創立了大公司。想起四十年前，我和他都在當兵，駐守同一碉堡。敵人來犯，我倆從射口開槍，每能擊退敵兵。但砲火一停，這書呆子周某馬上拿出書來，全心默讀。我譏誚他說：「老哥，我們還不知哪一刻就會死掉，幹嘛要那麼用功？」周兩眼朝我一瞪，回了一句：「要是不死呢？」（舒蘭：《人生小品》，寄自美國加州，刊《世界日報》副刊）

【讀後】「三可惜」義理不深，一看就懂。但說來容易，行之卻難。非得下定決心，長期不懈才可辦到。尤其第二可惜「此日閒過」，不愛惜時間，痛改最爲緊要，它可以補救第一可惜，也可以迴避第三可惜。深願你我互勉、珍惜時日、努力上進才是。唐代白居易《琵琶行》有句曰：「今年歡笑復明年，秋月春風等閒度。」又唐代林寬《少年行》詩云：「白日莫閒過，青春不再來。」也都是傳世的名句。

一一六　董遇求學三餘

在三國時代，有位董遇，字季直，嗜好讀書。初時，他幫助哥哥採收稻米，就時常隨身帶著經書，有空抽出時間就讀。哥哥笑他，但董遇心意堅毅。後來舉爲孝廉，官任大司農，又任黃門侍郎，甚得天子之寵信。

有人要尊他爲老師，向他學習。董遇說：「你先將手中這本書，讀它一百遍，看看會不會有心得。」又解釋說：「讀書百遍，其義自見。」這是說勤讀必有收穫。但那求學的人卻說：「我就是找不出多餘的時間來讀書，深感苦惱呀！」

董遇開導說：「你應該多多利用『三餘』的時間。」對方又請問他：「三餘指的是甚麼？」董遇說：「冬者（一）歲之餘，夜者（白）日之餘，雨者（天）晴之餘也。」

【原文】董遇，好學，與兄采稻販賣，而常挾持經書，投閒習讀。其兄笑之，而董遇不改。後舉孝廉，爲大司農。初時，有人從董遇求學，董云：「必當先讀百遍。」又曰：「讀書百遍，其義自見。」從學者云：「苦渴無日」董遇言：「當以三餘。」或問三餘之意。遇言：「冬者歲之餘，夜者日之餘，雨者晴之餘也。」（晉、陳壽：《三國志》、卷十三、董遇傳）

【讀後】上篇說君子有三惜，本篇說求學有三餘，至於讀書之法，請見朱熹《訓學齋規．讀書寫文之四》說：「余嘗謂：讀書有三到，謂心到、眼到、口到也。」後人認爲親手抄寫，更能精熟，就增添手到一項，成爲四到。如能心眼口手並用，就必定通而且博了。

又《禮記．雜記》說：「君子有三患：未之聞，患弗得聞也。既聞之，患弗得學也。既學之，患弗能行也。」患是憂慮、發愁。耽心沒有聽到，沒有學到，沒有去實行。

但不如《荀子．儒效篇》說得積極一些。荀子說：「不聞不若聞之，聞之不若見之，見之不若知之，知之不若行之。」因此《晏子春秋．內篇．雜下》更有精練的「爲者常成，行者常至」之警句。

以上這些，我們看到了、聽到了、懂得了，（也是三了），應當有所啓發吧。

一一七　呂思禮燃燭惜時

南北朝時代，有個「北周」，這與春秋時代的西周東周、武則天的武周、殘唐五代郭威的後周，都各有別，不可混淆了。

那時有位呂思禮（公元？——五三八），壽張人（屬今山東省），生性溫良和順，不濫交無益朋友。尊奉當時的宏儒徐遵明為老師而潛心向學，以致才識兼增。尤長於對古籍之論究辯駁。當時的士子都說：如果與呂思禮「談書論易，其鋒難敵（談論書經易經的奧義，呂的究辯詞鋒，難於敵擋）。」

呂思禮歷任功曹參軍、都官尚書、冠軍將軍、安東將軍。又因剿平竇泰有大功，爵秩晉陞為侯位。

呂思禮好學不倦，筆下又富於文采。他雖然位重事繁，對軍政（武功）國政（文治）都須盡心盡力，但仍手不釋卷。白天趕著處理公務，晚上仍要忙於讀書。每次都吩咐老家人執著燈燭照明，以助閱讀。一夜下來，那留下來的燒剩的蠟燭頭都有好幾升，可見熬過深夜好長了。

周太祖與北齊高歡，在沙苑（今陝西省大荔縣南）展開大戰，大破高歡。即時詔命呂思禮撰寫「露布」（勝利告捷的文誥）。呂僅在一頓飯（食頃）的短時就寫成了。周太祖很是高興，認爲他寫得極好又極速，贊譽有加。

【原文】呂思禮，壽張人。性溫順，不雜交遊。受業於徐遵明，長於辯析。人謂曰：「講書論易，其鋒難敵。」後任參軍、尚書、冠軍將軍、安東將軍。擒竇泰有功，進爵爲侯。思禮好學，有文才，雖務兼軍國，而手不釋卷。晝理政務，夜則攻書。令蒼頭執燭，燭燼夜有數升。沙苑之捷，命爲「露布」，食頃便成，太祖歎其工而且速。（唐・令狐德棻《周書》卷三十八・列傳第三十）

【讀後】本篇要強調的是：呂思禮文武兼資，表現都很特出。他爲軍政國政雙倍操勞，餘暇時間必然極少；但由於十分好學，每能擠出時間來讀書，一夜燒剩的殘燭尾巴且有數升，這乃是「惜陰」的最佳範例。

一一八　劉孝標熬夜達旦

南北朝時代，南方有個由蕭衍建立的梁朝，也稱南梁。與殘唐五代時由朱溫創建的梁朝，史稱後梁，兩者有別。

其時有位劉峻（四六二—五二一），字孝標（他本名法武），一生好學。他每天規定要做完多少功課，預先擬定進度，來約束自己潛心苦讀。晚上也不肯休息，常常把苧麻紮成一束，當作火把，將它點燃，借其火光照亮來唸書。且每每通宵熬夜。如此久了，難免頭昏想睡，劉峻就拔扯頭髮，使自己受痛而清醒，繼續溫書。他便是如此的惜時求知，而且堅持有恒不懈。

劉孝標自忖己身的見聞仍不夠廣博，必須多讀那些世間罕見的典籍。他只要聽說京都裡某位學人藏有這類的異書就即刻親身前往謁見，懇求借來研閱。當時有位崔慰祖，是個儒老，就稱呼劉孝標是「書淫」。指他是個極力喜歡讀書而且到了十分沉迷程度的人。所謂「淫」就是過度、及端貪戀之意。例如濫施威虐叫「淫威」（見《詩經．周頌．有客》），久雨不止叫「淫雨」（見《禮記．月令》），誇大放肆的言辭叫「淫辭」（見《孟子．公孫丑上》）。

劉峻如此惜時精進，終於對百家典籍，深通嫻熟，被推爲碩儒。寫文章也雄秀特出，著作有《類苑》《世說新語注》傳世，都很典贍。好多人都拜他爲老師，生徒們都尊稱他爲「玄靖先生。」

【原文】劉峻，字孝標，本名法武。峻好學，自課讀本。常燎麻炬，從夕達旦。時或昏睡，爇其髮鬚，及覺復讀，終夜不寐，其勤學惜時如此。峻苦所見不博，更求異書。聞京師有者，必往祈借。清河崔慰祖謂之「書淫」。於是博極群書，文藻秀出。當地人士，多從其學。門人謚曰「玄靖先生」。（唐、李延壽《南史》卷四十九、列傳第三十九。又見：唐、姚思廉《梁書》卷五十、列傳第四十四）

【讀後】孝標窮蹙，無錢買燭；點燃火把，借光苦讀。白晝未足，長夜繼續；惜時良範，特予選錄。

一一九　北魏劉昞燃燭繼書

南北朝時代的北魏（又稱後魏、元魏、拓拔魏），有位劉昞，敦煌郡人，字延明，住在酒泉，任撫夷護軍之職。他雖政務繁忙，但仍手不釋卷，日夜勤讀。五胡十六國的西涼開國國君李暠（三五一—四一七，即李玄盛）對劉昞說：「先生把所讀的書，都詳細注釋，一字不肯放過。白天如此勞心，倒也不妨，但到了夜晚，還燃著蠟燭繼續勤苦，何必一天當作兩天用，該休息了吧！」

劉昞答道：「我溫讀《論語》，孔子說：『朝聞道，夕死可矣』（見里仁篇）。孔子又說：『不知老之將至』（見述而篇）。孔子是聖人，他還這樣用功，我劉昞是甚麼人，哪敢荒怠時日，不自努力？」

創立北涼國的沮渠蒙遜（三六八—四三三），在武威（郡名，今甘肅武威縣）建國（十六國之一，後來亡於北魏），平定了酒泉，任劉昞為秘書郎，稱他為「玄處先生」。學生有幾百人，每月致送他羔羊美酒。

繼承蒙遜為北涼國君的沮渠牧犍，尊奉劉昞為「國師」，親自禮拜他，命令所有朝廷官員，都執弟子禮，恭聆他的教誨。

【原文】劉昞，字延明，敦煌人也。後居酒泉，遷撫夷護軍。雖有政務，手不釋卷。李暠曰：「卿注記典籍，以燭繼晝，白日且然，夜可休息。」昞曰：「朝聞道，夕死可矣。不知老之將至。孔聖稱焉。昞何人斯？敢不如此。」蒙遜平酒泉，拜秘書郎，號「玄處先生」，學徒數百，月致羊酒。牧犍尊爲「國師」，親自致拜。命官屬以下皆北面受業焉。」（北齊、魏收《魏書》卷五十二、列傳第四十）

【另文】劉安世憂時日不足—北宋劉安世，字元城。從學於司馬光，任諫議大夫。晚歲，有人或問：「何以遣日？」（用何種方法來消遣日子）元城公正色答曰：「君子進德修業，唯日不足，而可遣乎？」家居時，未嘗有惰容。（宋、徐度：《卻埽編》、記前賢軼事，含杜門卻埽之意）

【讀後】知識的最佳來源是書本，讀書必須惜時。清代文豪袁枚（一七一六—一七九八），字子才，他的嗜書詩篇有句曰：「隔夜硯常溫，晚離燈尚明」「論文每到夜三更，誦背詩書口應聲」「攤書愛坐西窗下，多得斜陽一刻明」。刻劃出挨到夜晚三更，仍在孜孜誦背。求學就該惜時，寸陰必求寸進。

一二〇　晉代孫康映雪讀書

有人極想求知，可是家貧無燭，晚上時間空廢，怎樣才能滿足？

晉代有位孫康，京兆人氏（約當現今陝西西安市境）。他生性聰敏，且極爲好學。小時候，家境貧窮，無錢爲燃燈買油，夜晚不能看書，讓大好時光浪費了，深爲可惜。

冬天來了，普降大雪。雪層厚，顏色白。晚上白雪反射月光，竟也呈現出相當明朗的亮度。孫康靈機一動，便攤開大字本的書籍，映著雪光，居然可以看清字跡。就這樣夜以繼日，彌補了白天的不足。

如此苦學，當然日有進步。孫康立身清白耿介，不亂交佞人損友，後來在朝廷任官爲御史大夫。

【原文】晉，孫康，京兆人。聰敏好學。少時家貧，燈無燃油。康於冬夜，映雪苦讀。少小清介，交遊不雜。後官至御史大夫。（唐、李瀚：《蒙求》〔取《易經・蒙》「童蒙求我」之意〕、「孫康映雪」條。又見：明、廖用賢：《尚友錄》）

【另文一】宋，陸佃（一〇四二―一一〇二），字農師，號陶山，山陰人。家境清貧，苦學，夜無燈，映月光讀書。受業於王安石學經。後官尚書左丞，著有《春秋後

傳》《陶山集》等。（元、托克托：《宋史》、卷三百四十三、列傳第一百二）

【另文二】南齊、江泌，字士清。少貧，晝斫屧（木頭鑿空製成鞋子）爲業。夜讀書，隨月光而移身、光斜，則握卷升屋。睏極，墮地，則更登。後爲國子助教，南康王侍讀。（唐、李延壽：《南史》、卷七十三、列傳第六十三）

【讀後】晉代陶淵明有詩曰：「盛年不重來，一日難再晨，及時宜自勉，歲月不待人。」要警覺那光陰不會可憐你我的因循蹉跎而停頓一分一秒。《吳越春秋・勾踐入臣外傳》說：「君子爭寸陰而棄珠玉。」這話與「尺璧非寶，寸陰是競」同義。又《北史・韓雄傳》也說：「寸陰若歲。」把一寸光陰，看作是一年，哪可虛耗？今時我們不必映雪，也不必映月了，但珍惜時間的觀念，仍須確立，不容稍懈！因祝勉曰：「學貴有恒，涓滴成海；惜寸爭分，時不我待。溫故求新，人十己百；唯勵唯勤，毋荒毋怠。」

慎事第五——慮事儘量周到，快多好省精要。

「事」業經緯萬端，包羅百千種項。如何「慎」擇？如何開創？如何使花葉扶蘇？如何使成果碩壯？請閱本第五章。

一二一　高洋亂絲必斬

南北朝時代，北齊開國君主高洋（五二九—五五九），原在東魏朝中爲臣，封爲齊王。他倚勢廢掉東魏的末代君王孝靜帝，自立爲君，稱文宣帝，國號齊（因他原是齊王），史稱北齊。以免與戰國七雄中的齊國、或南北朝中的南齊混淆不清。

高洋在少年時代，就內賦聰明，外示韜晦（外表不自炫耀，不求表現）。旁人都不覺得他有何不同，只有父親高歡（四九六—五四七）特別看重他，評說：「這孩兒的智謀思慮都超過常人，將來必可完成我的心願」。

一天，父親高歡想測試多位兒子的心智，就故意每人發給亂線一大團，叫他們各自清理頭緒，纏繞整齊。其餘幾個兒子，都耐心地低頭尋覓線頭在何處？如何理出次序？唯有高洋，他拔出一把利刀，順手一刀砍下，嘴中喝道：「亂者必斬！」

高歡更覺他雄奇，料他來日必成偉器。

【原文】北齊主高洋，內明外晦，眾莫知之。其父高歡獨異之，曰：「此兒智慮過人，他日必成吾志。」一日，歡欲測試諸子，使各理亂絲。眾方經治，洋乃引刀斬之，曰：「亂者必斬」。歡益奇之。（唐、李百藥《北齊書》卷四、文宣帝紀）

【讀後】亂人不可留，亂言不要聽，亂政不宜採，亂絲不必理，一刀斬下，禍根永絕。但如何能「愼」察明斷，果決行「事」，則有賴意志堅定，心手捷厲，始可達到此一境界。

一二二　孟敏破甑不顧

東漢時代孟敏，字叔達，處事甚有決斷。當他寄居太原的時候，有一次，肩頭上扛著一個瓦甑，在路上行走，一個不小心，肩溜手滑，瓦甑自背後墜落地面，嘩然一聲大響，瓦甑跌破了。

孟敏聽到了巨響，竟然頭也不回，步也不停，繼續往前趕路。這個過程，被郭林宗（一二七—一六九，名郭泰，是東漢太學生領袖）看在眼裡，覺得奇怪，追上去問道：「你爲何看也不看？」

孟敏簡捷回應道：「瓦甑已經跌破，都成碎片，毫無用處，再看尚有何益？」郭宗林由此佩服他。

【原文】 孟敏，字叔達。客居太原。荷甑墜地，不顧而去。郭林宗見而異之，問其意。孟敏對曰：「甑已破矣，視之何益？」林宗以此奇之。（南朝宋、范曄：《後漢書》、卷九十八、列傳第五十八）

【讀後】 突然大出意外，瓦甑碎成多瓣；
破片毫無用途，何必回頭再看？

一二三 范仲淹一筆勾瀜吏

北宋眞宗、仁宗時代，有位范仲淹（九八九—一〇五二），字希文，進士出身。做過樞密副使，後任參知政事（就是副宰相），謚文正，故又稱范文正公。他以天下國家爲己任，「先天下之憂而憂，後天下之樂而樂」之語，便是他傳世的名言。

范仲淹任參政時，很注意官員政績的優劣，對任職者有他自己的考評。那時京都外地各「路」（宋代行政區域，分天下爲若干路，下轄府、州、縣，約當現今之省）的監司（監察州縣之長官），權大責重，人數也不少。他每次檢視「班簿」中列滿監司姓名功過考評的名册，查閱到那才德虧損的、貪黷腐敗的，就一筆勾銷，表示要換人接替。

同朝有位大臣富弼（一〇〇四—一〇八三。范仲淹死後三年繼任爲相），當時官任制誥（職責是替皇帝撰寫詔書）。很欽敬范仲淹的才德，常以長輩之禮奉事他。看到他大筆一揮，忍不住委婉進言道：「大人只是輕快的用筆一勾，哪知道這硃砂赤筆槓一槓，卻要使一家人大哭了。」

范仲淹正顏答道：「這我也考慮過了呀。但只讓一家人大哭，比起那一『路』（此路字應作一省解，非一條道路也）人大哭，其輕重又如何比得上呢？」於是凡勾掉姓名的，都一一撤換了。

【原文】范仲淹爲參政，患諸路監司不才，乃取班簿，視不才監司，每見一人姓名，一筆勾之。富弼素以丈事淹，謂曰：「六丈則遺一筆，焉知一家哭矣。」仲淹曰：「一家哭，何如一路哭耶？」遂悉罷之。（宋、朱熹《五朝名臣言行錄》第七卷、七之二、范文正公仲淹）

【讀後】監司一家，只有數口；他按察的一「路」百姓，卻有萬千人口。如因監司一人之不肖，致萬千人口受害，不能不作處置。范仲淹裁削倖濫，一筆勾除，雖令一家遭不幸，卻廣替萬千人解倒懸，仍是仁心仁術也。

一二四　衛國君二卵棄干城

子思在古史上有二人：其一是孔門弟子原憲，字子思，見《史記・仲尼弟子傳》。另一人爲本篇所述的主角，名孔伋，字子思，是孔子之孫，孔鯉之子，後世稱爲述聖。

子思住在衛國時，察知衛國大夫苟變，甚有軍事天才。因對衛國國君舉薦說：「苟變的才氣，足可統率兵車五百乘（乘音勝，一乘就是一輛，配有甲士和步卒若干人）。你的軍旅如果交給他來指揮，就可以天下無敵了。」

衛君答道：「我也知道他可爲大將。但是這個苟變呀，以前任小官吏的時候，接受百姓的兩個雞蛋吃了。細行不謹，所以不想重用他了。」

子思說：「聖人擇賢授官，就像大匠選用木料一樣，揀選那好的部份，去掉那壞的部份。例如像杞木梓木這種又直又堅的大好木料，幾個人拉著手才可合抱的巨材，雖然有一小截朽掉了，大匠不會丟棄。爲甚麼呢？他知道不能用的只是一小段，終究可以派作棟樑之材。」

「如今你衛國處在列強爭戰的時代，必須選拔統帥。卻由於往昔錯吃了兩枚雞蛋便不肯用那能捍衛干城的大將。你這個觀念，恐怕大有問題，可不要讓鄰國聽到來譏笑你短視才好。」

衛君欣然接納道：「先生的指教很對，我接受了。」

【原文】子思居衛，言苟變於衛君曰：「其才可將五百乘。君任軍旅，得此人焉，則無敵於天下矣。」衛君曰：「吾知其才可將。然變也，嘗爲吏，而食人二雞子，以故弗用也。」子思曰：「夫聖人之官人，猶大匠之用木也；取其所長，棄其所短；故杞梓連抱而有數尺之朽，良工不棄，何也？知其所妨者細也，卒成不訾之器。今君處戰國之世，選爪牙之士，而以二卵棄干城之將，此不可使聞於鄰國者也。」衛君曰：「謹受教矣。」（秦・孔鮒：《孔叢子》、卷第二、居衛第七）

【讀後】世上沒有完人。孔聖也說：「丘有過，人必知之。」只須用人之長，捨人之短，天下沒有棄才，而天下盡是人才。孟嘗君用雞鳴狗盜之門客，逃離秦國（請參閱《史記》卷七十五、孟嘗君列傳）。舉例雖不倫，卻可助釋用人之道。

一二五　張英讓三尺

清代張英（一六〇七—一七三八），字敦復，桐城人（在安徽省，屬安慶府）。康熙年間任起居注官，卒謚文端。

他任官於首都北京，老家遠在安徽桐城。在老家居宅之旁，原有一片空地。某一年，鄰家新建房屋，起造圍牆，不經意跨佔了張家三尺來寬的一線土地，等到完工才發現。錯誤已經鑄成，難以拆讓，雙方鬧成僵局，沒法解決。

這時張英已是文華殿大學士兼禮部尙書了，官高爵顯，深得皇上的眷顧。桐城家裏人便修稟寄他，指斥鄰居無理且又橫蠻，請張英轉囑桐城縣長丈量，拆牆還地。

張英接到書信，沒有正面作答，只在原信末尾，批回七言四句：

「千里來書祇爲牆（馳書告狀，僅指一牆）

讓他三尺又何妨（睦鄰爲上，三尺無傷）

長城萬里今猶在（長城萬里，聳崎朔方）

不見當年秦始皇」（始皇安在？國滅身亡）

家人接到此詩，知道要睦鄰息訟，便不再追究了。鄰居得悉了這宗訊息，也由感動而生愧疚，便自動打掉圍牆重建。除退出張府的三尺之外，又再後縮三尺，後人便稱之爲「六尺巷」。

【原文】桐城張英故居，鄰家建屋，圍牆誤侵張家界址。錯已鑄成，無法退讓。張時已位居顯要，供職京師，家人馳書以告，指陳鄰戶蠻橫，要求轉囑地方官評斷。張得書，僅寄回一詩作覆云：「千里來書祇爲牆，讓他三尺又何妨？長城萬里今猶在，不見當年秦始皇。」家人得書，未再追究。事爲鄰家得悉，深自愧疚，乃拆牆重建，除退還三尺外，復再退三尺，名六尺巷。（趙爾巽：《清史稿》、列傳）

【另文一】宋、楊玢，官尚書，以老致仕，返長安。舊居多爲鄰里侵佔，子弟欲詣官府訴狀。玢自批狀尾云：「四鄰侵我我猶伊，畢竟須思未有時；試上蒼元前殿望，秋風茨草正離離。」子弟不復敢言。（明・蕭良友《龍文鞭影》、二集、卷上）

【另文二】明、楊翥，明宣宗時官任檢討，後陞禮部尚書，德冠一時。鄰家構舍，侵其地。公乃寫「溥天之下皆王土，再過些兒也不妨」之句。（明・鄭瑄：《昨非庵日纂》汪度第十）

【讀後】一堵牆，三尺地，活時就算爭贏了，死後也是帶不走。官高俸多，家大業大，讓他三尺，不傷皮肉。想得開，心閒氣定；退一步，海闊天空。假如大家都看淡一點，世界上的糾紛爭戰都不會有了，那是多麼美妙！

一二六　劉寵受一錢

東漢時代有位劉寵，字祖榮，東萊人（即今山東掖縣）。孝廉出身。曾任東平陵（縣名）縣長，普施仁政，澤惠百姓，深爲縣民愛戴。卻因老母生病，只好辭官回家。離職時，百姓送行，道路上都擠滿了人，馬車無法行進。他只好步行通過，簡裝歸返故里。

以後，又升任會稽太守（漢代會稽郡，轄浙江及一部分江蘇地），他把繁難的法規修改成平易便利，把苛擾的政令取銷或廢止，政簡刑清，郡中風氣大化。由於治績優異，被調升爲「將作大匠」（《通典》：漢景帝設將作大匠，掌理宗廟宮室之土木工程）。離郡之時，山陰縣（會稽郡之屬縣）有五六位年邁老人，恭候在道旁，每人奉上一百枚銀錢，送呈離職太守劉寵作爲禮敬。

劉寵慰勞對方，連說：「各位父輩老人家，怎可如此辛苦？」

父老答道：「自從劉大人下車蒞任以來，治安大好，糾紛絕少，家狗夜晚不吠（沒有盜賊），百姓不必見官（不涉訟案）。於今大人要高升了，特來送行，誠申感謝。」

劉寵謙遜表示：「我當郡長，這些事都是我應該做的。哪會有各位所說的這麼好呢？只有慚愧。禮金不敢領受。但諸公的盛情可感，我收取一錢好了。」

劉寵選取了一枚大錢。因此後人稱他爲「一錢太守。」

【原文】劉寵，字祖榮，東萊人。舉孝廉。爲東平陵令，以仁惠爲民所愛。母疾，棄官去。百姓將送塞道，車不得進，乃輕服而歸。後爲會稽太守，寵簡除繁苛，郡中大化。徵爲「將作大匠」。山陰縣有五六老叟，人齎百錢以送寵。寵勞之曰：「父老何自苦？」對曰：「自明府下車以來，狗不夜吠，民不見吏。今聞當見棄去，故自扶奉送。」寵曰：「吾政何能及公言耶？」選一大錢受之，後因稱爲一錢太守。（南朝宋、范曄《後漢書》卷一百六、循吏列傳、第六十六）

【讀後】完全拒絕奉獻，應是拂逆了父老的善意。

如果整數收受，則是違反了自己的信念。

今日選取一文，才是兼顧了彼此的分際。

譽爲一錢太守，正是留下了優良的範例。

一二七　王羲之詐睡免死

晉代書聖王羲之（三〇三—三六一），字逸少。曾任右軍將軍，故習稱王右軍。他練字下過苦功，盡得諸名家精蘊，筆法冠絕古今，稱爲書聖，歷史上說他臨池學書，由於每天洗硯洗筆，池水盡黑。

他年方十歲時，叔父征南大將軍王敦（二六六—三二四）很喜愛他，時常把他帶到自己私房裡在床上蚊帳中睡覺。那王敦在朝廷中專權跋扈，殺周顗，斬戴淵，恃功驕縱，晉元帝都很怕他。

有一天，王羲之在王敦床上睡覺，官任參軍的錢鳳（知道王敦有不臣之心，因相親密，後來被殺）進入房裡，會見王敦。兩人正好避著家人，密談反叛皇帝的陰謀詭計，都忘記了王羲之還在帷帳裡睡覺。

羲之醒了過來，靜靜的聽到兩人談話，全是造反的策略，這是要命的逆謀，自己沒有活命的可能了。乃心生一計，假裝生了病，昏迷嘔吐，又假裝睡著了。王敦聽到哼哼之聲，才警覺到帳中的王羲之，嘴中連說：「不由得不殺掉他，免生後患。」

兩人急忙扯開帷帳，只見王羲之睡得糊裡糊塗，唾沫髒穢之物，嘔吐得床褥到處都是，眼睛還是閉著的，相信他是眞的病了，才沒有進一步對付他。

【原文】晉，王羲之，十歲，大將軍王敦甚愛之，恒置帳中臥。一日，羲之未起，錢鳳入，與敦屏人議事，都忘右軍在帳，便言逆謀。右軍覺，因聞所議，知無活理。乃嘔吐污穢，詐作熟睡。敦語甫半，方意羲之。大驚曰：「不得不除之。」急開帳，見其縱橫狼藉，信爲眞睡，乃獲免。（明、蕭良友：《龍文鞭影》、二集、上卷、「詐睡羲之」條。又見：劉義慶《世說新語》假譎二十七・末條）

【讀後】陰謀叛逆，最怕洩密。聞者必殺，絕不姑息。羲之病亟，吐污枕席。王敦誤信，智高一級。

一二八　司馬懿裝病斬婢

遇到突發情況，必要當機立斷，即時迅作處置，乃可消除禍患。

司馬懿（一七九—二五一），字仲達，多權變，有雄才，漢末及三國時代人。到曹操的孫子作魏明帝時，司馬懿官任丞相，後來改魏爲晉，司馬懿追尊爲晉宣帝，這是後話。初時，曹操（一五五—二二〇，卒謚武，故原文稱魏武）在東漢時代，討董卓，滅袁術，破袁紹，大權在握，氣勢正雄。有一次，欲拔用司馬懿任要職，作爲心腹的幫手。

但司馬懿看到大局紛紛擾擾，未來的吉凶沒法預測，不想受命。可是曹操權大勢大，若正面拒絕，會惹來禍殃，只好假裝患了風痺症，長期躺臥床上，自然就不能接受高位重任了。

何謂瘋痺？乃是全身筋脈弛縱，手足痲痺。《靈樞．壽夭剛柔篇》說：「病在陽者命曰風，病在陰者命曰痺。陰陽俱病，是曰風痺。」司馬懿裝得極像眞病：衣服拿不穩，會掉在地上，婢女餵他稀飯，飯汁會流滴到胸前，說話也顚三倒四，腦筋欠清楚。大家傳述開來，他的病還眞的不輕呢，騙得曹操也相信了。

可是有一天，晴空亢爽，炎陽高照，司馬懿家的院子裏正在曝曬書籍。忽然烏雲乍起，一陣驟雨襲來，眼看這些珍本書馬上要淋濕了。此時家中又無他人，司馬懿未經深思，就很快翻身下床，跑到院子裏，兩下三下，把書籍統統搬往室內，動作俐落迅速。

這一幕快捷搬書的動作，哪裡是眞正害了風痺病人可以做到的？司馬懿現了原形，正好被家中唯一的婢女無意中看到了。司馬懿的夫人張后，當機立斷，用劍即刻把那婢女斬了，免得她洩露眞情，招來橫禍。

婢女沒有了，家事無人操作，張后就親自燒飯。

【原文】司馬懿初辭魏武之命，託病風痺不起。一日、曬書，忽驟雨至，懿不覺自己收之。家中唯一婢見。其妻張后懼事洩，即手殺婢以滅口，而親自執爨。（明、馮夢龍：《增廣智囊補》、卷下。閨智，雄略）。

【讀後】裝假生病，有二難：一要裝得眞，二要裝得久，兩者都不容易。細論此篇：大意的是司馬懿，竟然動作如此俐落，足以證明健康無礙。寃枉的是女婢，無意闖見，竟爾喪生。厲害的是張后，唯恐露餡，立即斬婢。心腸雖辣，災禍卻弭。本來嘛，隨便殺人當然是不可以的，但我們要有警惕之心，若到緊急關頭，要能當機立斷。

一二九　徐勉宴賓只可談風月

私誼與公務分清，很難做到。本篇和下篇選錄兩個事例，提供示範。

南北朝時代，南朝由宋齊梁陳遞嬗。其中的梁朝，是由蕭衍（四六四—五四九）開基，史稱梁武帝，又稱高祖。朝中有位尚書左丞徐勉（四六六—五三五），字修仁，篤勵清操，官聲極好。

梁武帝天監六年，徐勉升任吏部尚書，掌管選官派職，擢用人才。他手操百官的升遷進退大權，處理得公平有序，上下交相稱贊。

有一天夜晚，徐勉與諸多僚友舉行酒宴聯誼會，話題無所不談，大家都很歡樂。有位友人叫虞嵩的，趁此良機，請求派作詹事五官，乃是掌理東宮太子事務之職。

徐勉溫婉說道：「今天晚上歡聚，是暢敘私誼，只合談清風明月，不合談任官授職。各人的品德才幹，都有公評，管理任免官位的尚書府（就是徐勉的吏部衙署）自會有所處置。此時此地，還是避談公務爲好，不要把氣氛弄偏了，輕鬆一下也很難得呀！」大家都敬服他講話有分寸，能謹守公私分際。

徐勉官位雖高，但沒置產，家中也少餘財。有人勸他集留若干家產傳給下一代。徐勉答道：「別人留給子孫以金錢，我只願留給子孫以清白。子孫如果成器，他們自會有華車駿馬。子孫如果不肖，最後那些財帛還不是歸別人所有嗎？」

【原文】徐勉，字修仁。高祖踐阼，拜尚書左丞。天監六年，遷吏部尚書。勉居選官，彝倫有序。嘗與門人宴集，有虞暠者，請求詹事五官。勉正色答云：「今夕只可談風月，不宜及公事。」時人咸服其無私。勉雖居顯位，不營產業。故舊或建言，勉答曰：「人遺子孫錢財，我遺子孫清白。子孫才也，可自致輜軿。如其不才，終為他有也。」（唐，姚思廉《梁書》卷二十五、列傳第十九）

【讀後】朋僚讌集，乃是聯誼，情止於私，非關公務也。如果趁機求官，許拒都兩難。答應吧，是私相授受；拒絕吧，會傷了友誼，兩都不妥。就只能談風說月了。徐勉後來官任中書令，等於宰相。史稱後梁宰相，值得贊佩的，只有徐勉和范雲兩人而已。

一三〇　蘇章請酒僅是敘私交

你是正人君子，須要肅清貪官，遇到好友犯案，請問有何主張？若是曲予寬容，恐會損傷國法；若逕鐵面嚴辦，友情又會抹殺。如何公私兼顧，請看蘇章處置。

東漢蘇章，字孺文，品端學博。漢安帝時，舉爲賢良方正。漢順帝時，出任冀州刺史（冀州在河北省，刺史要刺舉不法）。他有位從前的好朋友，官任清河太守（清河也在河北，太守爲郡長），貪贓枉法，政聲窳敗。

蘇刺史即將上任了，到任後必須法辦他。但爲顧念以往的老友交情，便先備辦了酒筵，專請太守來餐敘。兩人互訴生平，交談十分歡洽，

這位太守很是高興，趁著酒酣，膽氣也壯了，歡然說道：「別的人頭上都只有一片天，我卻獨有兩片天。因爲今天孺文故友（指蘇章）眷念往日你我交誼的舊情，必會諒我幫我，原宥我以往的不是之處。」

蘇章婉言解釋著說：「今天晚上請宴，有機會邀老朋友與我蘇某人互相斟酒敘舊，這是先盡私誼，在情感上，我應當主動的這樣做，也才讓我心安。不過，先要聲明我的歉意，因爲到了明天，我以冀州刺史身分，必須查案，究問政情，那是執行公務，就不好多

所偏袒了，因為我也不能廢弛國法呀，這是要請老友原諒的。」

私誼已經彌綸，公務仍須督辦。隔了幾天，果然揭發了這位太守的罪過，依法給予懲處。全郡莫不敬畏，政風由此端肅了。

【原文】蘇章，為冀州刺史。有故人，為清河太守，欲案其姦贓，乃請太守，為設酒肴，陳平生之好，甚歡。太守喜曰：「人皆有一天，我獨有二天。」章曰：「今夕蘇孺文與故人飲者，私恩也。明日冀州刺史按事者，公法也。」遂舉正其罪，州境肅然。（宋、司馬光：《資治通鑑》、卷五十二、漢紀四十四）

【另文】唐、張鎮周，舒州人。初為壽州都督，武德年中，調為本州都督（回到舒州）。到州之日，在故宅召親戚酣宴。宣告曰：「今日我張鎮周與故人歡飲，明日則是舒州都督治百姓。」親族犯法，一無所縱，境內肅然。（林尹：《中文大辭典》第三冊，一四八八頁）

【讀後】談到「公私分明」，人人都懂。舉個小例：用辦公室電話順便和海外親人通私話，或用公家的小轎車順路接送兒女上下學，算不算公器私用呢？有位公務員教訓小孩說：「我從公家拿回來的鉛筆那麼多，哪會不夠用？也罷，明天我再拿一打回家就是了。」本篇「此夜我獨有二天」，上篇「今夕只可談風月」，請合併參看。

一三一　卞莊子刺虎

《論語・憲問》說：「卞莊子之勇。」卞莊子是何許人也？他是春秋時代魯國卞邑的大夫，極爲勇武，齊國人都怕他，不敢入侵魯國。

卞莊子力可殺虎。有一天，他看到山坡邊有兩隻老虎，便想去殺掉除害。有個小僮勸道：「且慢，你若逕行前去，一身要鬥二虎，這不是好主意。不如稍待片時。你看：這兩隻老虎，正在共食一頭小牛，都想搶食好肉，一定會起爭執。爭執不已，就會互鬥。鬥的結果，必是力小的鬥死了，力大的受傷了。到那時，你再去刺殺那隻傷虎，不必太費力氣，一揮劍不就獲得了兩隻老虎嗎？」

卞莊子認爲很有道理，便依言站著靜候。不一會，兩虎果然扭鬥，弱者鬥死了，強的也受到重傷，卞莊子輕易地刺殺了受傷的虎，一舉而獲兩虎之功。

【原文】卞莊子欲刺虎。館豎子止之曰：「兩虎方且食牛，食甘必爭，爭則必鬥。鬥則大者傷，小者死。從傷而刺之，一舉必有雙虎之名。」卞莊子以爲然，立須之。有頃，兩虎果鬥，大者傷，小者死。卞莊子從傷而刺之，一舉果有兩虎之功。（漢、司馬遷：《史記》、卷七十、張儀列傳第十）

【另文】卞莊子者，魯之卞邑大夫也。性好勇。嘗刺虎，爲館豎子止之，曰：「兩虎方食牛。牛甘，必爭。鬥則大者傷，小者亡。從傷而刺，一舉必兩獲。」莊子然之，果獲兩虎。齊人欲伐魯，忌卞莊子，不敢過卞。卞，即今泗水縣；（明・蕭良友《龍文鞭影》卷之四、八庚、「卞莊刺虎」條）

【讀後】凡事都該有竅門，同誅二虎勢難成；
偏勞館豎來相勸，一劍雙屍建大功。
善用機緣靠慧心，少花力氣最聰明；
倘如祇會施蠻勁，就怕臨頭擺不平。

一三二　蘇東坡畫扇

蘇字寶貴，畫扇繳稅，親民助民，惠而不費。

北宋時代的蘇東坡（一〇三七—一一〇一，單名蘇軾），寫文章涵渾奔放，作詩塡詞，清新雋逸，書法也好，還善繪畫，不愧是北宋文豪。

當他任官爲杭州知府之時，有位商民，積欠了官府的稅金，累催未繳。蘇東坡傳他來府衙，問他爲何欠稅？倘若不繳，可能會要坐牢。

這位商民稟道：「小民是靠製作杭州團扇（扇面是圓形，用綾絹製成）爲業。今年夏天氣候涼爽，扇子銷路不好，收入減少。並不是故意要欠稅賴稅。」

蘇東坡心意一轉，指示他說：「你即刻回去，拿一批扇子來給我看看。」

扇子拿來了，蘇東坡就在公堂長案上提筆揮毫，在每把素絹扇面上以行草書法寫上幾句詩詞，或繪上幾筆枯木竹石的國畫。一會兒，完成了二十多柄。吩咐那團扇主人出衙去售賣，切記不能賤價。

市民一知道這是蘇大人的親筆墨寶，大家競相爭購，一柄賣價高達一千錢，不一刻都售完了。把欠稅全數繳清還有剩。

【原文】蘇軾，知杭州。民有逋稅者，呼至，詢之。曰：「家以製扇爲業，遇天寒，不售，非故負之也。」軾曰：「姑取扇來。」遂據案作草書及枯木竹石，須臾，成二十餘柄。纔出府門，每柄爭以千錢購之。因盡償宿逋仍有餘。（明、蕭良友《龍文鞭影》，二集，下卷，「畫扇償逋」條）

【另文】晉、王羲之，在蕺山，見一老姥，持六角扇賣。因書其扇，各爲五字。姥有慍色。羲之謂曰：「爾但云是王右軍書，以求百金可也。」姥從之，人皆競買。他日，姥又持扇來，羲之笑而不應。（唐、房玄齡：《晉書》、卷八十、列傳第五十。又見：宋、姚寬：《西溪叢語》、「李商隱詩」條）

【讀後】公堂畫扇銜前賣，欠稅還清尚有多；
爽意揮毫眞可愛，杭民懷惠頌東坡。

一三三　該拜不拜鍾毓鍾會

三國時代，有位大書法家鍾繇（一五一—二三〇），累官尚書、僕射、後爲太尉。張懷瓘《書斷》稱他的字體寫來「隸行入神，八分入妙」。深爲贊譽。

他有兩個兒子，後來都很有名。大的叫鍾毓，小的叫鍾會。一般而言，男孩子在幼年時期，難免有些調皮。某一天，父親鍾繇正在客廳長椅上暫時午睡小憩，兩個小孩就趁機偷嚐那大廳神龕下大櫃裡久藏的藥酒。

這時鍾繇已經覺醒了，還未起身，瞥見這兩個小傢伙行動鬼祟，便假裝仍在睡覺，不動聲色，祇微微睁開一線眼縫，來瞧瞧這兩小究竟要玩甚麼花樣？

他倆擺上一對小酒杯，各倒入小半杯藥酒，準備從容品嚐。飲前，只見哥哥鍾毓，先行拱手拜揖後才舉杯飲酒。但弟弟鍾會，卻不拜揖行禮，逕自擎杯就喝，兩人舉動不相同。父親感到怪異，就起身呼來二子近前，先問大兒子爲甚麼先拜而後喝酒？

鍾毓（？—二六三）說：「醪酒乃是正規儀典中獻爵獻醻禮節中的一個大項目，我要遵禮，所以不敢不拜。」

父親又問小兒子爲甚麼不拜就逕行飲酒？

鍾會（二二五—二六四）答道：「偷酒本就違禮。我們只是好奇，想要試嚐一下新口味，行爲已經不合正軌了，所以我不必拜揖嘛。」

【原文】鍾毓鍾會，鍾繇之子也。小時，值父晝寢，因共偷飲藥酒。其父已覺，姑託寐以觀之。毓拜而後飲，會飲而不拜。其父異之，召二子來前。問毓何以拜？曰：「酒以成禮，不敢不拜。」問會何以不拜？曰：「偷本非禮，所以不拜。」

（晉、陳壽：《三國志・集解》卷十三、鍾繇、附傳鍾毓、小字增注）

【讀後】大哥循古義，小兒較靈便；兄弟逞口辯，各自有高見。

先拜是遵禮，偷飲已違紀；各人都有理，兩者沒法比。

一三四　有妓無妓程顥程頤

北宋時代，有兄弟兩位同是道學夫子：一位是哥哥程顥（一〇三二—一〇八五），人稱「明道先生」，曾向宋神宗進講要正心窒欲。一位是弟弟程頤（一〇三三—一一〇七），人稱「伊川先生」，曾對宋哲宗講述要以聖人爲師。這二程應算是端莊嚴肅的吧？卻也留下有反面的小故事。

某一日，他倆同時應邀，參加一場宴會。哪知筵中竟然出現有美妓即席陪酒。弟弟程頤，覺得大爲不該，登時拂袖離席，回家去了。哥哥程顥則隨和留下，直到席終盡歡才散。

第二天，兩人同在書房閱書。弟弟伊川先生，還記掛著昨天美妓的事，臉上仍然露著不愉悅的慍憾之色。

哥哥明道先生察覺了，特爲開導說：「昨天，在宴席上，座中雖有妓，但我心中無妓（我有免疫力，不會沾惹我）。今天，在書齋中，屋裡沒有妓，但你心中卻有妓（你還放不開，仍舊纏著你）。想想看，昨天這番遭遇，乃是給我倆一場考驗呀！」

弟弟程頤聽罷，驀然一驚，才警覺自己的定力和修爲，確實比老哥程顥還差了一大截，暗中不免慚愧。

此事見於兩書，其一是《昨非庵日纂》，見原文一。其中警語是「昨日座中有妓，我心中無妓；今日齋中無妓，汝心中卻有妓。」其二是《舌華錄》，見原文二。警句是「昨日本有，心上卻無；今日本無，心上卻有。」兩書用語，都極精鍊，但後者更為簡銳。

此外，佛經中也有一個老和尚揹少女的故事，寓意略同，請見原文三，錄請共賞。

【原文一】兩程夫子赴宴，有妓侑觴。伊川拂衣起，明道盡歡而罷。次日，伊川慍猶未解。明道曰：「昨日座中有妓，吾心中卻無妓。今日齋中無妓，汝心中卻有妓。」伊川自謂不及。（明、鄭瑄：《昨非庵日纂》、汪度篇。汪謂廣大，度謂氣量。）

【原文二】明道伊川兄弟同赴一席。頤見座中有妓，即拂衣去。獨明道與飲盡歡。明日，明道過伊川齋，伊川猶有怒色。明道笑曰：「昨日本有，心上卻無；今日本無，心上卻有。」（明、曹臣：《舌華錄》、慧語第一）

【原文三】老和尚帶著徒弟小和尚，兩人一路下山去化緣。經過小河邊，見到一位姑娘，想要涉水過河。但因河水湍急，讓她害怕，因而踟躕不前。老和尚慈悲為懷，助人為善，便揹著她渡河。之後，師徒二人繼續上路，走了一個多小時，徒弟小和尚忍不住了，請問老和尚道：「師父平日告誡弟子我，不可接近女色，今天師傅你為甚麼還要揹著那位姑娘渡河？」老和尚曉諭他說：「師父一個時辰之前，已將她放下了，為甚麼你到現在還揹著她呢？」

【讀後】對美妓陪酒，論修持，弟兄互見高下；

助少女渡河，參禪悟，師徒各顯淺深。

一三五　阿豺一箭易折

阿豺，鮮卑族，爲吐谷渾國君。兼幷了羌氏，有國土數千平方公里，號稱強國。後來阿豺急病，他召集兒子二十人聚合在床前，說：「你們每人去拿一枝箭來！」阿豺回臉對舅爺慕利延說：「請你拿一枝箭將它折斷。」慕利延照辦，折斷了。阿豺又說：「請你拿十九枝箭，一起把它們折斷！」慕利延試了幾次，不能斷。阿豺解釋道：「你們看到了吧！『單箭易折，多箭難摧。』大家要戮力同心，團結一致，國家才會強固。」這番話說過不久，阿豺氣絕了。由哥哥的兒子慕璝繼國君之位。

【原文】阿豺兼并羌氏，地方數千里，號爲強國。後暴病。阿豺有子二十人，曰：「汝等各奉吾一枝箭。」而命母弟慕利延曰：「汝取一枝箭折之。」慕利延折而斷之。又曰：「汝取十九枝箭折之。」延不能折。阿豺曰：「汝曹知否？單箭易折，眾則難摧。戮力一心，社稷可固。」言終而死。兄子慕璝繼位。（北齊、魏收：《魏書》、卷一百一、列傳第八十九。又見：唐、李延壽：《北史》、卷九十六、列傳第八十四。又見：明、鄭瑄：《昨非庵日纂》、敦本篇）

【讀後】拿身邊實際之例作警惕，收效最爲深刻。用「單箭易折」之理，以此而喻團結，人人能懂，人人易記。比空洞說教的千言萬語強多了。

一三六　劉寬三事見仁

後漢劉寬（一二〇—一八五），字文饒，華陰人。性情仁厚，處事寬諒。今舉三例：

（一）蒲鞭示辱

漢桓帝時，劉寬官任南陽（屬河南省）太守，溫仁多恕。百姓或屬官犯了過錯，他只用蒲草編成的鞭子（蒲是多年生的草類，如香蒲菖蒲。葉長，可做蒲席蒲扇蒲包蒲團）罰打，不會傷及筋骨，僅薄罰示辱而已。吏民都能改過向善。

（二）羹燙汝手乎

漢靈帝熹平年間，劉寬官任太尉，居三公之首，官位顯赫了。有一次，夫人想測試他的度量，就當他要去朝廷參加朝會之前，他的朝服穿戴齊全了，夫人故意指使婢女捧一滿碗肉湯經過，不小心濺潑在劉寬身上，把那整潔的朝衣弄污了。

劉寬毫未動氣，神色自若，回房換裳，還柔聲反問婢女道：「這湯太熱，燙傷了你的手嗎？」

（三）失牛誤認

漢順帝時，劉寬爲司徒。有一天，駕車外出，途中有一人認爲劉寬所駕的牛是這人所走失的牛，要牽回去。劉寬沒有爭論，讓人牽走，自己下車步行回家。隔不多久，牽牛的找到他的原牛，趕緊將誤認的牛送還，而且叩頭請罰。劉寬說：「牛馬多有相類似的，如今你送回來了，何須請罪呢？」時人都敬佩他。

【原文】 漢劉寬，桓帝時，爲南陽太守。吏民有過，但用蒲鞭示辱而已。靈帝時，官任太尉。夫人欲試寬，令恚。伺當朝會，嚴裝已訖，使侍婢捧肉羹，翻污其朝衣。寬神色不異，返室更衣，乃徐言曰：「羹爛汝手乎？」其性度如此。順帝時，爲司徒。寬嘗行，有失牛者，乃就寬車認之。寬無所言，下駕步歸。有頃，認者得原牛，將牛送還，叩頭請罰。寬曰：「物有相類，幸勞見歸，何爲謝之？」州里服其不較。（南朝宋、范曄：《後漢書》、卷五十五、卓魯魏劉列傳第十五）

【另文一】 卓茂失馬——漢、卓茂，爲丞相府史，事孔光，光稱爲長者。嘗出行，有人認其馬。茂問曰：「子失馬幾何時？」對曰：「月餘日矣。」茂有馬數年，心知其謬，嘿然解馬與之。他日，馬主尋獲失馬，乃詣丞相府送還誤認之馬，叩謝不已。茂笑納之，其不好爭如此。（明、蕭良友：《能文鞭影》、二集、下卷、「卓茂

解驂」條）

【另文二】管寧餵牛——三國時代管寧，字幼安，北海人也。鄰家有牛，逕入管寧田中食稻。寧見之，將牛徐緩牽離，著於陰涼處，給予草料清水，餵牛飽足，過於原牛主人矣。後牛主得牛，大慙而謝。（陳壽：《三國志》、魏志、卷十一、管寧、小字注。又見：皇甫謐：《高士傳》）

【另文三】朱沖失牛——晉、朱沖，字巨容。少有端行，好學。鄰人走失小犢牛，誤認朱沖之犢爲己犢，牽之以歸。後得犢於林間，大慚，乃以前犢還沖，沖竟不受。又有牛侵入朱沖稻田，食其禾稼，以療飢。朱沖以芻料續飼之，送還牛主而無恨色。牛主愧疚，申告不當再犯。（唐・房玄齡：《晉書》卷九十四、列傳第六十四）

【另文四】李士謙飼牛——隋代李士謙，字子約，以孝聞於州郡間。鄰里中有喪事未能辦者，士謙輒助濟費用，不求償，多感其德。有牛犯其田，食其稻者，士謙牽置樹陰下，飼以芻秣，優於原牛之主。（唐、魏徵：《隋書》卷七十七，列傳第四十二。李士謙另有焚燬債劵事，請詳第六篇）

【讀後】寬以待人，一切包容；避免紛爭，則天下太平。反之，若是寬以待己，錯也有理；驕橫無比，就毫不可取。

一三七　王安石拒受呵氣寶硯

宋代王安石（一〇二一—一〇八六），字介甫，官任宰相，封荊國公，故也稱爲王荊公。有人送來一個硯台，說：「這是寶硯，用嘴向它呵氣，就會生水。」

王荊公笑一笑，不想要，辭謝說：「即使呵得一擔水，能值多少錢呢？」

這段語譯，引自宋代吳坰《五總志》（書名五總，取「龜生五總，靈而知事」之意），見原文一。無獨有偶，這個寶硯故事，主角卻另換爲孫之翰（九九八—一〇五七），那宋代彭乘《墨客揮犀》記述的是：

有人賣磨墨的硯台給孫之翰，售價要三十千錢。孫之翰問：「這硯有何特異，值得如此高價？」對方答：「這是奇石寶硯，石材特別具有潤性，極爲珍貴。只要用嘴向它呵氣，就會出水。」

孫之翰道：「就算一個月呵得一擔水，才值三文錢，買來有何益處？」沒有接受。見原文二。一事雙胞，互參可也。

【原文一】有人獻硯於王荊公，云：「呵之得水。」公笑而卻之，曰：「縱得一擔，能值幾何？」（宋、吳坰：《五總志》。結語是：不爲物移，聞者歎服）

【原文二】孫之翰，人嘗予一硯，值三十千。孫問曰：「硯有何異，而如此高價也？」客曰：「硯以石潤爲賢。此石呵之則水流。」孫曰：「一月呵得一擔水，纔値三文錢，買此何用？」竟不受。（宋、彭乘：《墨客揮犀》、最末篇。又見于：宋、沈括：《夢溪筆談》卷九、人事一）

【讀後】有人偏愛珍寶，既想擁有，又能炫耀，也提高了自己的身價。反過來看，也有人摒棄物欲，不受拘牽，朝向精神層面昇華，無欲則剛。這顯示出彼此的人生觀不相同，或許就是《易經．繫辭上》所述的「形而下者謂之器，形而上者謂之道」吧？

一三八　尚周卿不愛押忽大珠

世間寶物太多，罄吾人之一生，恐也收集不盡。似乎不必將有限之生命，耗費於天地間無限之搜尋。對己對人，裨益不多也。

元朝時代，有位尚文（一二三六—一三二七），字周卿。元世祖及元成宗年間，尚文製定朝儀，參預國政，是國之重臣。

西域有商人帶來一批珍寶到京都出售。其中有一顆寶珠，要價六十萬銀錠。有位官任平章（朝廷次官）的好友對尚文說：「這顆珍貴晶寶，名叫押忽大珠，價値六十萬，並不爲過。」

大家都在傳觀賞玩，尚文問道：「這珠有何功用？」平章解釋道：「如果把珠含在嘴裡，好久都不會口渴。如果把珠滾熨在臉面上，就可讓眼睛生光，所以甚爲罕貴。」

尚文不以爲然，另有所感，說：「這押忽寶珠雖好，但還不算極佳。如果一個人含了它，能讓千萬人不口渴，那才是稀世之珍。若只對一個人有效，它的功能也就很微小了。我認爲人生所該寶的，莫過於米麥。一天不吃就會餓，三天不吃就有病，如果七天不吃，就瀕於死亡了。若是米麥豐足，百姓生活就會安定；若米糧斷了，天下會生大亂。從功用上來看，比那寶珠強多了。」終於不爲所動。

按尙姓不多見，但唐有右僕射尙可孤，宋有副指揮使尙祚，元有國子祭酒尙野，明有南岡先生尙志，清有平南王尙可喜，都列入史册。

【原文】尚文，字周卿，元元貞七年，拜中書左丞。西域賈人有奉珍寶進售者，其價六十萬錠。省臣平章謂文曰：「此所謂押忽大珠也，六十萬酬之不爲過矣。」一座傳玩，文問：「何所用之？」平章曰：「含之可不渴，熨面可使目有光。」文曰：「一人含之，千萬人不渴，則誠寶也。若一寶祇濟一人，則用已微矣。吾之所謂寶者，米粟是也。一日不食則饑，三日則疾，七日則死。有則百姓安，無則天下亂。以功用較之，豈不愈於彼乎？」文竟不爲動。（明、宋濂：《元史》、卷一百七十、列傳第五十七）

【另文】宋人得玉，獻與子罕。子罕弗受，曰：「我以不貪爲寶，爾以玉爲寶。若以玉與我，皆喪寶也，不若均有其寶。」（春秋、魯、左丘明：《左傳》、襄公十五年）

【讀後】含之口不渴，薄荷錠有此可能。熨之目有光，決明子也有此功效。然則押忽大珠，算不上是稀世之珍也。所謂珍寶者，應像萬應飽腹丸，服一顆終生不餓，精神百倍。又例如神仙卻病丹，服一粒百疾消除，一輩子惡毒不侵。那才是珍寶。然乎？

一三九　李清照記事

記憶力比賽，李清照勝過丈夫趙明誠。

宋代李清照（一〇八四—一一五一），濟南人，禮部員外郎李格非之女。嫁趙明誠，自號易安居士。她工詩善文，才華希世。尤精於詞，是著名的女詞人。著有《漱玉詞》傳世。她在多首詞中寫的「簾捲西風，人比黃花瘦」「應是綠肥紅瘦」「露濃花瘦」「玉瘦檀輕無限恨」「新來瘦，非干病酒，不是悲秋」的五瘦，以及「尋尋覓覓，冷冷清清，淒淒慘慘戚戚」，都是名句。

李清照嗜好讀書，善與書為伴而極樂。她的記性也特高，似乎能過目不忘。丈夫趙明誠，著有《金石錄》，將三代以來及漢唐的鐘鼎碑碣拓本兩千種集為三十卷刊行。夫婦二人都喜歡金石圖書，李清照為此在《金石錄》書尾寫了一篇「後跋」，也稱「後序」，其中有一段自述說：

「我（李清照自稱）有項特長，就是記憶力特強。每天用餐之後，常與丈夫趙明誠一同在《歸來堂》閒坐休息。沖泡一壺好茶，指點著桌上几上架上堆存的衆多書籍，憑記憶來互相猜斷某一事件該在某部書某卷中的第幾頁第幾行？看誰個說得最正確來決定輸贏，作爲飲茶的先後。

我得勝了，心中樂極，舉起茶杯，忘情大笑。不料手抖不穩，茶水傾倒在懷裡，反而喝不成了。我倆都甘心到老，長相廝守，同享這番樂趣。」

【原文】余性偶強記。每飯罷，坐歸來堂，烹一茶，指堆積書史言，某事在某書某卷，第幾頁第幾行，以中否角勝負，爲飲茶先後。中即舉杯大笑，至茶傾覆懷中，反不得飲。甘心老是鄉矣。（宋、趙明誠：《金石錄》、書末李清照撰：《金石錄後跋》）

【另文】漢、張安世，字子孺，博學。漢武帝幸河東，亡書三篋。詔問群臣，俱莫能知。安世悉記之，具錄其事。後得書相較，一無遺漏，因號張三篋。（見：《漢書》、張湯傳。又見：《龍文鞭影》、二集、卷下「張名三篋」條）

【讀後】這番雅趣，其樂無極。李清照以生花妙筆，描述絕美，甚於聲色犬馬，酒食徵逐多矣。

一四〇 劉居正課兒

宋代劉摯（一〇三〇—一〇九七），字莘老，東光人。歷官尙書、右僕射。喜好讀書，進入老年還手不釋卷。

他是獨子，小時候，父親劉居正管督很嚴，教他唸書，每天自早到晚，從不休息間斷。有朋友勸他父親說：「你只有這一個獨生子，難道完全不愛憐他，逼他唸書要這麼嚴緊嗎？」

劉居正答道：「我就是因爲只有一個兒子，一點也不能縱容鬆懈！」

後來劉摯官拜御史，職司彈劾不法。由於他的正言厲色，朝廷裡裡外外，都肅然守紀。當時人將他比爲包拯（九九九—一〇六二，字希仁，貴戚宦官皆憚之，號爲包青天）與呂誨（一〇一四—一〇七一，字獻可，疏劾王安石，以天下事爲憂）一樣的嚴正。

【原文】宋，劉摯，字莘老，東光人。兒時，父居正課以書，朝夕不少間。或謂：「君止一子，獨不加恤耶？」居正曰：「正以一子，不可縱也。」後摯官御史，正色彈劾，中外肅然。時比包拯呂誨。（元、脫克脫：《宋史》、卷三百四十、列傳第九十九。又見：明、蕭良友：《龍文鞭影》、二集、下卷「劉比呂包」條）

【讀後】獨子更須嚴教，纔能琢成好料。贊與包呂齊名，父在九泉含笑。

擇友第六——善交貼心益友，臨危給我援手。

《說文》：同門爲朋，同心爲「友」。友直、友諒、友多聞，獲益太直接了。刎頸、忘年、死生交，幫助太實際了。金蘭誼厚，允宜愼「擇」，爲第六章。

一四一　宴桃園豪傑三結義

東漢末年，黃巾賊作亂，賊酋張角，嘯聚徒衆數十萬人，侵犯到幽州。太守劉焉，決定張貼榜文，招募義兵應敵。此時有位劉備（一六〇—二二三），是中山靖王（劉勝）的後代，字玄德，家貧，以販賣鞋子席子爲業，在市集中看到了招募榜文，慨然於時局之不安，有意從軍，不禁長歎。

身後有人喚道：「大丈夫不替國家貢獻力量，空歎有何幫助？」

劉備回頭一看，見這人豹頭環眼，聲若巨雷。請教他的姓名，回答他叫張飛（？—二二一），字翼德，擁有田莊，家貲豐足，性情豪放而喜交朋友。兩人相談愉悅，便同入一店中飲酒。

不一會，卻見一位大漢，也趕入店中，呼叫要酒，喝了好去投軍。劉備看他鬚長二尺，像貌堂堂，就邀他同坐。他說姓關名羽，字雲長（？——二一九，後與岳飛合祀於武廟，世稱關公或關帝）。因他聽聞這裡招軍，想來投效。

三人志趣相同，便一齊前往張飛莊上。張飛說：「我的莊屋後面，有個桃園，値今桃花盛開，可定於明天祭告天地。結爲異姓兄弟。」劉關齊聲應好。第二天，就備辦了祭品，三人焚香再拜，宣誓說：

「我劉備、關羽、張飛，宣誓結爲兄弟，今後上報國家，下安黎庶。不求同年同月同日生，但願同年同月同日死。皇天后土，實鑒此心，背義忘恩，天人共戮。」

隆重共誓完畢，便殺牛擺酒，設宴歡慶。依年齒以劉備爲兄，關羽爲次，張飛爲弟。號召鄉里壯勇，聚衆達三五百人，投軍而去，開創了蜀漢基業。

【原文】黃巾賊酋張角率數十萬人造反，進犯幽州。太守劉焉出榜招募義兵，引出那劉備，字玄德，家貧，販屨席爲業，見榜長歎。旁後一人喝曰：「大丈夫不與國家出力，長歎爲何？」備回視其人，聲若巨雷，自言名張飛，字翼德，頗有田莊產業，好交豪士，遂同入村店飲酒。續有一大漢進店，急喚斟酒，將趕去投軍。備邀其同座。曰：「吾乃關羽，字雲長，欲來應募。」三人志同，遂齊到張飛莊屋。飛曰：「吾莊後有一桃園，明日當祭告天地，我三人共同結義。」次日，備辦祭品，三人焚香，拜而誓曰：「我劉備關羽張飛，此日起誓爲兄弟，不求同年同月同日生，但願同年同月同日死。皇天后土，實鑒此心，背義忘恩，天人共戮。」敘劉備爲兄，關羽次之，張飛爲弟。祭終誓畢，復宰牛擺酒，聚合鄉里壯勇三五百人，投軍去矣。（明、羅貫中：《三國演義》、第一回：「宴桃園豪傑三結義」）

【另文】桃園結義之事，在正史《三國志》中，僅有簡略記述。原文曰：「先主（劉備）與（關羽張飛）二人，寢則同牀，恩若兄弟。」注云：「世俗所傳桃園結義事，諒即本於此語。」（陳壽：《三國志》卷三十六、蜀書六、關羽傳）

【讀後】桃園盟誓，典型足式；
千古永傳，萬民欽譽。

一四二　藏柳窟好友二捐生

春秋時代，其思革子（《中國人名大辭典》五二一頁有小傳）、戶文子、叔衍子三人，意氣相投，結爲死生之友。他們聞說楚成王（公元前六七一——前六二六在位，曾與齊桓公盟，宋襄公會）很賢，便一同遠赴楚國，欲以所學濟世。

那時代，交通極爲不便，三人徒步跋涉，中途攀登上一座險峭的崇山，忽然掀起了暴雨颶風，霎時天昏地暗，好不容易找到山中一株巨大的老柳樹，主幹中央空朽了，形成一個凹窟，三人趕忙縮擠在樹身裡拳曲躲避，單薄的衣裳盡都濕透了。尤其晚上，高山氣候酷冷，凍得發抖，但強風豪雨，幾天不停，乾糧也只剩一兩餐了。

三個人饑寒互對，都料到沒法存活下去，歎息著說：「與其凍僵餓斃，大家都死，不如把衣服和餘糧集中留給一人，也好延續一個人的性命。」

戶文子和叔衍子都認爲其思革子最賢俊，便解衣併糧要給他。

其思革子不接受，說道：「我們三人，義結金蘭，生要同享安樂，死要共赴患難。今天若要凍死，三人死在一起，不可你二人殉死，留我獨活。我不能接受。」

兩人勸道：「我們相交，本是至友，正如左右手一般。一隻手受了傷，另外那隻手就會兼做兩隻手的事。如今若是三人一齊凍斃在這山中，實在毫無價值，也死得太悲痛了。不如留下你仍能活命，讓我們的心願，還有實現的一天，不會完全白費。」

其恩革子只好悲痛接受，帶著衣服乾糧，尋路出山，戶文子和叔衍子終於凍餓死了。革子逕往楚國京城郢都，見了楚成王。成王得知他是個賢者，便讓他主理國政，任爲宰相高職，並派人妥葬那殉死的兩位知友。

【原文】其恩革子、戶文子、叔衍子三人爲友。聞楚成王賢，三人俱往見之。於嶔巖之間，猝逢飆風暴雨，俱伏於空柳之下，衣寒糧乏，度不復活。三人相視歎曰：「與其饑寒俱死，豈若併衣糧於一哉？」二子以革子爲賢，推衣與之。革子曰：「生則同樂，死則共之。」固辭。二子曰：「吾相與猶左右手也，左傷則右救，右傷則左勞。子不我受，俱死無名，可痛乎？」於是革子受之。二子遂凍餓而死。其恩革子揭糧而去，往見楚成王。王知其賢，乃以革子爲相，命左右收二子而葬之。（宋、李昉：《太平御覽》、交友四）

【讀後】志氣相投兮三摯友，欲濟亂世兮楚荊走。
風雨凍餓兮難活久，二子願死兮魂不朽。
吁嗟乎，戶文叔衍，義聲徽烈兮誠罕有。

一四三　孫策周瑜總角好

三國時代的周瑜（一七五—二一〇），字公瑾，廬江人，爲吳國名將。孫堅的兒子孫策（一七五—二〇〇），正好與周瑜同年，兩人交情厚密，周瑜且讓出道南大宅，提供給孫策一家人居住。不時進入正堂，拜謁孫策老母，兩家有無相通，水火與共。

後來，孫策東往歷陽，發來快信給周瑜，周瑜率領兵馬馳援。孫策大喜，歡言道：「你能速來助我，我的事業就安穩了。」

漢獻帝建安三年（一九八），曹操薦孫策爲討逆將軍，封爲吳侯。孫策授周瑜爲建威中郎將（赤壁之戰時，周瑜是大都督了）。吳侯孫策頒下命令說：「周公瑾英俊異才，與我有『總角之好』，骨肉之分。」

按：總角乃是指未成年之人而言。古代男女未成年時，在頭頂兩側束髮成髻，形狀像角，故叫總角。見《禮記．內則》：「男女未冠笄者，拂髦總角。」

【原文】周瑜，字公瑾，盧江人也。孫堅之子孫策，與瑜同年，兩相友善。瑜推道南大宅以舍策，升堂拜母，有無通共。之後，策東渡，到歷陽，馳書報瑜，瑜將兵迎策，策大喜曰：「吾得卿，事諧也。」建安三年，孫策受封，爲吳侯。策授瑜爲建威中郎將，令曰：「周公瑾英世異才，與孤有『總角之好』，骨肉之分。」（晉・陳壽：《三國志》卷五十四・吳書・周瑜傳第九）

【另文一】王與裴，總角時，即不凡——王濬沖（王戎字濬沖）、裴叔則（裴楷字叔則）二人，總角（在年少時）詣鍾士季。去後，客問鍾曰：「二童如何？」鍾曰：「裴楷清通，王戎簡要，後二十年，此二賢當爲吏部尚書。」（南朝宋、劉義慶《世說新語》賞譽第八「王濬沖」條）

【另文二】何劭與晉武帝有總角之好——晉代何劭，字敬祖，何曾之子也。與晉武帝同年，有總角之好。累官侍中、尚書、左僕射。簡貴有父風。卒謚康。（唐・房玄齡《晉書》何劭傳）

【讀後】彼此年少投緣，雙方志趣相合；
多椿友誼純清，故爾稱爲總角。

一四四　廉頗相如刎頸交

戰國時代，廉頗是趙國大將，年秩兼老，官上卿。藺相如因「完璧歸趙」及「澠池之會」有大功，也拜爲上卿，朝中地位反而在廉頗之上。

廉頗很不服氣，揚言道：「我是趙國大將，作戰拚命，屢打勝仗，有殺敵衛國之功。那藺相如乃是舍人出身，不過憑口舌之利，算得上甚麼能耐，居然官位比我還高，我不能忍受這種屈居人下的羞辱。哪一天我遇到他，當場一定給他難看。」相如聽到了，便刻意避開他。有朝會時，就常藉口生病，兩不碰面。

沒過多久，有一天，藺相如乘車外出，遠遠看見廉頗的車隊從對面來了，他連忙將自己的座車轉入橫巷躲開，免得面對面鬧得不愉快。

藺相如的隨行侍從們，見到主人如此軟弱怕事，覺得很不光彩，對相如訴道：「我們追隨你，是仰慕你的義行，能夠在強國之間爭勝。但廉將軍放出狠話，你就一直躲避，似乎也害怕得過分了。這種舉動，平常人尚且羞慚，何況官居上卿的你呢？我們都覺得不能忍受，想辭職回家算了。」

藺相如懇切勸止他們不要離開，並反問他們道：「請各位想一想，若論威勢權柄地位和影響力，廉將軍比秦昭王哪一個厲害呢？」

隨員們都說：「那當然是秦昭王強，廉將軍比不上。」

藺相如剖釋道：「即使像秦昭王那樣的赫赫之威，我也敢在他面前對他怒吼，也敢於羞辱他的滿朝大臣。我相如雖然不夠長進，哪會獨獨害怕一個廉將軍呢？請再想一想吧，那兇悍的秦國，一直不敢對我趙國動武，乃是由於有廉將軍和我兩人協力保國的緣故呀。倘若我們兩虎相鬥，勢必互有傷害，這豈是國家之福？我之所以多次避讓，乃是鑑於以國事為先，而以私怨為後呀！」

這一席話，傳到了廉頗耳中，深感自己胸懷太狹隘了，翻然悔悟。便褪去上衣，袒露肉背，帶了荊條鞭子，集合門下賓客，親到相如府上，領受責罰。並對相如說：「我是個卑賤的人，不知道你的思慮是這樣的高遠，待我又是這樣的寬厚，今天我肉袒負荊，登門請罪，任你責罰。」

兩人都具有高義，前嫌盡釋，聯歡修好，結為刎頸之交，也就是誓死不變的好友。

【原文】 廉頗者，趙之大將也。藺相如者，因澠池之會有功，歸國以為上卿，位在廉頗之右。頗曰：「我為趙將，有攻城野戰之功，而藺相如徒以口舌之勞，位居我上，吾羞不忍為之下。我見相如，必辱之。」相如聞之，每朝，常稱病。已而相如出，望見廉頗，引車避匿。舍人相與諫曰：「臣等所以事君者，慕君之高義也。今君與廉將軍同列，廉君宣惡言，而君畏匿之，庸人尚且羞之，況於將相乎？臣等請辭。」相如固止之，曰：「公等視廉將軍，孰與秦王？」曰：「不若也。」相如曰：「夫以秦王之威，而相如廷叱之。相如雖駑，何獨畏廉將軍哉？顧吾念之：強秦之所以不敢加兵於趙者，徒以吾兩人在也。今若兩虎相鬥，勢不俱生。吾所以先國家之急而後私讎也。」頗聞之，肉袒負荊，因賓客至相如門謝罪，曰：「鄙賤之人，不知你寬之至此也。」卒爲刎頸之交。（漢・司馬遷《史記》卷八十一、列傳第二十一。又見：唐、魏徵《羣書治要》卷十二。又見：《資治通鑑》卷四）

【讀後】完歸趙璧澠池贏，智勇相如佔上風，
謙讓避爭廉頗悟，交深刎頸耀長虹。

一四五　管鮑知心友

春秋時代的管仲（西元前？——前六四五），名夷吾。鮑叔牙（又稱鮑叔）推薦他爲丞相，佐齊桓公成爲春秋五霸之首，桓公尊他爲「仲父」。

管仲與鮑叔牙爲知交。管仲曾坦率申述兩人的友誼道：「我當初家貧，曾與鮑叔牙共同經商，從事貿易。分配錢財時，我會多分給自己一些。鮑叔不認爲我有貪心，乃是知道我較爲窮苦也。」（知我之一）

「我又曾經爲鮑叔籌建事業，卻因遭遇困境而沒有達成。鮑叔不認爲我沒有盡力，或太愚昧，他知道時機有利也有不利也。」（知我之二）

「我曾經三次就任官職，卻也三次遭受罷黜。鮑叔不認爲我是無能或不賢，知道我是受到外在時勢的阻擾之故也。」（知我之三）

「我曾經三次作戰而三次退卻，鮑叔不認爲我是膽小懼怕，或缺乏勇氣。乃是知道我有個老母賴我奉養也。」（知我之四）

「公子糾敗亡，召忽殉死，我卻只是被囚受辱，沒有尋死。鮑叔不認爲我不知羞恥，而是知道我有大抱負，尙待施展，將要結合諸侯，一匡天下也。」（知我之五）

「總而言之，鮑叔知我、顧我、包容我、袒護我，無以復加。生育我的是父母親，了解我的就只有鮑叔牙呀！」

【原文】管夷吾，字仲，齊桓公尊爲「仲父」。與鮑叔牙爲友。管仲嘗歎曰：「吾始困時，嘗與鮑叔賈，分財利，多自與。鮑叔不以我爲貪，知我貧也。吾嘗爲鮑叔謀事，而更窮困。鮑叔不以我爲愚，知時有利不利也。吾嘗三仕三見逐於君。鮑叔不以我爲不肖，知我不遭時也。吾嘗三戰三走，鮑叔不以我爲怯，知我有老母也。公子糾敗，召忽死之，吾幽囚受辱。鮑叔不以我爲無恥，知我不羞小節，而恥功名不顯於天下也。生我者父母，知我者鮑子也。」（漢・司馬遷《史記》卷六十二、管晏列傳第二〇。又見：列禦寇：《列子》）

【讀後】管仲有大才，鮑叔有高操。《史記》評曰：「鮑叔既進管仲，以身下之。天下不多管仲之賢，而多鮑叔之能知人也。」這是顯示鮑叔的高義。李白有詩贊曰：「管鮑久已死，何人繼其踪」「毋令管與鮑，千古獨知名」。感歎極深極篤也。

一四六　程周醇醪交

三國時代，吳國有位年輕名將，叫周瑜（一七五—二一〇），字公瑾。漢獻帝建安三年（一九八），周瑜就官封建威中郎將，那時他年僅二十四歲，吳人稱他爲周郎。

吳國又有一位將領叫程普，字德謀。他討伐黃巾賊，又擊敗董卓（？—一九二），累官至盪寇中郎將。與周瑜爲左右都督，共同輔佐孫權。

程普年歲最大，時人稱爲程公。和周瑜同在朝廷，有時意見相左，以致不太和睦。好多次程普都仗著年長功高，當面斥責少壯周郎的不是，沒留情面。周瑜都容忍接受，始終沒有反駁爭論。

日子久了，程普才漸漸察覺周瑜的宏量，轉而佩服，改變態度來親近他、尊重他。而且常對別人說：「和周公瑾交朋友，就好像飲下醇厚的沒有雜質也未摻水的純酒一般，不自覺的就陶然醉了。」

【原文】周瑜，字公瑾，建安三年，官建威中郎將，時年二十四，吳人稱爲周郎。程普，頗以年長，數侵侮瑜。瑜折節容下，終不與校。普後自敬服，而親重之。告人曰：「與周公瑾交，若飲醇醪，不覺自醉。」（漢、陳壽：《三國志》集解，吳

書九、卷五十四、周瑜傳第九）

【讀後】周瑜故事不少：①本篇是程周「醇醪之交」。②他與孫策同年，稱「總角之好」。③他精通音律，譽爲「曲有誤，周郎顧」。④促成劉備娶孫夫人：「周郎妙計安天下，賠了夫人又折兵。」。⑤巧騙蔣幹，使曹操誤斬兩位水軍都督。⑥諸葛亮故意激他，有「三氣周瑜」之說。⑦孫策娶大喬，周瑜娶小喬，唐代杜牧有「東風不與周郎便，銅雀春深鎖二喬」之詩句。⑧周瑜自忖勝不過諸葛亮，乃有「既生瑜，何生亮」之歎；別人也說「蒼天既已生公瑾，塵世何須出孔明」之評語。周瑜死時，年僅三十六歲。

上述「既生瑜，何生亮」，語見《三國演義》第五十七回周瑜的自白。原意本是「既然天意生下我周瑜，爲何又要降生諸葛亮，使他事事都勝過我？」但此語卻另外萌生一有趣謎題：刁皮者問道：「周瑜和諸葛亮的父親各是誰？」解答是：「周瑜自己說明白了：『既生瑜，何生亮』，亦即周既生下周瑜，諸葛何生了諸葛亮，這不是極爲清楚了嗎？」附此以博一粲。

一四七　嚴子陵守釣辭官

漢代嚴子陵，名嚴光，浙江餘饒人。原名莊光，因避漢明帝（叫劉莊）之諱而改姓嚴，字子陵。他少時與漢光武帝劉秀（公元前六——公元後五七）一同讀書遊學，兩人是同窗好友，被稱爲「布衣之交」。《後漢書》中有傳。

世事多變，後來劉秀身爲天子，而嚴子陵仍隱居在富春渚（在今浙江省桐廬縣富春江畔）釣魚。

漢光武帝劉秀即位後，想念昔時的布衣好友，就親自去請他出任朝官，輔佐國政。光武帝說：「你我交情深厚。吾今貴爲天子，你卻閒著只是釣魚，令我不安。我有官爵，可使你顯貴，我有金玉，可讓你富厚。幫助我治理政務，不是彼此相得益彰嗎？」

嚴子陵笑應道：「當初一同攻書之日，你我友情彌篤，你志向端方，思想純正。可是今天看來，已然偏了。身爲天子，所尊貴的，不過是宮殿廣大，飲食鮮美，車馬華奢，視聽悅樂而已。有朝一日，老病而死，與平民的結局有何差異呢？我已超脫塵俗，正想連姓名都忘掉，拿根釣魚竿，寄居於天地之間，無牽無掛，最爲舒適。哪有閒心貪戀那些世俗的慾求呢？」

光武帝劉秀瞭解到嚴子陵決心退隱，便不好逼他從政了。

【原文】光武帝與嚴子陵爲「布衣交」，及即位，而嚴則釣於富春渚。光武思舊，親往聘之。曰：「吾與子，友也。今吾貴爲天子，而子猶漁，吾爲子恥之。吾有官爵，可以貴子，金玉可以富子。」陵笑曰：「始吾交子時，子修志樂道，今乃妄也。夫天子之貴，不過廣宮室，繁車服、美飲食，悦視聽而已。一旦老死，與匹夫一也。今吾方自忘其姓氏，操竿投縷，泛然如寄，又何暇貪其妄念哉？」光武於是不敢臣陵。（唐・不著撰人姓氏。明萬歷六年崇德書院刊本。《四庫全書》收入「子部」：《无能子》「嚴陵說」。又見《後漢書》逸民傳・嚴光）

【讀後】人生在世，不可太執著，倘若認爲一定要爭個你死我活，一毛錢也不肯吃虧，這是何苦來哉？反之，也不宜太過於忘我，倘若認爲一切都是短暫的，萬事都是虛幻的，那又何必活下去？總之，彼此的人生觀各別不同，對世情的看法也會互有差異。這已是屬於哲學的範疇了，請以冷靜客觀的心態，來愼作評斷。

一四八　范純仁捨麥贈友

北宋范仲淹（九八九—一〇五二），字希文，諡文正，後人稱范文正公。當他在睢陽（今河南商邱）時，命兒子范純仁、字堯夫（一〇二七—一一〇一）前往姑蘇（今江蘇吳縣），將麥子五百斛（音胡，十斗爲一斛）運回家用。

那時范純仁年紀尚輕，在姑蘇城用船裝著麥子，押船回來。歸途中，在丹陽縣停靠，不期遇到了石曼卿。

石曼卿（九九四—一〇四一），名石延年，有節氣，後來官至秘閣校理。歐陽修有《祭石曼卿文》，說他「軒昂磊落，突兀崢嶸」，收入《古文觀止》中。

范純仁問他：「爲何滯留此地？呆在這丹陽多久了？」

石曼卿說：「兩個月了。因有三位親人在此過世，目前暫時用淺土將棺柩護著。想要歸葬北方，尚須籌措大筆費用，現今還沒有人可以情商支助。」

范純仁見他有此大難題，便把整船麥子連船一併贈與他，好讓他變賣後護柩歸葬。無累一身輕，范純仁獨自一人乘馬回來了。

到了家裡，拜見了父母，就站立在一旁，聽候吩咐。過了許久，范仲淹隨口問道：「你去東吳（姑蘇丹陽，都是東吳轄地），遇見熟朋友沒有？」

范純仁答道：「在丹陽，碰見了石曼卿，因爲三喪未能歸葬，仍舊滯留在那裡。由於沒有逢到像郭元振（六五六—七一三，名郭震，樂於助人）那樣慷慨解囊的人，以致還未能移柩回鄉。」

范仲淹說：「何不把那船麥子送給他呢？」

純仁答道：「孩兒已經連船帶麥都贈給他了！」

【原文】范文正公在睢陽，遣堯夫到姑蘇，搬麥五百斛。堯夫時尚少，既還，舟次丹陽，見石曼卿。問寄此久如？曼卿曰：「兩月矣。三喪在淺土，欲葬之，而北歸無可謀者。」堯夫以所載麥舟與之，單騎而回。到家拜起，侍立，良久，文正曰：「東吳見故舊乎？」曰：「曼卿爲三喪未舉，方留滯丹陽，時無郭元振，莫可告者。」文正曰：「何不以麥舟與之？」堯夫曰：「已連船付之矣。」（朱熹：《五朝名臣言行錄》、第七卷、七之二）

【另文】范堯夫至姑蘇，取麥五百斛，舟還，次丹陽，見石曼卿云：「三喪未舉，無可謀者。」堯夫以麥舟與之。到家，文正問曰：「東吳遇故舊乎？」曰：「曼卿三喪未葬。」文正曰：「何不以麥舟與之？」堯夫曰：「兒已連船付之矣。」

（宋、釋惠洪：《冷齋夜話》「范文正公」條。又見：宋、周煇：《清波雜志》）

【讀後】好友有急需，麥子連船贈；
慷慨范純仁，子父相輝映。

一四九　雷陳膠漆友

東漢時代，有位雷義，字仲公，在漢獻帝（公元二〇〇年前後）時期，任職爲郡政府中的功曹（郡守的助理官，掌管人事、政務）。因學識優良，刺史推舉他爲茂才（就是秀才，因避漢光武帝劉秀之諱而改稱茂才）。雷義重視義氣，要謙讓給好友陳重。刺史（他的長官）未予接納，雷義就假裝精神病，有時竟披頭散髮，不能處理公務。郡邑同人見此情況，都評論道：「膠漆自謂堅，不如雷與陳」（膠與漆黏合已算堅牢了，但還不及雷陳友誼之深固）。後來終於兩人都被舉薦了。

他的知交陳重，字景公，自少就和雷義爲至友。因陳重名望很佳，太守張雲推舉他爲孝廉（奉事父母盡孝，品節有廉隅的人曰孝廉）。陳重反說雷義應該先他入選，前後十多次上書推讓。到第二年，終於陳雷二人同時位登孝廉。

雷陳交友，一直純而且篤。兩人後來都任爲尚書郎，侍御史。

有一次，陳重同署任職的另一位郎官，欠了債，本息累積達萬錢。債主每天索討，苛擾受不了。陳重眼看他無力清償，便暗地裏代他還清了。這郎官知曉後，特別向他厚謝。陳重說：「這事不是我做的，一定是有位和我同名的善人發的好心，你不要弄錯了呀。」

施恩而不承認是自己的德惠。

【原文一】雷義，字仲公。初爲郡功曹，舉茂才，讓於陳重。刺史不聽，遂佯狂被髮，不應命。鄉里爲之語曰：「膠漆自謂堅，不如雷與陳。」遂同時俱辟二人。（南朝宋．范曄：《後漢書》卷一百十一、獨行列傳第七十一）

【原文二】陳重，字景公，少與同郡雷義爲友。太守張雲舉重孝廉，重以讓義，前後十餘通稟牒，明年，與義同舉孝廉。有同署郎負人息錢萬元，債主日至，詭求無已。陳重密以錢代還，郎後覺而厚謝之。陳重曰：「非我所爲，乃係有同姓名者爲之也。」終不言惠。（南朝宋．范曄：《後漢書》卷一百十一、獨行列傳第七十一）

【讀後】本篇重點有二：其一、膠漆篤交可詠，詩聖杜甫《贈王侍御契詩》曰：「莫令膠漆地，萬古重雷陳。」另唐代詩人黃滔《二月二日宴中貽同年封先輩渭詩》云：「同戴大恩何處報？永言交道契雷陳。」其二是行善不欲人知，這是陰德，請看《淮南子．人間訓》說：「有陰德者必有陽報，有陰行者必有昭名。」唐代羅隱《寄大理徐郎中詩》：「事雖忘顯報，理合有陰功。」值得欽佩。

一五〇　張范死生交

東漢范式，字巨卿，山陽人（舊郡名，在今山東省）。年少時，入太學（漢代創太學，立五經博士，以培植人才），和汝南（舊郡名，在河南省）張劭，字元伯，是同窗共硯的太學生，兩人結爲好友。

學業結束，彼此分別各歸故里。范式對張劭說：「兩年之後，我會再來相見，那時當拜訪你家，晉見長輩，也看看你的兒子。」於是約定日期後，互相道別。

約期快要到臨之前，張劭把詳情稟告母親，請她準備酒菜，等候范式駕到。

母親有疑，問道：「就時間來說，你們分別已兩年多，很久了。就空間來說，山東河南相隔千餘里，很遠了。單憑當時口頭上說說要見面，你哪能相信會有這麼確定呢？」

張劭說：「我那好友范式，是個極重信守的君子，說過的諾言，一定不會違誤。」

母親回道：「既然這樣，那我就釀幾罈釀酒，好好來款待這位遠客吧！」

到了約定的那一天，范式果然如期趕到。進入大廳，拜見張劭的慈母。張家宰雞溫酒，以時蔬佳糝宴客（因稱雞黍之約），極盡歡娛，久久才別。

後來，張劭患了重病，情況危殆。臨終時，還念念不忘地說：「恨不能見到我的死友范巨卿。」不久就嚥氣了。

這時范式已在山東任功曹之官。他在夜裡得了一夢，夢見張劭來訪，告訴他說：「我已於某日死了，會在某日下葬，你能趕上我的葬禮嗎？」范式醒來，異常悲慟，急忙由山東趕往河南張劭家。而送葬行列，當天早已離家上路，到了墓地，將要下棺入穴了。這時棺柩忽然變得沉重異常，扛抬不起來，無法移動。他母親撫著棺蓋說道：「元伯呀。你是不是還在等待著甚麼未了的心願吧？」於是大家暫且歇息一下。

不多一會，只見遠遠地奔來一輛由白馬拉著的素車，有人號哭馳來。他母親說：「這必定是范巨卿來了！」

范式急步趕到柩前，叩拜行禮，哀聲訴道：

「千里託夢，急來送君。

元伯元伯，爲甚遽薨？

死生異路，泣血椎心。

傷哉別矣，靈尚相通（江淹《傷友人賦》有「張范通靈」之句）。」

隨同送葬的近千人，莫不齊同揮淚。范式親自執拂牽引，靈柩才又能移動。順利的入穴安葬了。

范式留住在墓地，直到修好了墓園，豎立了墓碑，種植了墓樹，才拜別離去。

【原文】范式，字巨卿，少遊太學，與張劭爲友。劭字元伯。二人並告歸鄉里。式謂元伯曰：「後二年，當還，將過拜尊親，見孺子焉。」乃共剋期日。後期方至，元伯具以告母，請設饌以候之。母曰：「二年之別，千里結言，爾何相信之審耶？」對曰：「巨卿信士，必不乖違。」母曰：「若然，當爲爾醞酒。」至其日，巨卿果到，升堂拜母，飲盡歡而別。後元伯疾篤，臨終曰：「恨不見我死友。」尋卒。式夢元白曰：「吾死，當以某日葬，子豈能相及？」式覺而悲，赴之，而喪已發，引至壙，將窆，而柩不肯進。其母撫之曰：「元伯，豈有望耶？」停柩移時，見有素車白馬，號哭而來。母曰：「必巨卿也。」既至，叩喪，言曰：「行矣元伯，死生異路，永從此辭。」會葬者千人，皆揮淚。式執拂引，柩乃前進。式留止塚次，修墳樹而後退。（宋・李昉《太平御覽》交友。又見范曄《後漢書》卷八十一，獨行、列傳第七十一，范式傳。又見：晉、干寶《搜神記》、卷十一）

【讀後】古來良友相交，有許多型範：①刎頸交：廉范與慶鴻，見《後漢書廉范傳》。②廉藺交，藺相如與廉頗。③總角交：孫策與周瑜。④忘年交：孔融（年已五十）與禰衡（年未二十）。⑤忘形交：韓愈與孟郊。⑥國士交：袁式與崔浩。⑦竹林交：山濤與嵇康、阮籍。⑧雲霞交：謝澹與范泰。⑨莫逆交：琴牢與子桑户、孟之反。⑩膠漆交：陳重與雷義。⑪布衣交：劉秀與嚴子陵。⑫心腹交：杜審言與蘇味道。⑬赴死交：杜伯與左儒。⑭捨生交：羊角哀與左伯桃。⑮知音交：伯牙與鍾子期。⑯知我交：管仲與鮑叔。⑰折梅交：陸凱與范曄。⑱醇醪交：程普與周瑜。⑲桃園交：劉備與關羽、張飛。⑳金石交：鄭樵與林霆《宋史儒林傳》。㉑異常交：劉湛與謝述《南史謝述傳》。㉒朱陳交：朱暉與陳揖《後漢書朱暉傳》。㉓終始交：盧藏用與陳子昂《唐書盧藏用傳》。㉔異代交：蕭允與延陵季子《南史蕭允傳》。㉕文字交：陸游與范成大《宋史陸游傳》。㉖彈冠交：盧倫與駱瑗。㉗耐久朋：魏元同與裴炎《舊唐書魏元同傳》。㉘放逸友：韋敻與梁曠。㉙奔走友：何顒與袁紹。㉚布衣友：秦昭王與平原君。㉛莫逆友：何點與張融。㉜忘年友：江總與張纘。以及㉝死生交：范式與張劭，即本篇范張交。凸顯出兩項至情：一是「信友」，雖可貴而不奇。二是「死友」，則哀慟而情篤。千年後之今日，猶欽其友誼之淳厚。

一五一　陳平不忘魏無知

漢代陳平（西元前？——前一七八），輔佐漢高祖劉邦，擊敗項羽，又獻計擒拿韓信，漢高祖賞功，與陳平剖符（封官時，把符節剖開成兩半，君臣各一，以爲信守），封陳平爲戶牖侯（陳平是陽武戶牖鄉人）。陳平辭謝說：「這事不是我的功勞呀！」

高祖問道：「我用你的計策，敗項羽，擒韓信，果然順利達成目的，不是你的功勞，那是誰的？」

陳平說：「若不是魏無知推薦我，我哪有機會在陛下帳前報效？」

漢高祖贊道：「你說的這宗理由，才眞是念舊而不忘本。」於是再賞賜魏無知。

按陳平投靠劉邦，乃是魏無知引薦的。劉邦任他爲都尉，但周勃灌嬰等人都說陳平的壞話，揭發他投奔多位主子，又收取別人的金錢。劉邦心疑，怪到魏無知。魏說：「我推介他，因他甚有才幹，又是個奇謀之士。今天假如有個完人，一生毫無缺點，但對爭取勝利無任何幫助，用他作甚？大王只須看陳平對國事是否有益？至於屢換主人，收受金錢，又何必計較呢？」

劉邦乘間再問陳平，說：「先生初事魏（投靠魏咎），不成，乃改去楚（依項羽），今天又從吾，是何因由？」

陳平說：「我當初想效忠魏王，因他不肯接受我的建議，因轉從項羽，項羽又只信任他的親舊，所以我才投靠於你。我遠道而來，需要路費，才有受金之事。今天你只要衡量我的建言如能滿意，那就採納，如認爲不佳，那我可以即時告辭，豈不就沒事了？」

劉邦覺得陳平確有才識，所談也算合理，疑心釋然了，升他爲護軍中尉，別人也不敢再說話。

【原文】高帝擒韓信，與功臣剖符，封陳平爲户牖侯。平辭曰：「此非臣之功也。」上曰：「吾用先生謀計，戰勝，非功而何？」平曰：「非魏無知，臣安得進？」上曰：「若子言，可謂不背本矣。」乃復賞魏無知。（漢，司馬遷：《史記》，卷五十六，陳丞相世家第二十六）

【讀後】要封侯了，一般人都會認爲自己功有應得，不必推辭，陳平獨曰：「非臣之功」，這是不自大，可佩。又於受封之頃，仍念及當初久遠的薦我之恩人，「非魏無知，臣安得進」，這是不忘本，可敬。

一五二　張弼拒見李大亮

唐代有位李大亮（五八六—六四四），涇陽人，文才武略都高，品德也好。李密作亂時（擁兵數萬稱王，敗於王世充），大亮被集體擒捉，將要一齊斬首。幸而執行官李密的部將張弼見他英爽而無辜，就乘間放他逃走，活命之情，無時或忘。

唐太宗（李世民，五九八—六四九）貞觀四年間，李大亮官拜劍南道巡省大使，又升右衛大將軍，封武陽公。在朝中立身正直，一生忠謹。

他每天想到張弼是大恩人，如今我已是貴人了，應該回報才是。但張弼隱匿不見，大亮訪求不到。忽然有一天，碰巧在路上撞見了。大亮抓著張弼雙手，感動得流下淚來，要把全部家財，奉送給張弼。但張弼也是條硬漢，堅拒不肯接受。

李大亮找到機會稟奏唐太宗說：「微臣我之能夠效忠陛下，乃是原先張弼救了我這條小命，才有今日。微臣願意將我的官職爵位，全都讓給他，我才心安。」唐太宗便另外任命張弼為中郎將。

當時百官都敬佩李大亮能多方酬恩，也贊譽張弼能謙讓不受報償。

【原文】李大亮，有文武才略。李密作亂，大亮被擒，將予斬首。李密部將張弼釋之。貞觀八年，大亮官拜右衛大將軍。嘗以張弼脱其死，及貴，念有以報之。弼匿不見，大亮求之不能得。一日，遇諸塗，持弼泣，欲悉推家財予之，弼拒不受。李乃言於帝曰：「臣及事陛下，張弼之恩也。願悉以臣之官爵授之。」帝任弼爲中郎將。世皆賢大亮能報，而多弼不自伐也。（宋、歐陽修：《新唐書》、卷九十九、列傳第二十四）

【讀後】明代朱柏廬《治家格言》說：「施人愼勿念，受施愼勿忘。」有人施恩於我，我一刻也不可忘記，這便是李大亮，我施恩於別人，我就必須忘記，這便是張弼。兩人都是君子，兩人都是模範。相互彰顯，青史留芳。又先儒陳白沙《五倫箴．朋友》曰：「損友退而遠，益友進而親；結交擇德義，豈論富與貧？君子淡如水，歲久情愈眞。小人甜似蜜，轉眼變仇人。」說得極爲貼切。

一五三　管幼安割席

三國時代，有位管寧，字幼安（一五八—二四一），自少小就好學不倦，與華歆、字子魚（一五七—二三一）在一起唸書。兩人同排並座，共一坐席。

有一天，門外大道上，有位貴官，乘坐高軒駟馬，後隨護駕儀仗衆多，前頭還有開路的馬隊作先導，喧嘩熱鬧的經過學塾門口，管寧專注唸書，華歆慾心浮動了，丟下書本，逕自跑出門外觀看。

車隊過去好久了，華歆仍在回味，只覺得那大官的確了不起，威嚴顯赫，十分嚮往，大丈夫應該如是。良久才回到唸書的坐位上來，久久還不想去翻閱書本。

管寧瞧見了，就手拿刀子，把坐席割斷分開，一人一半，兩人分坐，對華歆說：「你愛慕榮華，不是我想象中的良友，我們分坐吧！」

【原文】漢、管寧，與華歆同席肄業。有乘軒過門者，寧讀如故，歆廢書往觀。寧遂割席分坐，曰：「子非吾友也。」（南朝、宋、劉義慶《世說新語》、德行第一。又見：《三國志》魏志、卷十一）

【讀後】華歆稟性慕虛榮，非端士也。他後來弑殺漢獻帝之伏皇后，時人鄙之。

一五四　宋季雅買鄰

（一）與呂僧珍為鄰

南北朝時代的粱朝，有位宋季雅，自南康（今江西贛縣西南）辭官回到京都，買了一棟住宅，位於呂僧珍家的旁邊，兩家成了鄰居好友。

那呂僧珍，字元瑜，南粱開國之君粱武帝（公元五〇二年即位，名蕭衍）十分信任他，命為輔國將軍，視為心腹，出入臥室內，宣通旨意，是位重臣。

呂僧珍問宋季雅：「你購此宅，買價多少？」

宋季雅答道：「一千一百萬！」

呂僧珍怪他買太貴了。宋季雅含笑婉釋道：「我只花一百萬買這棟住宅，另給一千萬買到好鄰居。」

（二）買屋要近司馬家

宋代進士出身的閻詢仁前往京都，在相國寺遇見一位少年，乃是王安石（一〇二一—

一〇八六）的公子主雱，字元澤（此時元澤已是進士）。閻詢仁問他道：「令尊王公安石，官任中書舍人，爲何好久不來京師了？」

王元澤答道：「家父不多幾日就會到的。他命我先來首都，尋覓一座合適的住宅，以便安頓全家。」

閻說：「令尊要來住，誰家不願出賃房舍？何須預行花時間尋訪？」

王元澤解釋道：「家父的心意，不是隨便找個地方安頓。他有心要尋覓到與那端正的司馬光（一〇一九—一〇八六）家相鄰近的住宅才合意。家父每次都言：『選擇鄰居，必須靠近司馬光家。這位司馬大人，事事可以作爲他人的模範。』要讓我家的兒輩們，隨時都有機會觀摩仿效也。」

【原文一】南北朝・梁。宋季雅，罷南康，市宅，居呂僧珍宅側。僧珍問宅價？宋答曰：「一千一百萬。」呂怪其貴。答曰：「一百萬買宅，一千萬買鄰。」（唐、李延壽《南史》卷五十六、列傳第四十八。又見：唐、李垕《南北朝續世說》卷二、言語。又見：明、蕭良友《龍文鞭影》卷二「季雅買鄰」條）

【原文二】閻詢仁赴京，遇少年於相國寺，乃王安石之子王雱字元澤也。詢仁問：「令尊何久不至？」答曰：「不久即來。雱先來京尋宅。」詢仁云：「令尊來，誰不願賃宅？何必預尋？」元澤答：「大人之意，須與司馬光宅相近者。大人每言：『擇鄰必須近司馬光。此人事事可法，欲令兒輩有所觀效焉』。」（宋、王

錏《默默記》卷下）

【原文三】孟子之母，稱孟母，姓仉氏。孟子幼時，喜嬉戲，或仿爲墓間築埋，或倣爲賈人衒賣之事。孟母乃三遷其居，至學宮之旁，遂居焉。孟子勤學，後爲亞聖。（漢、劉向：《列女傳》、母儀、孟軻母）

【讀後】《左傳·昭三年》曰：「非宅是卜，唯鄰是卜。」《荀子·勸學篇》說：「君子居必擇鄰，遊必就士。」白居易《與元八卜鄰贈詩》云：「每因暫出猶思伴，豈得安居不擇鄰？」俗諺也有「遠親不如近鄰」的銘言，蓋好宅易求，而好鄰難覓也。鄰居緩急可通，休戚相助。宋季雅以十倍於購屋之價買好鄰，王安石決意要與司馬光爲鄰，以及孟母三遷擇鄰，同爲吾人之良範。

一五五　山濤阮籍竹林友

晉代山濤（二〇五—二八三），字巨源，河內人（今河南省武陟縣）。晉武帝時，官任吏部尙書。他廣泛提拔人才，且各別加以品題評論，寫成奏啓，呈給晉武帝御覽，當時人稱道此舉爲「山公啓事」，見《晉書》山濤傳。《隋書．經籍志》總集有「山公啓事」三卷，已佚。《說郛》收「山公啓事」一卷。

山濤自少即器局高偉，不同於平常人。又喜好老子莊子，與嵇康（二二三—二六二，字叔夜，官中散大夫）是好友。後又結識阮籍（二一〇—二六三），字嗣宗，是位思想家，文學家，官任參軍。後因天下多故，便不過問國事，以免受到牽累。

山濤與阮籍、嵇康，劉伶、阮咸、向秀、王戎，相率交遊，常集會於竹林之下，因而稱爲「竹林七友」。後來就以竹林友來比喩親密的友朋之誼。

【原文】山濤，少有器量，介然不群。性好老莊，與嵇康善。後遇阮籍，便爲竹林之友。（唐．房玄齡《晉書》山濤傳）

【另文一】竹林七賢—陳留阮籍、譙國嵇康、河內山濤，三人年皆相比。又沛國劉伶、陳留阮咸、河內向秀、瑯邪王戎，七人常集於竹林之下，肆意酣暢。世謂

「竹林七賢」。（南朝宋・劉義慶《世說新語》任誕第二十三）

【另文二】 阮籍能爲青白眼——阮籍，字嗣宗，嗜酒，能嘯，善彈琴。又能爲青白眼。見俗士，以白眼對之。及稽喜來，阮籍作白眼，嵇喜不懌而退，喜弟嵇康聞之，乃齎酒挾琴造焉。阮籍大悅，乃見青眼（唐・房玄齡：《晉書》、阮籍傳）

【讀後】 李商隱《贈宇文中丞詩》云：「人間只有嵇延祖，最望『山公啓事』來」。前句指嵇康兒子嵇紹，字延祖，《正氣歌》「爲嵇侍中血」就是他。後句指山濤薦舉人才。又房玄齡《晉書、王戎傳》說「王戎目山濤爲璞玉渾金，人莫知其器量。」又稽康善鼓琴，臨死時歎曰：「廣陵散（曲調名）從此絕矣。」又房玄齡另說：「阮籍能爲青白眼。見俗士，以白眼對之；見端士，大悅，乃見青眼。」各顯至情至性。

一五六　袁式崔浩國士交

南北朝時代，北朝有個北魏，又稱後魏，以別於三國時代由曹操兒子曹丕建立的曹魏。這北魏因係拓跋珪創立的，故也叫拓跋魏，後來把拓跋的姓改爲元姓，故又叫元魏。國勢很盛。

北魏有個袁式，字季祖，陽夏人（屬今河南省）。他一生謹守法度，品節高潔，時人都敬重他，因此歿後乃諡爲「肅」。

同朝另有一位官任司徒的崔浩（公元？——四五〇），字伯淵，博通經史百家，對朝廷軍國大計，多有參議。以上二人，在《後魏》正史中，都各別立有傳記。

袁式與崔浩兩人，一見面便彼此愛慕，傾心結納，成爲「國士之交」。那時節，一切朝儀典章，都出於崔浩之手，由他來撰擬製定。但崔浩認爲袁式對古往政事，全很通博，每當起草儀程典則時，經常向袁式請益。兩人友情，十分篤厚。

【原文】後魏袁式，陽夏人，字季祖。與司徒崔浩一見面，便成國士之交。崔浩以袁式博於故事，每有草創，恒顧訪之。式謹守法度，不失士節，時人敬之，卒諡肅。（北齊・魏收《後魏書》袁式傳）

【另文】豫讓國士交——豫讓、初事范中行氏，去而事智伯，甚見尊寵。趙襄子殺智伯，豫讓遁逃入山，曰：「士爲知己者死，吾當報智氏之仇。」乃變姓名，又漆身爲癩，滅鬚去眉，以變其容，欲刺殺趙襄子。事敗，被擒。趙襄子責之曰：「汝曾經奉事范中行氏，智伯滅了范中行氏，汝不爲中行氏報仇，何也？」豫讓曰：「范中行氏以衆人視臣，臣故以衆人報之。智伯以『國士』視臣，臣故以『國士』報之。且臣聞明主不掩人之義，願請君之官服而擊之，以致報仇之意。」襄子欽其義，命使者持衣與之。豫讓拔劍三躍，呼天擊之，曰：「吾可以報智伯矣。」遂伏劍而死。（漢、劉向《戰國策》趙策一、「晉畢陽」條。又見：《史記》卷八十六、刺客列傳第二十六）

【讀後】《戰國策。趙策一》說：「智伯以國士遇臣，臣故國士報之。」何謂國士？凡是一國之中才智出衆受人推崇的人叫國士。也就是全國敬仰的人士稱爲國士。袁崔二位，當之無愧。

一五七　荀巨伯友病願替死

荀巨伯？何許人也？他把友誼看得比性命還重要嗎？

東漢桓帝時期，匈奴鮮卑羌人相繼入侵，局勢很不安定。許州人荀巨伯，到遠地去探望好友的疾病。剛一見面，恰巧北方的胡賊攻掠到了城下，情況很急迫了。

友人對荀巨伯說：「胡賊就要入城了。我有重病，不克逃生，死掉也就認命了。你的前程遠大，不必枉送性命，趕快避走，才是上策。」

巨伯答道：「我從遠地專程來看你，你要我馬上逃走，這種敗壞義氣，委棄友誼，只求苟全自己性命的行爲，豈是我荀巨伯所該做的嗎？我決不離此一步。」

這群胡賊，攻破城來，搜劫民家，竟然發現荀巨伯仍在，粗聲喝道：「我們大軍來到，全郡的居民都逃光了，你是甚麼人？有膽子還敢留在這裡？」

巨伯也抗聲回應道：「我朋友害了重病，我不能丟下不顧。今天你們來了，我情願犧牲自己，來替朋友抵命。你們要殺，就動手殺死我吧（原文只三句：「友人有疾，不忍委之，寧以我身代友人命。」）！」

這群胡賊，初時愕然，一會兒卻大受感動，交相訴說道：「我等這幫無義之人，今天進入了有義之國，遇到這位重義之士，說出了這番大義的話。我們感到慚愧，算了，出城去吧！」

胡賊的目的只在劫財，不是佔地，就彼此吆喝著一齊退出城外走了。整個城郡竟因而得到保全。

【原文】荀巨伯遠看友人疾。值胡賊攻郡，友人語巨伯曰：「吾今死矣，子可速去。」巨伯曰：「遠來視疾，子令吾去，敗義以求生，豈荀巨伯所行耶？」賊既至，謂巨伯曰：「大軍至，一郡盡空，汝何男子，而敢獨止？」巨伯曰：「友人有疾，不忍委之，寧以我身代友人命。」賊相謂曰：「我輩無義之人，而入有義之國。」遂班軍而還，一郡並獲全。（南朝、宋、劉義慶：《世說新語》、德行第一。又見：明、蕭良友：《龍文鞭影》、卷一、「巨伯高誼」條）

【讀後】友人有疾，寧以身代；大義凜然，寇賊咸贊。偉哉巨伯，立此良範；史筆特記，留芬千載。

一五八　郭道卿弟弱代求生

元代有位郭道卿，弟弟叫郭佐卿，世代都是莆田人（屬福建省）。他族上的四世祖叫郭義重（宋史叫郭義，元史叫郭義重），篤於孝道，死後鄉里間爲郭義重建了孝子祠來表彰，春秋兩季都有享祭。

到元代至元初年（元世祖忽必烈的年號，自一二六四年始），福建罪盜猖獗，進犯到了莆田縣。住民紛紛流竄逃避。唯有郭道卿與他胞弟郭佐卿仍然留守在孝子祠裡，不忍心棄家逃離，雙雙被匪盜捉住了。

強盜們要殺掉郭佐卿，兄長郭道卿哭著乞求說：「我有兒子，已長大成人了。我弟弟身體瘦弱，兒子幼小，請讓我代替他受死好了。」

弟弟郭佐卿也哭訴爭著說道：「我們家裡大小諸事，都依仗哥哥掌控處理，少了他全都不行。要殺就請殺我好吧！」

這時，哥哥郭道卿，固執地一直把頭頸伸出，請求用大刀先砍他自己。

強盜們互相看著，心腸也軟了，說道：「你倆人確是孝門兄弟，如此相愛，我們都深受感動，哪可忍心再加害你們？」索性丟下也們二人，都出祠走了。

【原文】元代郭道卿，興化莆田人。四世祖義重至孝，鄉里建爲孝子祠。至元初，閩盜起，居民竄匿。道卿與弟佐卿獨守孝子祠，不忍去，遂俱被執。盜將殺佐卿，道卿泣告曰：「吾有兒已長，弟弱，子幼，請代弟死。」佐卿亦泣告曰：「吾家諸事，賴兄以理，請殺我。」道卿固引頸請刃。盜相顧曰：「汝孝門兄弟若此，吾何忍害？」兩釋之。（明、宋濂：《元史》卷一百九十七、列傳第八十四）

【讀後】兄弟篤敬，爭相替死；
群盜感動，留芳青史。

一五九　徐晦敢送楊臨賀

唐代徐晦（七六〇—八三八），與楊憑（字虛受，一字嗣仁）相友善。御史中丞李夷簡（字易之）彈劾楊憑（任官京兆尹），楊被貶職爲臨賀尉（臨賀是地名，屬廣西省，偏遠地區）。朝中百官，以及楊憑的親戚朋友，無人敢於送行，獨有徐晦，親到藍田（在長安之東），候見楊憑，餞行話別。

回長安後，以前的宰相權德輿（七五九—八一八）原與楊憑是深交，卻告誡徐晦說：「你膽敢去餞送楊憑，感情已甚篤厚了，但你不怕牽累到自身受害嗎？」

徐晦回答道：「我自庶民時起就認識楊公，承蒙他一直賞識我、愛護我、獎勵我、提攜我。今天他被謫貶遠方，我怎可不來相送話別？」權德輿贊服他的眞誠懇摯，在朝中大加稱道。

隔不多久，那彈劾楊憑的李夷簡薦舉徐晦爲監察官。徐晦稱謝道：「我平生未曾向你李公效勞，也沒有登門造府謁見拜候，爲甚麼李公你會見信於我而逕予獎拔？」

李夷簡笑答道：「聽說你徐大人親候於藍田送別楊大人。你不肯辜負楊臨賀，哪會辜負國家呢？」

【原文】 徐晦，進士擢第。數度陞遷，皆自楊憑所薦。及楊憑得罪，貶臨賀尉，友朋無敢送者。獨晦至藍田，與憑言別。時故相權德輿與憑交分最深，因謂晦曰：「今日送臨賀，誠爲厚矣，無乃爲累乎？」晦曰：「晦自布衣，受楊公之眷，爭忍無言而別？」德輿嘉其眞懇，大稱之於朝。不數日，御史中丞李夷簡請爲監察。晦曰：「生平不踐公門，公何取信而見獎拔？」夷簡曰：「聞君送楊臨賀，不顧犯難，肯負國乎？」（五代、後晉、劉昫：《舊唐書》、卷一百六十五、列傳第一百一十五）

【讀後】 官職是暫時的，靠不住的。交情卻是永久的、篤實的。不要爲了暫時的而犧牲永久的。了不起砸掉了那個爛官銜，仍可另圖發展，天無絕人之路，大概不致於生計斷滅，完全活不下去吧？

一六〇 王質餞別范希文

北宋時代的范仲淹（九八九—一〇五二），字希文。他撰寫的《岳陽樓記》宏文，已收入《古文觀止》，其中「先天下之憂而憂，後天下之樂而樂」名句，至今傳誦不衰。

范仲淹在宋仁宗時，官任吏部員外郎，兼理開封府尹。由於政治觀念不同，開罪了宰相呂夷簡（九七八—一〇四三）。呂借故把范仲淹降官貶職，調往饒州（要從河南省的開封府，遠徙到今江西省的鄱陽縣）。同朝的衆官及朋友，都不敢惹麻煩前去送行。獨有那王質（一〇〇一—一〇四五），正在病中，他卻扶著病軀，備辦酒餚，在首都出關之處（北宋首都在開封），殷殷餞送范仲淹。

事畢回來，有朋友也是朝臣，一面點醒一面責怪王質說：「別的人都推託躲著，就怕惹禍上身，你卻好大的膽，親去餞送范夫子。爲甚麼要自動顯得你是沾在范大人的同一邊，你不怕由於結爲『朋黨』而遭到誣陷，將來怎能受得了？」

王質慨然回應道：「范大人是天下大賢，行事剛正，極有氣節，中外一同崇仰（西夏人不敢侵犯中原，相戒說：范公胸中有數萬甲兵）。我哪能與他比肩並列？不過，假如我有幸，竟然能歸類爲范公的同黨，那眞是我的榮幸，哪會猶豫躲藏呢？」

【原文一】范希文貶饒州，舉朝莫敢相送，王質獨扶病餞于國門。大臣讓之曰：「君何自陷朋黨？」質曰：「范公天下賢者，質何敢望之？若得為范公黨人，公之賜質厚矣。」（明、蕭良友：《龍文鞭影》、初集、卷下、「質願親賢」條。又見：宋、王闢之：《澠水燕談錄》「范文正公」條）

【原文二】王質，字子野，進士及第。范公仲淹遠貶饒州，治朋黨方急。質獨載酒往餞。或以誚質。質曰：「范公賢者，得為之黨，幸矣。」世以此益賢之。（元、托克托：《宋史》、卷二六九、列傳第二十八）

【讀後】按宋代有兩位同姓名的王質，一字子野，宋仁宗時人。另一位字景文，宋高宗時人，《宋史》中都分別有傳記。本論所述，乃是子野王質之事。申言之，好友貶赴遠方，竟然無人敢去送行，要這些勢利之朋作甚？王質倒是忠誠爽直，他當然知道「結黨」的弊害，卻仍甘願惹禍，絕不放棄道義，值得在史書上留名。

一六一　李勣煮粥燎鬚燒鬍

唐代李勣（音積，五九四——六六九），字懋功。原本姓徐，叫徐世勣。唐太宗（五九八——六四九）因他立了大功，賜他姓李，又因唐太宗叫李世民，要避諱（與孔子或皇帝同名時，就須換字或刪字叫避諱），乃去掉世字，單名李勣。後來官陞丞相，封英國公。

他純誠友愛，老姐姐病在牀上，李勣親手煮粥，親自餵她。那時代，用的是瓦罐，燒的是柴灶，必須守在灶旁，隨時照顧粥水少了沒有？薪柴添了沒有？爐火旺了沒有？李勣年歲大了，動作有欠靈光，熬粥又不內行，添柴用嘴唇吹火時，一個不小心，把長長的鬍鬚燒著了。

老姐姐看到了，很不忍心，說：「算了，好啦！丫鬟女僕那麼多，偏要自己來煮，這是何苦？瞧你這把年紀，笨手笨腳的，連鬍子都燒焦了，不要弄了吧！」

李勣道：「我知道丫鬟灶婢，都可使喚，但我仍想親自動手，煮進濃濃的愛心。只是，姐姐常有病，我又年老了，以後即使想幫你煮粥，還能煮幾回呢？」

【原文】李勣，字懋功。本姓徐氏，唐太宗賜姓李。性情友愛，其姊病，勣自爲煮粥而燎其鬚。姊戒止。曰：「僕妾多矣，何必乃爾？」答曰：「豈爲無人耶？姊多疾，而勣且老，雖欲數進粥，尚幾何哉？」（宋・歐陽修：《新唐書》卷九十三、列傳第十八。又見：明、鄭瑄《昨非庵日纂》敦本第四「李勣貴爲僕射」條。又見：明、蕭良友：《龍文鞭影》卷一「李勣焚鬚」條）

【另文】剪下鬍鬚作藥——李勣，從唐太宗征伐，平竇建德，俘王世充，破劉黑闥，討徐圓朗。勣既忠力，帝謂可託大事。嘗暴疾，醫曰：「用鬚灰可治。」太宗乃自剪鬚以和藥。及勣愈，入謝，頓首流血。後留宴，帝曰：「朕思託幼孤，無易公者。公昔不遺棄李密，豈負朕哉？」勣感涕，因噬指流血。俄大醉，帝親解衣覆之。（宋、歐陽修《新唐書》卷九十三、列傳第十八）

【讀後】粥豈無人煮？鬚燒有姊呵。
衰年嗟日少，侍疾哪嫌多！

一六二　鮑超訣友披麻戴孝

樊噲曾爲屠狗輩，衛青原是牧羊奴，英雄莫怕微時賤，白屋常能出相侯。

本篇介紹一位粗人，名叫鮑超，由挑水夫而官拜九門提督（在清代，這是漢人武職的最高等級）。他情深誼厚，千里迢迢，遠探知友。

那鮑超（一八二八—一八八六），字春霆，他統率的部隊旗號就叫「霆軍」。四川奉節人。沒唸過書，出身低卑，當初只是個挑水伕。但他天生猛健，肯武有力，乃投身軍旅，剿太平天國。帶兵十多年，參戰七百餘次，戰無不勝，卒謚忠壯。他之能揚名封爵，乃由於胡林翼大力的信賞薦引。

那胡林翼（一八一二—一八六一），號潤之，湖南益陽人。因攻克武昌有功，官任湖北巡撫。與曾國藩、左宗棠、彭玉麟併稱曾左彭胡，卒謚文忠。

清咸豐十一年（一八六一）八月廿六日，胡林翼死前數日，霆軍與太平天國大軍劇戰正酣，鮑超在江西省德安縣馬回嶺前線，和太平軍的英王陳玉成的勁旅反覆鏖兵、難解難分之際，鮑超在軍營中忽得消息，訊報自湖北傳來，說是胡巡撫重病，性命危在旦夕。

鮑超急於要趕去探病，但必須先行殺退陳玉成，令其重創，無力反撲，才可乘暇探視胡巡撫的病況。因即施展全力，集中戰火，經三天三夜之猛攻直搗，殺得陳玉成棄甲曳兵而逃，竄退到浮梁縣，鄰近安徽省，潰不成軍，衰弱到沒有回攻之力了。

鮑超立即單身便服，扮成商民模樣，連夜穿過敵人戒嚴地域，越過沿著長江層層的封鎖防線，歷經贛北鄂東，潛行幾乎千里，晝夜不停，趕抵湖北巡撫衙門的武昌市，直奔巡撫胡林翼的病牀前，問安視疾。乃因鮑超自知當初若不是胡林翼的慧眼提拔，哪有今日？此情此誼，難以還報。

胡林翼卻認為鮑超未經請假，擅離前線之不該，當面斥責鮑超：「你應以國事為重。友誼私交，非關緊要。因私廢公，尤為不可！」

鮑超把身體撲投到胡林翼懷中，放聲哭道：「鮑超冒萬死而來，祇想見您一面。即令處斬，也無遺憾！」兩人互相擁抱撫慰，泣不成聲。蓋雙方都知死生之交，僅此一晤，後會無期了。

鮑超跪伏牀前，叩首盡禮，無奈沒法久留，只得灑淚告別，含悲離去。

胡林翼死後，鮑超為酬答知友之恩，率所部披麻戴孝，為期長達百日。君子之交，可欽可敬。

【原文】摘錄自：鄒覺氏：《胡林翼識鮑超》。文詞略同，免予抄錄。

【讀後】胡林翼之於鮑超，誼重情深。鮑超之於胡林翼，感恩圖報。死前相見，千里不憚其遙。一晤永別，觸犯罪罰甘願。諸君請看：鮑超雖是粗人，其樸厚之赤心，洵可敬也。此篇閱後，能漠然無感者幾希。

一六三　季札贈劍掛墓

春秋時代，吳國由壽夢就王位，國勢益大，自稱吳王。他最小的兒子叫吳季札，封於延陵，故又稱延陵季子。有賢名，多次代表國家，訪問魯齊鄭晉等國，遍交當世賢士。

有一次，他訪問晉國，佩著寶劍，經過徐國（古小國名，舜帝時封給伯益後人，約在今安徽省泗縣之北）作禮貌停留。徐國國君，觀賞撫摩了他的寶劍，十分欣羨，雖沒有說甚麼，但顯出一股不勝喜愛的臉色。季札察覺到了，因爲負有到上邦晉國作外交特使的任務，寶劍是賓禮上必備的隨身配物，不能中途送人，但心中已有暗許之意了。

等到晉國事畢返來，徐君已死，葬了（從山西晉國，回江浙吳國，要經安徽徐國）。季子爲履行暗諾，仍將寶劍解下，要送給徐君的兒子，就是那繼位的少主。

季子的隨從官員提醒說：「此劍是我國的國寶，不要隨便送與他人嘛。」

季子回應道：「我原本也沒起意要送人的。上次我來訪時，徐君很愛悅這把寶劍，雖然口裏沒說，但神情顯得很喜歡。我因有使命在身，當時不克相送，但內心已經應允了。如今他雖逝世，我若不送給他，是欺騙我的良心。爲了愛惜寶劍而作僞欺心，潔身自好的人是不會這麼做的。」仍然將寶劍送給徐國少君。

少君說：「我先父生前並無遺命告知此事。寶劍是珍物，我不敢擅自接受。」

於是季子用緞帶將寶劍繫掛在徐君墳墓的大樹上，禱祝一番才離去。

此事徐國的人民傳開了，都十分欽佩季子的懿行美德。他們編了一首歌謠詠贊道：

「延陵的季子眞可敬呀，他沒有忘記以前的默許呀！解下他那價值千金的寶劍呀，贈掛在我們徐國國君的墓樹上呀！」

【原文】延陵季子西聘晉，帶寶劍以過徐君。徐君觀劍不言，而色欲之。延陵季子爲有上國之使，未獻也，然心許之矣。使晉返，則徐君已死。於是脫劍致之嗣君。從者止之曰：「此吳國之寶，非所以贈也。」季子曰：「吾非贈之也。先日吾來，徐君觀吾劍不言，而其色欲之。吾爲有上國之使，未獻也，雖然，吾心許之矣。今徐君已死，若余不進，是欺心也。愛劍僞心，廉者不爲也。」遂脫劍致之嗣君。嗣君曰：「先君無命，孤不敢受劍。」於是季子以劍繫徐君墓樹而去。徐人嘉而歌之曰：「延陵季子兮，不忘故；脫千金之劍兮，掛丘墓。」（漢・劉向《新序》節士章）

【另文一】季札之初，使北，過徐君。徐君好季札劍，口弗敢言。季札心知之，爲使上國，未獻。還至徐，徐君已死。於是乃解其寶劍，繫之徐君冢樹而去。從者諫止曰：「徐君已死，尚誰予乎？」季子曰：「不然。始吾心已許之，豈以死背吾心哉？」（漢・司馬遷《史記》卷三十一，吳太伯世家第一）

【另文二】季札、春秋吳王壽夢少子，有賢名，壽夢欲立之，辭不受，封於延陵（大約在今江蘇武進縣），因號延陵季子。歷聘上國，徧交當世賢士大夫。嘗聘魯觀周樂（前文說是去晉國，此處說是去魯國欣賞周代音樂）。過徐，徐君好季札劍，口不敢言，季札心知之，爲使上國，未獻。及還至徐，徐君已死，乃解劍繫徐君冢樹而去。（中華書局《辭海》上册。八六二頁。子部。「季札」條。又見：民國。臧勵龢《中國人名大辭典》五五七頁「季札」條）

【讀後】一諾千金，誠信之旨；愛物欺心，賢者不齒。
寶劍待贈，我前已許；千載以還，同欽季子。

一六四　伯牙破琴絕弦

春秋時代，有位善於鼓琴的高士，叫伯牙（姓伯名牙），跟琴師成連學琴，用功三年，盡得其妙，遂爲天下能手。而他的知音（深懂音律的高人），僅有好友鍾子期（春秋楚人）一位。

伯牙的琴藝已登妙境，鍾子期也精於鑒賞。當伯牙的琴聲弦意，蘊含著志在高山之音。鍾子期聽了，贊道：「你彈奏得眞好呀，高亢的琴音，就像那巍峨雄偉的泰山一樣，令人振奮。」

過了一陣，琴聲換彈別調，節奏也轉變了，隱然有志在流水之音。鍾子期聽了，又贊美道：「彈奏得眞好呀，豪放的琴音，就像那浩蕩奔流的長江一樣，令人舒暢。」

伯牙深知鍾子期有高度的聽琴辨音修養，唯有他在，才有鼓琴之樂。而鍾子期則覺得伯牙琴藝超絕，也唯有他那嫻雅的彈奏意境，才值得欣賞。

後來，鍾子期死了，伯牙鬱鬱寡歡，覺得世上再沒有知音的人了，便將古琴砸破，將琴弦絕斷，終生不再鼓琴，因爲沒有任何人值得他再來撥弄琴弦了。

【原文】伯牙鼓琴，鍾子期聽之。方鼓琴，而志在太山。鍾子期曰：「善哉乎鼓琴，巍巍乎若太山。」少選之間，而志在流水。鍾子期又曰：「善哉乎鼓琴，湯湯乎若流水。」鍾子期死，伯牙破琴絕弦，終身不復鼓琴，以爲世無足爲鼓琴者。

（秦・呂不韋・《呂氏春秋》、本味）

【另文一】聽琴知有殺心——漢代蔡邕，鄰人以酒食召之。比往，客有彈琴者。邕諦聽之，曰：「嘻，以樂召我而有殺心，何也？」遂離去。主人追問何故？琴者曰：「我鼓琴，見螳螂方在捕蟬，吾心聳然，此或有殺心而形於聲者。」主人歎曰：「邕之辨音，能力特佳也。」（明、蕭良友《龍文鞭影》二集、下卷、「蔡邕駭琴」條）

【另文二】聽琴知弦斷——漢、蔡邕女，名蔡琰。六歲。蔡邕彈琴，忽斷一弦。琰聞知，曰：「得毋第二弦乎？」邕曰：「然。」又故絕一弦以問之，琰曰：「第四弦。」邕曰：「汝特偶然猜中耳。」琰曰：「季札觀風，識四方興衰；師曠聞律，知南風不竟。由是言之，何云偶中？」邕乃歎服。（《龍文鞭影》二集、下卷、「蔡琰辨弦」條）

【另文三】文章好，勝過彈琴——唐代陳子昂，字伯玉，累官至右衛參軍。初入京時，未爲人賞識。有賣琴者，價百萬，豪貴傳觀，無人辨識。子昂以千緡購之。衆驚問。曰：「余善此樂，明旦即可宣揚。」里衆如期至。飲畢，子昂笑曰：「蜀人陳子昂，有文百篇，碌碌塵土，不爲人知。此琴此樂，賤工也，豈足留心？」舉琴碎之。以文章遍贈諸人，由是名重京師。（《龍文鞭影》初集、卷四、「子昂碎琴」條）

【另文四】大臣非以奏琴取悅——漢光武帝即位，宋弘爲大司空。弘薦桓譚，譚才學洽博，因官譚爲給事中。帝每讌，輒令桓鼓琴，宋弘聞之不悅，悔於薦舉。伺譚出休，弘著朝服，坐府廳上，遣吏召譚。譚至，不給座而責之曰：「吾所以薦汝者，欲令輔國以道德也，今乃屢進鄭聲，非忠正良臣也。能自改耶？將令相舉以法乎？」譚頓首，良久，乃遣去。（范曄《後漢書》卷五十六、列傳第十六。又見：魏徵《群書治要》卷二十三）

【另文五】尊官不可操琴——晉、齊王冏（音炯，即司馬景治）輔政，嵇紹官侍中，詣冏咨議政事。冏設座談會，召葛旟、董艾等共論事宜。旟等進言：「嵇侍中精於絲竹，可令操琴。」遂送琴來，嵇紹推卻不受。冏問曰：「今日共同爲歡，卿何卻耶？」紹答曰：「王爺協輔皇室，當令行事適法。紹雖官卑，職爲侍中。而操絲弄竹，乃樂工之事。不宜身著官服，爲伶人拉琴之行徑。然今既奉高命，不敢苟辭。當脫釋冠冕，換穿私服，此紹之一番心意也。」（宋、劉義慶《世說新語》方正第五，「齊王」條）

【讀後】境界若是太高，知音將會愈吝。伯牙流水高山，只有子期善聽。子期不幸死了，伯牙悲戚破琴。世上再也無人，可以同懂音韻。故宋玉陽春白雪之調，能相和者僅十數人而已。《孟子．盡心章》也說：「大匠不爲拙工改廢繩墨，后羿不爲拙射變其彀率。」高士每不願降低格調，此所以常感孤寂也。

反諷第七——記取負面教訓，供我警惕借鏡。

完全純走正路，準定還是不夠；好壞比對互看，才會識得通透。本章各篇諸例，也能啓發誡勵。因將反諷綴集，依序列爲第七。

一六五　劉項原都不讀書

漢高祖劉邦（前二五六—前一九五）他鄙視讀書人。客人有戴著儒冠來相見的，他有時會取下客人的帽子，就在帽中解小便，以示羞辱（見原文一）。

劉邦的父親，原先評論劉邦是個無賴漢（見原文二）。朝中有位大夫陸賈，時常在他面前談論詩書，劉邦惱了，罵道：「老子我騎馬打仗，一直在馬背上平定了天下，要那些勞什子詩書有何用處？」（見原文三）

同一時代的楚霸王項羽（前二三二—前二〇二），身長力壯，與劉邦爭天下失敗，在烏江自刎而死。他少時也不愛讀書（見原文四）。

由於劉項二人都認爲不必讀書，因此唐代章碣（錢塘人，進士出身。工於詩。《全唐詩》錄存其詩一卷）所作《焚書坑儒》詩中便評得很露骨：

竹帛煙銷帝業虛（竹帛指書籍，燒掉了，烟滅了，秦也亡了）
關河空鎖祖龍居（《史記、蘇秦傳》「東有關河」，指秦有函谷關及黃河衛護。又《史記・始皇本紀》「祖龍死」，祖龍指秦始皇）
坑灰未冷山東亂（焚書坑儒灰尚未寒，華山以東亂起亡國）
劉項原來不讀書（書儒都沒有了，料想就不敢也不可能造反了。哪知亡秦的劉邦項羽，原都是不愛讀書的人）

降至清代，詩人袁枚（一七一六—一七九八）在他撰的《隨園詩話》「卷十四、第二十二條目」中，也記有朱排山《咏始皇》詩句，寫得更爲坦率：

詩書何苦遭焚劫（詩經書經何辜，慘遭焚燬，成爲浩劫）
劉項都非識字人（哪能料到滅秦的劉邦項羽，都不是愛讀詩書的人啦）

又有咏史的斷句說：

焚書早種阿房火（秦始皇火燒百家書籍，哪知後來項羽也仿傚用火燒掉了阿房宮）
搜鐵還餘博浪錘（秦始皇搜集民間鐵器，鑄成巨大鐵人，天下無鐵了吧？豈料後來張良用鐵錘在博浪沙地方偷襲秦始皇）

但劉邦所謂「馬上得天下」之語，陸賈駁斥得極爲有理：「能夠在馬背上得到天下，難道也可能在馬背上治理好天下嗎？」應請三思。

【原文一】劉邦不好儒，諸客冠儒冠來者，沛公輒解其冠，溲溺其中。與人言，常大罵。酈生入，沛公方倨牀，使兩女子洗足，而見酈生。沛公罵曰：「豎儒」（按豎指僮僕，劉邦輕視，比爲奴豎，故稱豎儒）。酈生曰：「不宜倨見長者。」（《史記》卷九十七、列傳第三十七，酈生食其傳）

【原文二】未央宮成，劉邦奉玉卮，爲太上皇壽曰：「大人常以臣爲無賴，不治產業，不如仲力（比不上我的二哥）」。（《史記》卷八、高祖本紀第八）

【原文三】陸生賈，時時說稱詩書，劉邦罵曰：「廼公居馬上而得天下，安事詩書？」（《史記》卷九十七、列傳第三十七、陸賈傳）

【原文四】項籍（字項羽，名籍）少時，學書不成，項梁怒。項籍曰：「學書、足以記姓名而已，不足學。」（《史記》卷七、項羽本紀第七）

【讀後】宋、歐陽修《答聖俞》「多識由於廣讀書」。《宋書・沈攸之傳》「攸之歎曰：『蚤知窮達有命，恨不十年讀書』。」宋・蘇頌《書帙銘》「非學何立？非書何習？終以不倦，聖賢可及。」明・呂坤《呻吟語・問學》「讀書如晤良師，哪得無益」。我們身處今日知識爆炸時代，倘若不讀書求知，行見是白癡一個，恐怕連生存都難了。

一六六　夏洪往後均叛國

（一）宋代夏貴降元苟活僅四年

南宋末年，國力衰弱，元兵南侵，勢如破竹。南宋有位夏貴（一一九六—一二七九），官任淮西（即淮河上游之地，又稱淮右）邊防將帥，抵抗元軍。

夏貴心知弱不敵強，便於宋恭帝德祐丙子年（一二七六）降元。元朝沒有虧待他，任命為中書左丞。投降之時，他已滿七十九晉入八十歲了。祇過了三年多，到己卯年（一二七九）夏貴八十三歲，死了。

夏貴一生，享受了漢族宋朝的栽培和俸祿，到八十歲暮年，卻投降於蒙古族的元朝，祇偷活不到四年，許多人都罵他不該臨老變節，靦顏事仇。死後，有人送他打油詩一首，詩云：「自古誰無死，惜公遲四年；問公今日死，何似四年前？」

又有人到他墳上，題詩在墓碑挖苦他，詩曰：「享年八十三，何不七十九？嗚呼夏相公，萬代名不朽？」

（二）明朝洪承疇反滅明朝

到了明朝末葉，國勢也瀕危殆，內有流寇作亂，外有清兵犯邊。明思宗乃急召薊遼總督洪承疇（一五九二—一六六五，字亨九），統率明兵，在松山（即今遼寧錦州）抵抗滿清大軍，被圍困了六個月，糧斷援絕，兵敗，爲清軍俘虜了，押解到盛京（當時清的京城，即今遼寧瀋陽），囚禁管束。

清世祖順治皇帝，很想要洪承疇爲滿清效命，軟硬兼施，洗承疇終於降順清朝了。順治皇帝大喜，擺酒席，慶大功，唱百戲，賞賜無算。諸將官們多不悅服，順治帝說：「我們得到了一位好的嚮導，可以帶領我軍巡行南下，直搗明朝心臟，哪能不高興？」

洪投降後，爲清廷效力，帶領清兵入關，滅了明朝，官任七省經略。

在明清交戰期間，明朝禮部尚書黃道周（一五八五—一六四六）率兵抗清，也被俘爲囚。洪承疇去勸降。黃道周寫下一副對聯作爲表白，聯曰：「史冊流芳，雖未滅奴猶可法；洪恩浩蕩，未能報國反成仇。」上下聯分嵌史可法、洪承疇姓名。

【原文一】夏貴，爲淮西閫帥，德祐丙子降元，授中書左丞，時年八十矣。己卯薨。有人贈以詩云：「自古誰無死，惜公遲四年；問公今日死，何似四年前？」（語見：元代、撰者名闕《三朝野史》「至元丙子春」條。又見：宋・胡省三《資治通鑑胡注表微》、生死篇第十九）

【原文二】夏貴戎馬二十年，固宋末一勞臣。乃不能守其初志，正月宋亡，二月貴遂降。宋史因其降敵而不爲立傳，元史又以其無績可紀，亦不立傳。計其時，年已大耋，苟活亦祇四年。故歿後有人弔之曰：「享年八十三，何不七十九？嗚呼夏相公，萬代名不朽？」（清、趙翼：《廿二史箚記》、卷二十六、宋史）

【原文三】明莊烈帝徵洪承疇駐兵松山以拒清兵，承疇被圍六月，食盡被俘，送往盛京。承疇終乃降順於滿清。上大悅，置酒，陳百戲。諸將或不悅曰：「上何待承疇之重也？」上謂諸將曰：「吾今獲一導者，安得不樂？」（《清史》、洪承疇列傳）

【讀後】想要苟活四年，就屈膝投降，但臉面置於何處？能與他人坦然相對嗎？想要升官爲七省經略，就反過身來屠殺自己的同胞，怎能狠得下心，下得了手？能在晚上睡得安穩嗎？固然有句口頭禪說「好死不如賴活」，但活著總該有點尊嚴，也該對得起自己的良知。否則內咎神明，外慚清議，日子哪會好過？料想他倆當也活得窩囊，遺臭千古，宜乎受人唾棄也。

一六七　郭霸為魏元忠嚐糞

盧江人郭霸，在唐朝官任寧陵縣丞（故城在今河南省）。因他刻意奉承那女皇帝武則天（六二四—七〇五），武氏一高興，就調他到京都，升爲監察御史，掌糾察百僚之責，按理應是品德清高的正人君子。

那時魏元忠也在朝爲官，唐高宗時，任殿中侍御史，武則天皇帝時代，官平章事（代行宰相職），以後唐中宗時，任中書令，有如宰相。

有一陣子，魏元忠患了重病，臥床不能起身，大小解都在床上方便，用盂盆盛著。擺在床腳。

魏元忠是國之重臣，郭霸有心獻媚，特意親往探病。爲了諂諛討好，他竟然掀開盂盆蓋子，用手指頭掏出一點糞便，親口嚐了。

他滿心歡喜地說：「糞便可以判斷疾病好壞。如果味道甘甜，那就不好。如今我嚐了是苦的，表示病毒都隨著大便排洩出來，大人不久就會康復，不要緊了。」

郭霸存心獻佞，不怕穢臭，但動作過於下賤，魏元忠十分厭惡，見人就提起這樁醜事，大家都鄙夷不齒，譏訕郭霸是個「嚐糞御史」。

【原文】寧陵丞盧江郭霸，以諂諛干武后，拜監察御史。中丞魏元忠病，霸往問之，因嚐其糞，喜曰：「大凡糞甘則病可憂，今苦，無傷也。」元忠大惡之，遇人輒告。（五代・後晉・劉昫《舊唐書》、卷一百八十六、列傳第一百三十六。又見：宋、孔平仲《續世說》、卷十二、邪諂）

【另文】四其御史——郭霸，爲右臺御史。初、召見於武后則天之前，自陳忠鯁云：「往年征討徐敬業，臣願抽其筋，食其肉，飲其血，竭其髓。」則天悅，故時人號郭爲『四其御史』。」（後晉、劉昫《舊唐書》卷一百八十六、列傳第一百三十六上、酷吏上、郭霸）

【讀後】馬屁精何代沒有？

到如今更見高手；

但若你做得過分，

就會令別人作嘔。

一六八　丁謂替寇平仲拭鬚

宋代丁謂（九六二—一〇三三），字謂之，又字公言。出於丞相寇準（九六一—一〇二三，字平仲，封萊國公，謚忠愍）門下。由於寇準的提拔，擢升他在朝廷擔任參知政事高職。因此，丁謂對寇準奉事十分恭謹。

有一天，政務紛忙，兩人同在中書省的官署裡用午餐。寇準在飲湯時，不小心羹湯潑濺開來，把寇準的長鬚污染了。

丁謂見此情況，連忙起身，拿著錦巾，替寇準揩拭鬍鬚，以盡服侍之禮。

寇準腦筋沒有多加思索，只想湊一兩句趣話來尋開心，就不經意的笑著說道：「你這位丁參政，也該是國家的大臣，怎麼可以折節替長官來抹鬍子？」

丁謂聽了，大爲羞愧，從此心懷仇恨，對寇準傾扎構怨日深，終於把寇準自丞相位上罷官了。

【原文】丁謂，出準門，至參政，事準甚謹，嘗會食中書，羹污準鬚，謂起，徐拂之。準笑曰：「參政國之大臣，乃爲官長拂鬚耶？」謂甚愧之，由是傾構日深，排擠寇準罷相。（元、托克托：《宋史》、卷二八一）

【讀後】世間小人，品德敗壞，寇準失言，身受其害。

一六九　孔聖被幼童戲問

聖者通也。《書經、洪範・傳》說：「事無不通謂之聖。」又《白虎通義、聖人》說：「聖者，道無所不通，明無所不照。」因此我們特尊孔子爲聖人，清朝順治二年，定謚爲「大成至聖文宣先師孔子。」

孔子（公元前五五一—前四七九）既是至聖，當然無所不知；可是仍難免有偶然受窘的時候。《列子》書中便記述了一樁他老人家被幼童問倒的趣事：

孔子去東方遊歷，東方是太陽升起的方位。在途中，他見到兩個幼童正在路旁辯論，互不相讓。孔子也正想暫息，就停車下來，問他倆何事爭執？

甲童說：「我認爲太陽在早晨初升時離我們最近，而日中當午時最遠。」

乙童說：「我認爲正好和他相反。那太陽在早晨初升時離我們最遠，而日中當午時離我們最近。」

甲童說：「早晨太陽初升時，看它大似車輪，等到當午時，小得像個盤盂。這豈不是說看來大的距離近，而看來小的距離遠嗎？」

乙童說：「早晨太陽初升時感覺到它的溫度清涼，等到當午時，感覺到灼熱難當。這豈不是證明，感覺涼時的距離遠，而感覺熱時的距離近嗎？」

甲乙二童，一齊轉向孔子問道：「這位老夫子，你看來似乎滿腹經綸，應該甚麼都知道。請你評評看，我們誰對誰不對？」

孔子聽了，一時也難以決斷。

兩個幼童笑道：「人家都說你是飽學，無所不通。連這件小事都不能裁判，誰說你是個淵博的聖者呢？」

【原文】孔子東遊，見兩小兒辯鬥，問其故。甲兒曰：「我以爲日始出時去人近，而日中時遠也。」乙兒曰：「我以爲日初出遠，而日中時近也。」甲兒曰：「日初出，大如車輪；及日中，則小如盤盂，此不爲遠者小而近者大乎？」乙兒曰：「日初出，滄滄涼涼；及其日中，如探湯，此不爲近者熱而遠者涼乎？」孔子不能決也。兩小兒笑曰：「孰謂汝多智乎？」（周、列禦寇：《列子》湯問篇）

【讀後】昔賢的思想境界，太高邃了。列禦寇是春秋時代的學者，他藉著兩個幼童的對話，提出了這個疑團，未作解釋，讓大家去深度思考。究其實：甲童是視覺的角度因平視仰視而不同，乙童則是感覺的溫度因直射旁射而相異。但太陽只此一個，其本體的大小和一天之內對地球的遠近距離，都不會改變。我們欣賞到這篇妙談，不禁要對距今約二千四百年前之先哲先賢的超人智慧，萌生無限敬佩。

一七〇　孟子受閒士譏評

宋代李覯，字泰白，南城人。才學深邃，俊辨能文，舉茂才，被尊爲「盱江先生」。蘇東坡（一〇三六—一一〇一）極爲推重他。李覯喜歡喝酒，有人送他幾斗好酒，他自家也釀了美酒，但他不喜歡孟子。

有位閒翫士人，也嗜酒。聞知李覯家多有佳釀，便寫了好幾首譏評孟子的詩，專程登門拜訪，請他批評指教。其中有一首是：

「完廩捐階未可知（完廩與捐階，都是舜的弟弟謀害舜的多次陰謀，但此等事眞僞難辨。見《孟子》萬章上、如原文四），

孟軻深信亦還癡（孟子卻偏信而沒有疑惑，近乎癡矣）；

嶽翁方且爲天子（嶽翁就是岳父，舜的岳父是帝堯，貴爲天子），

女婿因何弟殺之（舜是天子的女婿，爲甚麼弟弟要多次謀殺他呢）？」

李覯見詩，十分喜賞，留下他喝酒談心，如此留連了許多天，把美酒喝完了才分手離去（見原文一）。

按戰國時代的孟子（約元前三七二—約元前二八九），名軻，字子輿，鄒國人。元朝至

順元年封爲「亞聖公」。他常引述故事，作義利之辨。因此，另外有位閒士不悅於他，也寫打油詩挑剔說：

「鄰家哪有許多雞（有人每天偷鄰家一隻雞，偷一年，見原文二）？
乞人哪有許多妻（一個齊國乞丐，家有一妻一妾，見原文三）？
當時尚有周天子（當那戰國時代，東周天子仍在），
何必喃喃獨向齊（爲何單獨一意偏向齊國呢）？」

此外東漢王充，撰《論衡》三十卷，其中也有「刺孟」一章（刺是譏刺，孟指孟子），挑出《孟子》書中「王何必曰利」「辭十萬而受萬」「燕可伐歟」「五百年必有王者興」等問題，逐項提出詰難。原文太長，恕未贅引。

【原文一】李覯，字泰伯，賢而有文。蘇子瞻諸公極推重之。唯不喜孟子。好飲酒，有人送酒數斗，泰伯家釀亦熟。一士人知其家富於酒，乃作詩數首譏罵孟子。其一云：「完廩捐階未可知，孟軻深信亦還癡；嶽翁方且爲天子，女婿爲何弟殺之？」李見詩大喜，留連數日，酒盡乃辭去。（宋、邢居實《拊掌錄》「李泰伯」條）

【原文二】今有人日攘其鄰之雞者。或告之曰：「是非君子之道。」曰：「請損之，月攘一雞，以待來年然後已。」如知其非義，斯速已矣，何待來年？（《孟子》滕文公下）

【原文三】齊人有一妻一妾而處室者。其良人出，則必饜酒肉而後反。其妻告其妾曰：「良人出，必饜酒肉而反，問其與飲食者，盡富貴也。而未嘗有顯者來。吾將瞯良人之所之也。」蚤起，施從良人之所之，徧國中無與立談者。卒之東郭墦間之祭者，乞其餘。不足，又顧而之他。此其爲饜足之道也。（《孟子》離婁下）

【原文四】父母使舜完廩，捐階，瞽瞍焚廩。使浚井，出，從而揜之。象曰：「謨蓋都君，咸我績。牛羊父母，倉廩父母。干戈朕，琴朕，弤朕，二嫂使治朕棲。」（《孟子》萬章上）

【讀後】任何百子書，誇述都難免；小病不須挑，才算識大體。

一七一　蘇軾說宋神宗有三太

北宋大文學家蘇軾（一〇三六—一一〇一），字子瞻，號東坡居士，四川眉山人。歷官翰林侍讀，兼長詩文書畫，是唐宋八大家之一。

有一次，宋神宗垂問他說：「現今的政令推行，定然會有得有失。朕想聽聽你的觀感如何？」

蘇軾坦誠地回奏道：「陛下即位以來，秉持著天縱英明，加上文武兼資，在治理國政方面，多有建樹。陛下臨朝聽政，不怕宣導不明確，不怕處事不勤勉，不怕政令不貫徹，這都是臣子們所敬仰的。不過，有時候陛下講求治績太急切，聽取申訴太匆促，晉任官吏也太快速，難免就忽略了深思熟慮的過程，忙中或許會有誤差的可能性，這或許是可以斟酌改善的小毛病罷？」

蘇軾提出了這三太的疏失，宋神宗聽了，心中瞿然有警，回示說：「蘇卿、你的忠言，朕會常加思考，力求改進，以臻於至善。」

【原文】宋神宗召蘇軾問曰：「方今政令，得失如何？」對曰：「陛下天縱文武，不患不明，不患不勤，不患不斷。但患求治太急，聽言太促，進人太銳。」帝悚然

曰：「卿三言，朕當熟思。」（明・蕭良友《龍文鞭影》二集・上卷・「三言蘇軾」條）

【另文一】國有三不祥——齊景公出獵，上山見虎，下澤見蛇，召晏子問之。晏子曰：「國有三不祥：有賢而不知。一不祥也。知而不用，二不祥也。用而不任，三不祥也。」（漢、劉向：《說苑》卷第一、君道）

【另文二】二勿一心——唐武宗問懿安皇后起居，請曰：「如何可爲盛明天子？」后曰：「勿拒直言，勿納偏言，以忠良爲腹心，若能行此三者，盛明天子也。」（清、允祿《子史精華》卷十六、帝王部、納諫）

【另文三】明主有三懼——英明之主者，有三懼：一曰處尊位而不聞其過。二曰得意而驕。三曰聞天下之至言而不能行。（《說苑》卷第一，君道。又見：《韓詩外傳》、第七）

【另文四】爲政有三：忠信敢——董安于問政於蹇老。蹇老曰：「曰忠、曰信、曰敢。有此三者，足矣。」（《說苑》卷第七、政理）

【讀後】蘇軾直諫，三患三太；
神宗寬泰，虛懷受戒。

一七二　李程入翰林院過八磚

唐代李程（七六一—八三七），字表臣，進士宏辭出身。唐德宗時（七八〇—八〇四），官任翰林學士。

這些翰林學士，每天進入翰林院官署上班，撰擬表疏制誥。學士們常常借看那太陽升起的光影，投射到院前廣場中央直通大門鋪在地面的第幾塊大石板花磚道，來測候到班時間的遲早。

李程生性疏懶，每天總是等到太陽影子移過了第八排石鋪地磚才姍姍而來，當時同仁們就戲稱他爲「八磚學士」。

【原文】李程，字表臣，擢進士宏辭，爲翰林學士。學士入署，常視日影爲候。程性懶，日過八磚乃至，時號「八磚學士」。（宋・歐陽修《新唐書》卷一百三十一，列傳第五十六）

【讀後】疏懶應是不好，但李程身爲翰林學士，其才華自有可取之處。本篇只摘述此一點，供作趣賞可也，毋以二卵而棄干城之將爲宜。

一七三　韓簡歪釋論語

唐代有位韓簡（西元？—八八三），憑武功升到節度使。他性格粗獷，從未接觸過經書史籍，因此每次與文士接談時，常會不懂得對方雅言雋語的話意，心中屢生愧疚。他倒是有心尋求補救，便聘來一位儒師，教他課業，講解經史，增進國學常識。不多幾天，老師講到《論語》的第二章《爲政》，其中有「三十而立」這句話，可能是老師講授得簡略，也可能是韓簡會錯了文意，自己認爲已經通曉，就馬虎過去了。第二天，韓簡對他的屬員轉述他的學習心得，昌言道：「我最近才了解古代人的體質疏鈍，年紀到了三十歲，才能夠站立起來行動。《論語》上就是這麼說的。」聞者絕倒。

【原文】節度使韓簡，性粗質。每對文士，不曉其說，心常恥之。乃召一孝廉，令講《論語》。及講至「爲政」篇。明日謂諸從事曰：「僕近知古人淳樸，年至三十，方能行立。」外有聞者，無不絕倒。（唐、高擇：《群居解頤》。又見：五代、孫光憲：《北夢瑣言》）

【讀後】韓簡頭腦太簡，人如其名。自己萌生誤解，尚以爲是獨悟的心得。蘊藏不言也就罷了，卻要宣揚於大眾。其不令人笑倒者幾希。

一七四　祿山亂詠櫻桃

唐代安祿山（？—七五七），胡人（北方民族）。唐玄宗時官節度使。天寶年間，舉兵反叛，陷長安，稱爲雄武皇帝，國號燕，後被殺，《新唐書》列入「逆臣傳」。

安祿山不學無文，但喜好作詩。有一次，他贈送櫻桃給兒子安慶緒，一時高興，就寫寄五句絕句一首，詩曰：「櫻桃一籃子，半紅又半黃，一半與懷王（安慶緒），一半與周贄。」有位近臣建議道：「皇上的詩，寫得很好。但如果把第三句和第四句對換一下，那韻腳就更會穩押了。」

安祿山怒道：「我兒子將來是皇帝的繼承人，怎麼能紊亂尊卑，擺在周贄的下面？」

【原文一】安祿山好作詩，以櫻桃與子慶緒，作詩云：「櫻桃一籃子，半紅復半黃，一半與懷王，一半與周贄。」臣子曰：「聖作誠妙，但如將末句與第三句倒換，于韻更會穩協。」祿山怒曰：「我兒豈可居周贄之下？」（明、蕭良友《龍文鞭影》、二集、上卷、「祿山咏桃」條）

【原文二】唐玄宗時，史思明造反。有一回，史思明寄櫻桃給兒子懷王史朝義，作詩曰：「櫻桃一籃子，半青一半黃，一半與懷王，一半與周贄。」有近臣說：「陛下若將第四句移到第三句上面，就更諧韻順口。」史思明大怒：「我兒子怎麼可以委屈在周贄之下？」（近代、林名峪：《歷代名流趣談》、唐朝名流、櫻桃詩）

【另文一】張獻忠尊奉梓潼帝君（神名，又稱梓童帝君，即張亞子，掌功名祿位。見《明史、禮志四》），張命翰林撰文祝頌，皆不稱意。乃自寫曰：「你姓張，咱老子也姓張，咱與你今日就連了宗吧。」（清、梁紹壬：《兩般秋雨盦隨筆》、「武人口吻」條）

【另文二】毛奇齡（明末清初人，好駁辯譏議）不喜蘇東坡詩。內閣中書兼纂修官汪攀麟不予苟同，問道：「蘇東坡有〈惠崇畫春江晚景〉詩云：「竹外桃花三兩枝，春江水暖鴨先知；蔞蒿滿地蘆芽短，正是河豚欲上時。」如此好詩，亦可云弗佳否？」毛奇齡拂然曰：「鵝也先知，如何只說鴨耶？」（清、汪景祺：《讀書堂西征隨筆》、詼諧之語）

【讀後】原文一及原文二，全是俚句，聊供笑談而已。查安慶緒封晉王，史朝義封爲懷王，似應以原文二爲眞，原文一訛了。至於在詩中找錯，請看〔另文二〕也該算是一例：毛奇齡說：春江水暖，鵝也先知。若依此推論，那末蚯蚓蝦蟆也當先知吧？這是在雞蛋裡挑骨頭，是不可取的。

一七五　列風淫雨誤寫別風淮雨

文字錯謬，要復原貌，這些掌故，也該知道。

（一）列風淫雨誤寫別風淮雨

列風淫雨是成語。列、今作烈，指強烈的風。淫者，過也甚也大也，指過多的雨。但如把列淫誤換爲別淮，就訛變爲別風淮雨了。

宋代文字學家劉勰（約四六五—五二一）撰《文心雕龍》「練字篇」說：《尚書大傳》中有「別風淮雨」之句，但《帝王世紀》則記爲「列風淫雨」。此別列淮淫四個字，似乎是暗中移換了。今若認眞來檢討一下：那淫（雨）列（風）二字，用來形容大雨和強風，意義是合宜而允當的。可是用淮（形容雨勢），用別（形容風勁）則不通於理。這可能是抄書時疏忽而筆誤了。

基於這一典故，後人便以「別風淮雨」來比喻書籍文字的訛謬。

【原文】至於經典隱曖，方冊紛綸，簡蠹帛裂，三寫易字。或以音訛，或以文變。《尚書大傳》有「別風淮雨」，《帝王世紀》云「列風淫雨」。別列淮淫，字似潛移。淫列義當而不奇，淮別理乖而新異。史之闕文，聖人所慎。若依義棄奇，則可與正文字矣。（宋、劉勰《文心雕龍》練字第三十九章）

（二）成邑錯爲咸危

清代文士陸麗京（陸圻，字麗京，一字景宣，號講山），錢塘人。清世祖順治年代貢生（秀才品學兼優者選拔稱爲貢生）。早歲即有詩名，爲西泠十子之冠。那西泠乃是杭州西湖上的橋名，那時有十位詩人結社作詩，稱爲西泠十子。見《西湖志・名賢三》，且編有《十子詩選》。

陸麗京讀書靈聰敏銳，每能發現書中誤寫的訛字。他曾閱讀《韓非子》一書（戰國時代韓非撰寫），讀到「一從而咸危」時，發覺有誤，說：「這句應當是『一徙而成邑』（一經遷徙就成爲都邑了），徙字錯寫爲從，成邑錯書爲咸危。想必都是由於字形相似而粗心抄錯了。」

【原文】陸麗京，誦讀明敏，善思誤書。嘗閱《韓非子》，至「一從而咸危」，曰：「是『一徙而成邑』也。」（清・王晫《今世說》捷悟・陸麗京條）

（三）烏焉成馬

由於字形相似而書寫錯誤，致有「烏焉成馬」之語。請看那烏字與馬字，形狀頗爲相似，又那焉字與馬字，外觀也很相近，倘若一時疏忽，就可能都變爲馬字了。

寫字請注意，切忌太隨便，倘若不經心，就會生訛變。

【原文】《周禮・天官・縫人》「喪縫棺飾焉」注「故書焉爲馬。杜子春云：當爲焉」。《事物異名錄・書籍部・書訛》「董逌除正字謝啓」：「烏焉混淆，魚魯雜揉」。按古諺云：「書經三寫，烏焉成馬。」謂字形相似而傳寫致訛也。（三民書局：《大辭典》中册・火部・烏焉成馬條）

（四）魯魚帝虎

東晉葛洪（二五〇？——三三〇？）撰《抱朴子・遐覽》說：「書三寫，魚成魯，帝成虎（一部書傳抄三次，可能把魚誤寫爲魯，帝錯書爲虎）。」按照篆體或古文的寫法，魚魯相近，帝虎相似，傳抄訛變也。

又北宋黃伯恩（一〇七九——一一一八）撰《東觀餘論・校訂楚辭序》說：「此書既古，簡册迭傳，亥豕帝虎，舛誤甚多。」指出帝字抄寫錯誤變爲虎字。（亥豕請見下第一七六篇之（三））。

又宋、睦菴喜卿《祖庭事苑》（佛家禪宗之書）說：「筆久厭勞，書刁成刀；事歷終古，寫魚爲魯。」刁刀魚魯，祇是舉例，筆誤常有，請多注意。

【原文】《抱朴子・遐覽》：「書三寫，魚成魯，帝成虎。」後人因謂文字形近而致

誤寫曰魯魚帝虎。（見台北中華書局《辭海》下册‧魚部‧魯魚帝虎條）

【讀後】己已巳各異，戊戌戍互變；寫字不經意，下面有錯例：

濫芋充數──應是濫「竽」充數。見《韓非子‧內儲說上》

老羞成怒──應是「惱」羞成怒。見《官場現形記‧六》

汲汲可危──應是「岌岌」可危。見《莊子‧天地篇》

貽養天年──應是「頤」養天年。見《漢書‧食貨志下》

默默含情──應是「脈脈」含情。見《文選‧古詩十九首》

翻雲復雨──應是翻雲「覆」雨。見《杜甫‧貧交行》

蘋水相逢──應是「萍」水相逢。見《王勃‧滕王閣序》

驕生慣養──應是「嬌」生慣養。見《紅樓夢‧二九》

……

一七六　金盡裘敝錯說裘盡金敝

說話偶不留意，瑕疵就會呈現；別人指你錯了，只好飾詞巧辯。

（一）金盡裘敝錯說裘盡金敝

徐敬輿（徐敬直，字敬輿，浙江人。一九〇六—？）誤將「金盡裘敝」說成「裘盡金敝」。這話顛倒了，盡是沒有，裘衣不可能絕滅；敝是破舊，眞金哪能敝壞？

原語金盡裘敝，源出《戰國策・秦策一》，敘述蘇秦去遊說秦王，前後經過十次長談，一直未被接受。蘇秦的黑「裘」大氅禮服都磨損破敝了。黃「金」百斤的旅費都花用盡罄了。用這話來形容他窮途困頓的窘況。

但徐敬輿說反了，聽的人都笑開來。徐卻化解說：「古人有銘言：『皮之不存，毛將焉附（見《左傳》僖十四年）？』皮和毛都沒有了，豈不就是裘盡嗎？昔人又有詩云：『何意百煉鋼，化爲繞指柔（見《文選》劉琨・重贈盧諶詩）。』這不就是金敝嗎？」

衆人聽罷，一時也都無法反駁。

【原文】 徐敬輿嘗誤「金盡裘敝」爲「裘盡金敝」，座客笑之。徐曰：「皮之不存，

毛將焉附，非裘盡乎？何意百煉鋼，化爲繞指柔，非金敝乎？」客無以難。（清・王晫《今世說》言語・徐敬輿強辯）

（二）枕石漱流誤漱石枕流

晉代孫楚（公元？—二九三，《晉書》有傳），字子荆，自負材氣，爽邁不羣，少年時，想要隱居，因對王濟（字武子）說欲「枕石漱流」，卻說成「漱石枕流」，錯了。那枕石漱流成語，是說以石作枕，用溪水漱口，比喻隱居山林。《曹操・秋胡行》歌辭說「遨遊八極，枕石漱流」。又《三國志・蜀志・彭羕傳》說「枕石漱流，恬淡於浩然之域」。王武子聽了孫子荆顚倒的說詞，反問道：「流水可以作枕？石頭可以漱口嗎？這話似乎大有語病！」

孫子荆轉作解釋：「我說的枕流，是想用流水洗滌溷耳（《高士傳・許由》「堯欲召許由爲九州長，由不欲聞，洗耳於潁水之濱」）。我說的漱石，是想用精石來磨礪鈍牙呀！」

【原文】 孫子荊年少時，欲隱。語王武子當枕石漱流，誤曰漱石枕流。王曰：「流可枕？石可漱乎？」孫曰：「所以枕流，欲洗其耳。所以漱石，欲礪其齒。」（南朝宋・劉義慶《世說新語》排調第二十五・孫子荆條）

（三）己亥亂讀爲三豕

孔子有位學生子夏（元前五〇七—前四〇〇，姓卜名商字子夏，春秋時代衛國人），擅長於文詞，孔子說：「就文學一科而言，當以子游和子夏爲優秀（《論語．先進》有「文學、子游子夏」之語）。」

子夏從魯國前往晉國（自山東往山西省），途中經過衛國時，聽到有人在誦讀史記（指晉國的史籍，非漢代司馬遷的史記）：「晉師三豕涉河（晉國軍隊的三隻豬涉水渡河）。」子夏說：「這句話錯了，不是『三豕』渡河，應該是『己亥』渡河。這是由於（古篆字）『三』與『己』的外貌形似，而『豕』與『亥』也很相近，這位學生讀錯了。」子夏到了晉國，經過查問，果然是「晉師己亥涉河（晉國大軍，在己亥之日，渡過黃河）。」足證文字有時似非而是，有時似是而非。是非正誤之分，不可不弄清楚。這是讀書爲學者所當慎察的，更是吾輩應該力求的。

【原文】子夏之晉，過衛。有讀史記者曰：晉師三豕涉河。子夏曰：非也，是己亥也。夫己與三相近，豕與亥相似。至晉而問之，則曰：晉師己亥涉河也。辭多類非而是，類是而非；是非之經，不可不分。此聖人之所慎也。（秦．呂不韋《呂氏春秋》卷二十二、慎行論第二．察傳）

（四）南無爲何唸納摩

從前、有位高僧，撰者未寫出他的法號，但他對儒家學理，原有相當程度的通曉。某一次，他在佛殿誦念《阿彌陀經》（爲佛教淨土宗重要經典），把「南無阿彌陀佛」（這是淨土宗唸佛的六字名號）中的「南無」唸爲「納摩」，而且誦念了許多次。

佛殿中有位儒士在旁諦聽，唸經完畢後，儒士趨前笑問道：「你這位法師，精通佛門經典，也習讀孔孟之書，爲何把『南無』二字唸爲『拿庥』，恐怕是有誤吧？」（按南無是佛家語詞，是梵文 namo 的音譯，唸成納摩是正確的）

這位高僧怡然覆道：「施主呀，這就正像你們儒家，把那《大學》書中的『於戲、前王不忘，君子賢其賢而親其親』句中的『於戲』唸爲『嗚呼』是一樣的道理呀！不但此也，你們還把『可汗』唸爲『克寒』，把『齊衰』唸爲『資催』，又把鮮卑族國名『吐谷渾』唸爲『突欲魂』，這都是同樣的因由呀！」

儒士當然提出解釋，說了很多，但兩方一下子尙無交集。

那和尙是出家人，不想多辯，就以讓步的口吻說：「好啦，不必多講了。這樣罷：等你哪一天唸『於戲』本音的時候，我也唸『南無』本字好了。如若你繼續『嗚呼』，那貧僧也只好仍舊一直『納摩』下去呀！」

這種別讀的字，除了上述的幾個之外，還會不時遇到。例如：

落魄—魄唸托。落魄是貧困不得志。見《史記・酈生陸賈傳》。

單于—單唸蟬。匈如君長叫單于。見《漢書・匈奴傳上》。

番禺—唸潘愚。地名。廣州市之古稱。

款識—識唸志。記也。表識也。見《漢書・郊祀志下》。

春風風人—第二風字唸奉。是動詞。讓春風吹我。見《說苑・貴德》。

樂山樂水—二樂字唸耀。愛好之意。見《論語・雍也》。

如惡惡臭—二惡字唸務餓。見《大學・第六章》。

齊衰服喪—齊衰唸資催。是喪服之名。見《周禮・春官，司服》。

虛與委蛇—蛇唸姨。指與人應酬而無誠意。見《莊子・應帝王》。

泄泄沓沓—泄唸意。閒散自得之狀。見《孟子・離婁上》。

【原文】某僧，頗通儒理。一儒士戲之曰：和尚既讀孔孟之書，爲何將「南無」二字，誤唸爲「拿麻」？答曰：然則相公爲何將「於戲」二字，讀爲「嗚呼」？相公既嗚呼？和尚自然只好拿麻了。合座粲然。（清・黃協塤《鋤金書舍零墨》、僧謔條。又見：近代・羅常培《中國人與中國文》・誤讀字）

【尾語】裘盡漱石，巧作解釋。

三豕己亥，聽來奇怪。

嗚呼納摩，並無錯叱。

我們讀畢，請多學習。

一七七　弄璋慶謬寫弄麞慶

唐代李林甫（公元？—七五二），小字哥奴，號月堂，唐玄宗時官任宰相。他奸佞狡黠，排除異己，嘴甜心惡，世稱「口蜜腹劍」。又專政自恣，終於釀成安史之亂。《新唐書》列入姦臣傳中。

同朝有位姜度，官任太常少卿，是李林甫的舅子。姜度的小妾誕生了男嬰，將可傳宗接代，這是大喜。李林甫也大爲高興，便親手用大字寫下賀詞「弄麞之慶」，送往祝賀。衆多賓客見了，不敢直言批評！只好掩口偷笑。

按：祝賀生男，應是「弄璋之喜」。璋是圭璋，預祝他長大後爲王侯將相，手執圭璋，賀他將來貴顯。《詩經・小雅・斯干》說：「乃生男子，載弄之璋。」是典之所出。至於麞，乃是野獸，且有「麞頭鼠目」的貶語。弄璋錯寫爲弄麞，差太遠了。引起宋儒蘇東坡《賀陳章生子詩》也作戲語說：「甚欲去爲湯餅客，惟愁錯寫弄麞書」。

【原文一】太常少卿姜度，李林甫之舅子。度妾誕子，林甫手書慶之曰：「聞有弄麞之慶。」客視之，掩口。（五代・後晉・劉昫《後唐書》李林甫傳。又見：清・允祿監修《子史精華》卷七十一文學部・不學・弄麞）

【原文二】李林甫寡學，其中表有誕子者，林甫以書賀之曰：「知有弄麞之慶」。

（宋・錢易《南部新語》・李林甫）

【另文】伏獵侍郎──李林甫引蕭炅爲户部侍郎。嘗與嚴挺之同行慶弔。客次有禮記，蕭炅讀之曰：「蒸嘗伏獵。」炅早從官，無學無術，不識「伏臘」之意，誤讀之（將伏臘錯讀爲伏獵）。挺之戲問，炅對如初。嚴挺之白張九齡曰：「省中豈有伏獵侍郎耶？」（劉昫：《舊唐書》、嚴挺之傳。按：蒸嘗伏臘，是祭祀的泛稱。冬祭叫蒸，秋祭叫嘗。在夏季的伏日，冬李的臘日，都是秦漢時代的節令，都要舉行祭祀。古時的祭典，次數不求太密，密敗煩，煩則不敬。也不宜太疏，疏則怠，怠則忘。見《禮記・祭義第廿四》）

【讀後】佞人竄升爲宰相，學識欠虧品德壞；錯寫弄璋爲弄麞，千年留此作殷鑑。

一七八　杜拾遺錯叫杜十姨

唐代陳子昂（六六一—七〇二），字伯玉，閬州（屬四川省）人。二十四歲中進士。唐初以來，詩文承六朝華靡餘風，到子昂始歸雅正，爲世所宗。他在武則天時代，曾任右拾遺官職，爲此在四川閬州建有陳拾遺廟以紀念他。但祭祀到久遠的後來，卻將陳拾遺誤認爲是陳十姨，以致廟裏的神像，於晚年後改塑爲女人身了，而且奉祀不衰。

另在溫州有座杜拾遺廟，供奉唐人杜甫（七一二—七七〇）。他是初唐詩人，今存詩約一千四百餘首，被尊爲詩聖。唐肅宗時，官任右拾遺。但後人將杜拾遺錯稱爲杜十姨，由男轉女，以致廟裏的塑像也改爲婦人形體了。

至於伍子胥（元前？—前四八五，名伍員），係春秋時代楚國人，《史記》有傳。後人建有五髭鬚廟，實係伍子胥之同音而訛字。好事者念及五髭鬚是丈夫身，卻無妻婦配享，就將杜十姨移入作爲配偶。

按拾遺乃是官名，唐代設有左右拾遺，爲言官，職司諷諫。哪會料到後世訛轉變成十姨？錯到如此程度？委屈了陳子昂變性成婦女之身，這猶罷了。但爲何竟然把杜甫改湊爲伍子胥之妻呢？

【原文】陳子昂，閬州人。閬州有陳拾遺廟，訛爲十姨，遂更廟貌爲婦人像，崇奉甚嚴。溫州有杜拾遺廟，後亦訛爲杜十姨，塑婦人像。又以五髭鬚相公無婦，移以配之。五髭鬚者，即伍子胥也。拾遺之官，誤人身後如此。陳子昂屈爲婦人，猶可；獨奈何令杜子美爲「鴟夷子皮」妻也？（明・謝在杭《文海披沙》「拾遺」條）

【讀後】拾遺諧作十姨，似乎不倫吧？此外另有一諧音字聯曰：「魯肅不如樊噲，狄青怎比蕭何。」諧意則是「二舟並行，櫓速不如帆快；五音齊奏，笛清怎及簫和。」這種諧意雙關，就高雅有趣多了。

一七九　寇準不學無術

北宋寇準（九六一——一〇二三），字平仲。他在十九歲時，就考取了進士。可謂少年才俊，得志很早。

宋太宗（九三九——九九七，即趙光義）在中年才登帝位，對年輕的京官，每予罷黜。有人教寇準假報年齡，虛增歲數，以利仕途發展。寇準說：「我正求直道上進，怎可一開始就欺騙朝廷呢？」他拒絕了。後來在宋眞宗朝，官拜宰相，封萊國公。

他有位極好的知友張詠（九四六——一〇一五），號乖崖，常對寇準講直話，在成都官任益州知州。聽說寇準做了宰相，很高興。但又說：「寇公才幹奇高，可惜他學術不足，頗爲遺憾。」

後來，寇準西出陝省，張詠正從成都罷官東來，兩人約好見面。寇準隆重的備妥帳幕及起居用具，盛情款待張詠。離別時，特意陪行，直送到郊外才停步。

寇準想要張詠提供臨別贈言，問道：「此刻要分手了，有甚麼可以賜教於我的嗎？」

張詠思索了一會，徐徐說道：「那《霍光傳》（西漢人，公元？——六四，大司馬、大將軍，權傾內外，威震人主）不可不讀呀！」

寇準不懂張詠的心意，不便多問。回來後，特地找出《漢書》，翻到這篇《霍光傳》詳看。一直讀到「不學無術」這句，才笑著自語道：「這就是張詠公乖崖老友勸勉我指點我的話了。」

【原文】寇準，字平仲，年十九舉進士。宋太宗取人，年少者往往罷去。或教準增年，答曰：「準方進取，可欺君耶？」後爲相。張詠在成都，聞準入相，曰：「寇公奇才，惜學術不足耳。」及準出陝，詠適自成都罷還。準嚴供帳，大爲具待。詠將去，準送之郊，問曰：「何以教準？」詠徐曰：「霍光傳不可不讀也。」準莫諭其意，歸取傳讀之，至「不學無術」，笑曰：「此張公謂我矣。」

（元、托克托：《宋史》、卷二百八十一、列傳第四十）

【讀後】張詠對自身的要求很苛，故對別人的要求也嚴。想寇準進士出身，兩度官拜宰相，政績斐然，哪會不學？宋太宗且稱譽他爲唐代魏徵。準又力勸宋眞宗與契丹訂立澶淵之盟，哪會無術？不過，自滿總是不好的，沒有人敢誇自己的學術已經到頂了。張詠用最高標準要求寇準好中更好，寇準也欣然謙虛，笑著坦受。昔賢良範，能不欽敬嗎？

一八〇　歐陽未甚讀書

北宋時代，有位劉敞（一〇一九—一〇六八），字原父，學識豐厚，博通經史百家，尤精於《春秋》。宋仁宗慶曆六年（一〇四六）進士，曾任集賢院學士，《宋史》有傳。同時代的歐陽修（一〇〇七—一〇七二），字永叔，號醉翁。是北宋的文學家（有《歐陽文忠集》）兼史學家（撰有《新唐書》《新五代史》）。曾任參知政事。死後諡為文忠，故又稱為歐陽文忠公。

某一次，歐陽修因有三事不明源由底細，就寫一簡函，請教劉敞：

「『入閣』起于何年？『閣』是指的哪個殿堂？

『開延英』起于何年？

『五日一起居，遂廢正衙不坐』起於何年？

以上三事，我因孤陋，不知沿起，乞示本末。」

這封書信送到時，劉敞正在與客人吃飯。他當即找來筆墨，將這三個罕見的問題，逐個回答，詳盡沒有遺漏。

劉敞曾私下對親近的人說：「好個歐九（歐陽修排行第九），文章寫得極好（參見原文二），可惜不怎麼讀書。」

【原文一】宋，劉敞，字原父，博學通經。歐陽文忠公嘗折簡問：「入閣起于何年？閣是何殿？開延英起何年？五日一起居，遂廢正衙不坐，起何年？三者孤陋，吾所不詳，乞示本末。」原父方與客對食，遽索筆一一答之，詳盡無遺。原父私謂所親曰：「好個歐九，極有文章，可惜不甚讀書。」（明、蕭良友：《龍文鞭影》、二集、上卷、「敞短文忠」條）

【原文二】歐陽文忠公晚年，常每日改定平生所爲文章，用思甚苦。夫人止之曰：「何自苦如此，尚畏先生嗔耶？」公笑曰：「不畏先生嗔，卻怕後生笑。」（明、顧元慶：《簷曝偶談》、「歐陽文忠」條）

【另文】我雇一婦人幫我做家務。她進入我書房，看到滿室的書，對我訴説道：「我以前幫過另一家人，也有很多書，那人叫葉公超（留學美英法，任外交部長九年）。我在猜：他是不是以前沒有讀過書？要不然，怎麼會現在還在讀個不停呢？」（中央日報出版《趣談》第三輯第四篇「以前沒讀書」）

【讀後】歐陽修是北宋古文運動的領袖，他撰的《醉翁亭記》選入了《古文觀止》，至今仍是大家愛讀且必讀的最佳範文。至於古今典籍，充棟汗牛，誰也不敢誇口説已經閱畢讀盡。若因三件罕事欠曉，就斷言歐陽不甚讀書，這也未免過於嚴苛了吧？

一八一　孟浩然誦詩有怨

唐代孟浩然（六八九—七四〇，或是六九一—七四〇），襄陽人，故又稱孟襄陽。善於寫詩，有《孟浩然集》。與王維（六九九—七五九）是好友，但一生不得意。

有一次，王維私邀孟浩然進入內署相見，不多久，唐玄宗（六八五—七六二）御駕也來臨了。孟浩然在匆忙間無法避開，只好暫且躲入床下。唐玄宗發覺有異，問是何人？王維只能照實說了。

唐玄宗道：「我聽過他的姓名，不須迴避，叫他到前廳相見便是了。」

玄宗問孟浩然近來寫了些甚麼得意的詩？孟浩然遵命朗吟道：「…不才明主棄，多病故人疏…（全詩見原文二，但似乎並非最佳之選）。」

唐玄宗不高興了，開示說道：「你未曾向朝廷請求任官，我也沒有嫌棄你，今日初次問話，怎可如此怨惱？爲甚麼你不誦唸那『氣蒸雲夢澤，波撼岳陽城』的美句呢（全詩見原文三）？」沒有用他。

【原文一】唐孟浩然與王維友善。一日，隨入內署，俄而玄宗駕臨，浩然不得已，急匿床下。帝覺之，問爲誰？維以實告。上曰：「朕久聞其名，未識其面。」詔使出見。令誦平生得意詩，浩然誦至「不才明主棄，多病故人疏。」上不悅曰：「卿不求仕，朕未嘗棄卿，奈何怨望乃爾？曷不云『氣蒸雲夢澤，波撼岳陽城』之句耶？」乃放歸不用。（明、蕭良友：《龍文鞭影》、二集、上卷、「浩然遭放」條。又見：五代、王定保：《唐摭言》、卷十一）

【原文二】孟浩然《歲暮歸南山詩》曰：「北闕休上書，南山歸敝廬。不才明主棄，多病故人疏。白髮催年老，青陽逼歲除。永懷愁不寐，松月夜窗虛。」（清、蘅塘退士：《唐詩三百首》、五律）

【原文三】孟浩然《臨洞庭（湖）上張丞相（張說）詩》云：「八月湖水平，涵虛混太清。氣蒸雲夢澤，波撼岳陽城。欲濟無舟楫，端居恥聖明。坐觀垂釣者，徒有羨魚情。」（清：《唐詩三百首》、五律）

【讀後】人才委屈，埋沒不遇，各代都有，普世皆然。這或許與時勢、機緣、專長、命運都有關連，以致難如人意。但孟浩然當著唐玄宗之面，誦出「我雖不才，皇帝棄我」的怨言，恐怕也是不太合宜之語吧！

一八二　殷洪喬受賞無功

開口之前想一想，感謝話也勿亂講，如果措詞欠妥當，形成笑柄就很慘。

晉元帝司馬睿（三一七—三二二在位），廟號中宗。他生了個男嬰，這是皇太子，十分高興。就對全體朝臣，普施賞賜，以表慶賀。

朝廷中有位殷羨，字洪喬，長平人。官任光祿勳（又稱光祿卿、光祿大夫）。他爲了要表達對皇上恩賜的謝意，就啓奏道：「天賜皇子降生，理該普世同慶，只是微臣無功，對此毫未盡力，卻領優厚賞賜，內心愧不敢當。」

晉元帝笑著回應道：「皇后深宮懷孕，如今皇子誕生，這是我的事呀，哪能可以讓你來幫忙出力呢？」

【原文】晉元帝皇子生，普賜群臣。殷洪喬謝曰：「皇子誕育，普天同慶。臣無勳焉，而猥頒厚賞。」中宗笑曰：「此事豈可使卿有勳耶？」（南朝宋、劉義慶：《世說新語》、排調第二十五。又見：明、曹臣：《舌華錄》、諧語第七、「晉元帝皇子生，賞賜諸臣條」）

【另文一】南唐時（南唐爲五代時十國之一，南唐主李璟及後主李煜，都是詞家），宮中嘗賜洗兒果（《金鑾密記》：皇嬰生三日，賜洗兒果子）。有近臣謝表云：「猥蒙寵賜，深愧無功。」李主曰：「此事卿安得有功耶？」（明、蕭良友：《龍文鞭影》、二集、上卷、「殷羨無勳」條）

【另文二】隋李文博，貞介耿直。秦孝王妃生男，高祖隋文帝楊堅大喜，頒賜群臣。文博家道屢空，人謂其悅。乃云：「賞罰之設，功過所歸。今王妃生男，於群臣何事？乃妄受賞也。」（唐、魏徵：《隋書》卷五十八、列傳第二十三）

【讀後】皇后深宮太子生，大臣啓奏愧無功；
若眞借助他人力，中宗要戴綠頭巾。

一八三　陳水扁錯說罄竹難書

崇高的官爺們，說話務必留神，假如釀成笑柄，此後怎好見人？

前總統陳水扁（一九五〇．一〇．一二—），在公開講演時，褒揚志工們服務的義行貢獻偉大，他引述成語來贊美，說眞是「罄竹難書」。聽的人都當成笑話傳述。

按罄竹難書，乃是指某人罪惡特多，非簡册所能詳述。語見《呂氏春秋．明理》：「此皆亂國之所生也，不能勝數。罄荊越之竹，猶不能盡書」。又見《資治通鑑．隋紀．恭帝義寧元年》（李密數隋煬帝十罪）：「罄南山之竹，書罪無窮；決東海之波，流惡難盡」。與那「擢髮難數」同義。

陳水扁是說錯說反了。

【原文】與右篇詞意略同，請見：二〇〇六、五、二十一、台北《聯合報》。

【讀後】成語引述錯了，自己渾然未曉；

這類事例不少，只怪書沒唸好。

一八四　杜正勝誤寫音容菀在

教育部長，音容「菀」在；寫了錯字，怎生交待？

沈謙教授（一九四七・二・八・出生，二〇〇六・一・二・逝世），曾任中興大學、玄奘大學中文系主任。一生作育英才，不幸辭世，教育界同感悲痛。

沈教授的追思會於二〇〇六年二月舉行。教育部是主管教育的龍頭，當時的部長杜正勝爲申示弔唁，特地致送輓幛，高懸在靈堂上。輓詞是普通的四字成語，但寫的卻是「音容菀在」。大家一看，都說錯得太離譜了。

正確的是「音容宛在」。意謂斯人雖然不幸逝世，但他的聲音和容貌，仍然好似長留在人們的記憶裡，大家都懷念他。「宛」是好像、宛似之意。至於「菀」則是茂盛、鬱結之意。兩字大有差別，不能換用。

【原文】與右述意同。見二〇〇六年二月十六日台北《聯合報》。

【讀後】教育部是中華文化承先啓後、提振發揚的領頭羊，教育部長是最高指揮官，竟然發生通用成語錯寫的謬誤，似乎很難解脱。即令交由民辦的殯儀商店撰送，也當絕無差失。或許説：這是秘書部門那些官兒逕行處理的，部長公忙，無暇稟告，卻是顯露出教育部裡諸多擬稿批定繕寫校對們的淺陋，應可作爲鑑戒。

一八五　原憲貧也非病

孔子（元前五五一—前四七九）有位弟子，姓原名憲，（元前五一五—？）又叫原思。清靜守貞，安貧樂道。孔子任魯相時，他作過魯國邑宰。孔子死後，他退隱於衛國鄉下，過著澹泊自適的生活。

孔子另一位有名的弟子叫子貢（元前五二〇—前四五六），姓端木、名賜、子貢是號。衛國人，有口才，是孔子門下言語科的高材生。

子貢仕於衛國，作了百官之長。想起了同學原憲，正也住在衛國鄉下，便帶著盛大的車隊，前往訪晤。久別重聚，也好暢敘離情。

與原憲晤面了，只見他穿了件破衣裳，戴了頂舊帽子，景況似乎不太好。子貢替他難過，順口問道：「你可是生病了，爲甚麼這樣潦倒呢？」

豈知原憲回答道：「我聽人說過：『沒有錢的人，雖然號稱窮困，但只是物質上的貧乏，他仍然可以享受精神上的富足呀！唯有那學了善道而不去實踐的人，心懷愧疚，那才眞是有病。』這話是有道理的。像我原憲，只是短少點錢財罷了，可是財富並不能買到快樂呀！如今我守道安貧，自認爲過得很適意，並不是生了病呀！」

原憲守貧，做到了所謂君子固窮，不改其樂，這是何等高尚的修養。子貢處在順境，體會還不夠深切，不免心生慚愧。辭別之後，一輩子都在懺悔講話不慎，顯出了自己的淺薄，始終愧怍不已，引爲終身之戒。

【原文】原憲，隱居衛國。子貢相衛，而結駟連騎，過訪原憲。憲攝敝衣敝冠見子貢。子貢恥之，曰：「夫子豈病乎？」原憲曰：「吾聞之，無財者謂之貧，學道而未能行者謂之病。若憲，貧也，非病也。」子貢慚而去，終身恥其言之過也。（漢、司馬遷：《史記》、卷六十七。又見：漢、韓嬰：《韓詩外傳》、曾子仕。又見：漢、劉向：《新序》、節士。又見：周、黔婁先生：《黔婁子》。又見：晉、皇甫謐：《高士傳》。又見：《莊子》讓王。又見：唐、佚名隱士：《无能子》都有此篇）

【讀後】守道憲不貧，失言賜也懺。多書記此事，我們宜爲鑑。

一八六　張巖文必不佳

明朝時代，江蘇省江陰縣，有位士子叫張畏巖，考上了秀才，甲午年到了，往南京去參加鄉試，若蒙錄取，便是舉人。在應考期間，短期借住在一所廟觀裡。

考試結果公佈出來，榜文上卻沒有他的名字。他未蒙錄取，不反省自己的文章不佳，卻一逕大罵主考官，說他眼珠迷糊，看不懂他文章中的佳妙。

他在廟觀裡，仍然不斷的指責。這時有位道士在旁，見他長時在發脾氣，對著他微微含笑。張畏巖怨氣大了，竟把心中的不滿，轉向道士身上發洩。

道士柔聲說：「張相公呀，你的文章，一定寫得不夠好吧？」

張畏巖一聽，更加冒火，叱問他道：「你沒有看過我的文章，怎會知道不好？」

道士答道：「我聽人說：寫文章時，最要緊的是心平氣和，才會文思泉湧，筆下自可生花。現在只聽到你在埋怨考試官，你的怨氣太重了，文章怎麼會寫得順暢呢？」

道士的話，說來頗合情理，張畏巖聽了，也覺得指出了自己的缺失，就轉而向道士請他指教。收起怨懟之心，反求諸己。

到了丁酉年，他再參加考試，學驗兼進，這次果然就上榜了。

【原文一】江陰張畏巖，積學工文，有聲藝林。甲午南京鄉試，寓一寺中。揭曉無名，大罵試官，以爲瞇目。時有一道者，在旁微笑。張遽移怒道者。道者曰：「相公文必不佳。」張益怒曰：「汝不見我文，焉知不佳？」道者曰：「聞作文貴心平氣和。今聽公罵詈，不平甚矣，文安得工？」張不覺屈服，因就而請教焉。（袁了凡：《了凡四訓》、謙德之效）

【原文二】張畏嵒，甲午落第，大罵試官。道士在旁笑。張怒曰：「汝爲何笑？」曰：「相公文必不佳。」張益怒曰：「汝何知？」曰：「作文貴心平氣和，今罵試官，不平和甚矣。」張愧悔。丁酉中式。（《太上老君感應篇》）

【讀後】爲文首在「立意」，其次「佈局」，其次「遣詞」。「爲天地立心，爲生民立命」？立意也。「明月松間照，清泉石上流」，佈局也。「海內存知己，天涯若比鄰」遣詞也。但須要心有靈犀，胸無窒礙才可。若滿懷忿懥，不得其正，會使美詞佳句，都被封塞，筆下不能生花，文章哪會出色？

心安實也不安，要賣卻又難賣；兩造各聽歪詞，鄧析果眞刁怪。

一八七　遺體要贖金鄧析兩可

春秋時代的鄭國，有位鄧析（前五四五—前五〇一），能操兩可之說（兩種相反或對立之說都認可），設無窮之辭。他包攬詞訟，顚倒是非曲直，可算是我國最早的壞律師。他有著作，書名就叫《鄧析子》，見《漢書》藝文志。

秦朝丞相呂不韋《呂氏春秋》書中，便記載了鄧析一段故事：

鄭國有一條洧水（在河南省境），水流湍急。有位富翁，不幸在洧水中溺死了，屍體被別人撈起暫時保存。富翁家屬想要將遺體領回安葬，但打撈者索求高額金錢作爲酬勞。雙方沒有談成，僵持無解。富翁家屬便備了厚禮，向名律師鄧析求教，請予指點。

鄧析安慰道：「你不必急嘛，安心等著好了。你想想看，這具遺體，乃是你家的，如今雖然在他手上，他一定沒法賣給別家呀！」這話確然有理。

那個留著屍體的人，眼見贖金沒有談成，而對方家屬又久無回應，是不是那富家不要屍體了。心裡著慌，也帶著厚禮，來見鄧析，請求指教。

鄧析收下禮物，同樣勸解道：「不要著急嘛，你放心等著好了。想想看，這具屍體，既是他家的，如今在你手上，他必竟不可能到別處可以買到呀？」這話也甚有道理。

問題是：鄧析這兩可之說，不知終究如何了結？《呂氏春秋》沒有後續記載，後代人也都不知道。雙方雖不輸，卻也都未贏，此等律師，不惹爲妙。

【原文一】洧水甚大，鄭之富人有溺者，人得其尸。富人請贖之，其人求金甚多，以告鄧析。鄧析曰：「安之，人必莫之賣矣。」得尸者患之，亦告鄧析。鄧析曰：「安之，此必無所更買矣。」（《呂氏春秋》離謂）

【原文二】鄧析與民之有獄者約：大獄一衣，小獄一袴。以非爲是，以是爲非。所欲勝，因勝。所欲罪，因罪。鄭國大亂。子產（鄭國丞相）患之，殺鄧析。（秦・呂不韋《呂氏春秋》八覽、離謂）

【讀後】兩可併存，難斷輸贏，如此歪人，便須即速斬絕；
依阿不分，無法辨清，這股邪風，就該迅捷泯滅。

一八八　詭辯賴學費徒弟雙贏

是非對錯，如何評斷？詭辯專家，都能巧破！

話說從前某個時代，能言善道之士，最爲喫香。有位學生，就投身於著名的詭辯大師門下，修習詭辯之術。學費昂貴，但入學之初，可以緩繳。那受教「合約」，師徒雙方是這樣簽定的：

「學成詭辯之前，念及學生沒有收入，學費同意緩繳。
學成詭辯之後，幫人訴訟贏了官司，學費就須付清。」

這位高才學生，巧辯之術已經學成，但一直不肯替人打官司，以致許多年都賴著未交半文學費。老師心有不甘，彆不住氣，便向法院起訴，他的勝算理由是：

「如果我贏了，按照法院的判決，你就該付我學費。
如果我輸了，按照合約的規定，你也該付我學費。
所以無論我是贏或是輸，你都應該付我學費才對。」

豈料這位精明的學生，不但已盡得老師詭辯的眞傳，且更青出於藍。他不慌不忙，信心十足，理由充分，順勢以四兩撥千斤的妙招，技巧的辯解反駁道：

「如果官司我贏了，依照法院的判決，我當然不必付你學費。
如果官司我輸了，依照合約的規定，我自也不必付你學費。
因此，無論這場官司我是贏或是輸，我都不必付你學費呀！」

可惜的是，這件公案，沒有下文，究竟誰輸誰贏？孰非孰是？無解。讀者能否權宜充當個庭外仲裁官，予以正偏曲直是非勝敗的分辨？

【原文】文意略如本篇（摘自：近代。吳俊升《理則學．演繹推理，下》正中書局出版），不須贅錄。

【讀後】正反我都有利，這就叫做詭辯；
師父敗給徒弟，讀後惹生歪趣。

一八九　枇杷誤寫作琵琶

明代莫廷韓，到好友袁太沖家走訪，進入客廳，見桌上有一禮盒，裝滿了枇杷，是袁的朋友託人剛纔送來的。盒上附貼了一頁禮帖，寫的是「奉上琵琶一盒」。

兩人都知道應是「枇杷」，卻錯寫爲「琵琶」，不禁相視而笑。

不一會，屠赤水（一五四二—一六〇五）來了，問明原因，也覺有趣，三人笑開了。

屠赤水觸動靈感，擊桌朗吟道：「枇杷不是此琵琶。」袁太沖接吟：「只爲當年識字差。」莫廷韓跟著續成：「若使琵琶能結果，定教弦管盡開花。」

屠赤水認爲聯句有情有趣，值得稱賞。就廣爲傳述，不多時大家都知悉了。

【原文】明、莫廷韓過袁太沖家，見桌上有禮帖，上寫「琵琶一盒」，相與大笑。適屠赤水至，問知其故。曰：「枇杷不是此琵琶。」袁曰：「只爲當年識字差。」莫曰：「若使琵琶能結果，定教弦管盡開花。」屠大稱賞，遂廣爲延譽，一時知名。（明、蕭良友：《龍文鞭影》、二集、下卷、「帖誤枇杷」條）

【讀後】不知甚麼緣故，寫下這些錯字；
今後務須專注，免得再犯筆誤。

一九〇　杕杜錯唸為杖杜

唐代李林甫（西元？—七五二），小字哥奴，號月堂。唐玄宗時，做到宰相，卻缺少學問。當他官任考選部主管時，屬下有位嚴迥，在判詞上用了「杕杜」二字。李林甫不認識「杕」字，誤以爲是「杖」字，其實他認錯了。

李林甫拿這個疑問去請教吏部侍郎韋陟（字殷卿，後封郇國公，愛好飲食，號郇廚。今人謂「飽飫郇廚」本此），問道：「這個『杖杜』是甚麼意義？」

那時李的威權正盛，無人敢於譏笑他，因此韋陟也假裝不知道，低著頭不敢回答。

按《詩經，唐風》云：「有杕之杜」。杕音ㄉㄧˋ，讀如弟，孤零特立的樣子。杕杜是說骨肉離散之情，後來用杕杜比喻獨居而無兄弟。

【原文】李林甫，小字哥奴。典選部時，選人嚴迥判語用「杕杜」二字。林甫不識「杕」字，問吏部侍郎韋陟曰：「此云『杖杜』何也？」陟俯首，不敢答。（五代，後晉，劉昫《舊唐書》卷一百六、列傳第五十六。又見：宋・孔平仲《續世說》卷十一、紕漏）

【讀後】李林甫腹內無文，倖居高位，必露狐狸尾也。史官記之，千載迄今，成爲話柄。我們在笑賞之餘，也該借爲鏡戒。

一九一　秦檜跟秦始皇同一族

山東省的首府是濟南，濟南的行政首長稱爲府尹。張若霈（張廷玉之孫）便曾任濟南府尹，但他無學。

有一次，他慨然感歎道：「孟子的後代，爲何有孟獲這種壞人？而那暴君秦始皇的後裔，竟然出了個秦檜！」

身旁就有人喜歡湊熱鬧，故意接著逗趣說：「也還有好的那一面呀！請看一看：孔子是位聖人，所以後輩就有個孔明呀！」

按：孟子（約公元前三七二—前二八九）出生於山東鄒縣，是漢人。那孟獲乃是蠻夷酋長，非漢族，被諸葛亮七縱七擒，兩人不同族；另有位孟嘗君，姓田，名文，孟嘗君是其號，不姓孟。至於秦始皇（元前二五九—前二一〇），姓嬴名政，秦是國號。而秦檜（一〇九〇—一一五五）是宋代江寧人，誣死岳飛者，兩人完全不同族姓。此外，孔明並不姓孔，是諸葛（複姓）亮（一八一—二三四）的字號，與孔子不同姓也不同族。

這也好比說：唐太宗（五九七—六四九。姓李名世民，唐是朝代），與唐堯（即堯帝。初封於唐，史稱唐堯，又叫陶唐氏）、唐僧（六〇二—六六四。即玄奘，唐代高僧，俗姓陳，名禕，敬稱三藏法師，也叫唐三藏）、唐伯虎（一四七〇—一五二三。名唐寅、字伯虎，號六如居士，詩畫文學俱佳）、唐璜（英國著名詩人拜倫的長詩中虛擬之人）、唐吉訶德（西班牙作家塞萬提斯小說裡的虛構俠士）倘認爲都是一家人，當然全係荒「唐」胡謅。

【原文】山東濟南府尹張若霈云：「孟子後代，爲何有孟獲這種壞人？而那暴君秦始皇的後裔，竟然出了個秦檜！」旁邊有人接著說：「孔子是聖人，所以後輩有個孔明。」（易宗夔《新世說》紕漏章、張若霈）

【讀後】孟嘗君並非姓孟，如來佛也不姓如；張若霈亂發謬論，卻眞也無法可施。

一九二　班固與班孟堅是兩人

從前，唐代有個張由古，有做官的才幹，卻缺少學識。他在尙書省、中書省、和門下省都歷任要職，是個能員。

某一天，他當衆歎息說：「那後漢的大文豪班固（三二—九二），撰寫了《漢書》。但他的文章，卻未曾收入《昭明文選》中，這眞是一樁大憾事！」

有人提醒他說：「怎麼說沒有入選？那《兩都賦》《燕山銘》《典引》等篇，都已經列入了，爲何說沒有？」

張由古反駁道：「那些都是班孟堅的文章，與班固有甚麼關係？」（班固字孟堅，孟堅就是班固）聽到的人，只好掩口偷笑。

【原文】張由古，有吏才，而無學術。累歷臺省。嘗於眾中歎曰：「班固大才，文章不入《文選》。」或謂之曰：「兩都賦、燕山銘、典引等篇，並入《文選》，何爲言無？」張由古曰：「此並班孟堅文章，何關班固事？」聞者掩口而笑。（清・康熙帝敕撰《子史精華・卷七十一・不學》又見：唐・劉肅《大唐新語》班孟堅條）

【讀後】自己欠學，還要強辯；班固有知，置身何地？

雜範第八——全書二一一二篇，奉請大家參研。

中華史籍繁富，佳範哪能盡述？般盼舉一反三，修成雄謨大智。
末章事例多雜，排序作爲第八；採擷或也從寬，讀來應可效法。將雜範列爲壓軸。

一九三　唐玄宗貌瘦天下肥

國家要有諍臣，政治才會清明。要有諍臣不難，君主賢明卻難。君王寬容大量，才能開懷納諫。

唐代韓休（六七三—七四〇），京兆人。唐玄宗（六八五—七六二，即唐明皇）時，官任宰相。他守正不阿，嚴峻鯁直。皇帝的舉措有不合的，都要事事糾正。玄宗因見他忠實，倒也不以爲忤。

起初，蕭嵩（兵部尚書）認爲韓休外表柔順，應會容易管住他，才把他引進朝廷作爲同僚。等到韓休官居宰相，他對蕭嵩的錯失，也屢次指摘糾正。宋璟（六六三—七三七，後來也是宰相）說：「想不到韓休竟然這樣敢言，眞有仁人君子的大勇。」

唐玄宗在宮中召集宴飮或舉行歌舞，以及在後園禁苑中遊戲行樂或打獵捕獸，每次稍有差縱，總是問侍臣說：「宰相韓休知道不？」話說完沒多久，韓休的書面諫疏就呈上來了。致使玄宗的一舉一動，都得留意而不可逾越分寸。

有一天，玄宗對著鏡子，審視自己的臉容，好久沒有說話，表情也不顯得快樂。身旁的侍臣進言道：「自從韓休當上宰相，陛下您就沒有一天快樂過，皇上的龍體也比以前消瘦多了。何不把韓休趕下臺，不就好過了嗎？」

玄宗道：「我的體貌雖瘦，但天下百姓變肥（都富足了），不是很好嗎？看那蕭嵩，每次在討論朝政時，常是順著我的心意說話，退朝之後，我總覺得還不夠妥當，睡時總欠安穩。至於韓休，他在朝中，常常據理力爭，直到一切細節都妥適了才休止。退朝之後，想起來他才是對的，睡覺也安心多了。我用韓休，是爲了國家，不是爲我個人呀！」

【原文】韓休，唐玄宗時爲相。堅正峭鯁，時政得失，言之未嘗不盡。初時，蕭嵩以韓休柔和易制，引爲同列。既知政事，多折正嵩。宋璟曰：「不意韓休，乃能如此。仁者之勇也。」帝或宮中宴樂及後苑游獵，小有過差，輒謂左右曰：「韓休知否？」言終、諫疏已至。帝嘗臨鏡、默然不樂。左右曰：「韓休爲相，陛下無一日歡，殊瘦於舊，何不逐之？」帝曰：「吾貌雖瘦，天下必肥。蕭嵩奏事常順旨，既退，吾寢不安。韓休常力爭，既退，吾寢乃安。吾用韓休，爲杜稷也，非

爲身也。」（宋・歐陽修：《新唐書》、卷一百二十六、列傳第五十一）

【另文一】陳規知否——金朝代、陳規，字正叔，爲監察御史。金宣宗嘗召文繡署王壽孫縫製大紅半身繡衣，且戒以勿令陳規得知。及衣成，進之。宣宗召壽孫問曰：「曾令陳規知否？」壽孫頓首奏曰：「臣侍禁庭，凡宮中大小事，均不敢對外人言。況親被聖訓，豈敢擅告？」宣宗因歎曰：「陳規若知此事，必以華飾諫我，我實畏其言。」蓋陳規言事，從不假借，朝望甚重。凡宮中舉事，帝必曰：「恐陳規有言。」時近臣切議，唯畏陳規正叔。挺然一時直臣也。（元、脫克脫：《金史》、卷一百九、列傳第四十七、陳規）

【另文二】何憂不治——唐、裴矩，字弘大。太宗初即位，聞諸官多有受賄者，乃以財物誘之。有吏受絹一匹，太宗怒，將斬之。裴矩諫曰：「陛下以物試之，所謂陷人以罪，恐非導之以德之義。」太宗納其言，因召百僚謂曰：「裴矩遂能廷折，不肯面從。每事如此，天下何憂不治？」（後晉、劉昫：《舊唐書》、卷六十三、列傳第十三、裴矩）

【讀後】「韓休知否？」此語何等可愛。「貌瘦而天下肥。」此語又何等可敬。君賢而臣直，可和金宣宗與陳規（見另文一）及唐太宗與魏徵（見第五九篇）並美。今日身爲首長的，請讀此篇。

一九四　無能子日苦夜間樂

百年究是長久、還是短暫？苦樂可否折中、或者抵銷？兩都可能難解。

唐代有位隱者，號無能子（假託之名，無古作「无」。本篇即選自《无能子》一書），他兄弟的兒子－他的姪兒，境況貧寒，衣不能蔽體，食不能果腹，生活窮困。

有一天，姪兒對無能子訴說：「我這幾年來，白天常常感到饑餓，到了晚上，卻屢次夢見做了大官，有高車駿馬，華衣美食。夢裡又快樂又威風，但醒來後卻又愁吃愁穿。我能不能將晚上的夢境與白天的窮苦兩者對換？」

無能子問道：「白天憂愁，夜裡快樂，這不就扯平了嗎？幹嘛要對換呢？」

姪兒說：「晚上快樂，那只是作夢呀！」

無能子再問：「你在夢裡，騎著健馬，擁著雄財，穿著華衣，吃著美食，這些和你醒來時所希望得到的，有甚麼不同嗎？」

姪兒說：「那倒正是與我白天所想望的一樣，沒有絲毫不同。」

無能子開示說：「既然沒有不同，那你怎能斷定究竟睡著時的所作所爲是夢？還是醒來時的所作所爲是夢呢？況且，人生不過百歲，在這百年之中，晝夜各佔一半，你一半時間雖然愁苦，但另一半時間卻很快樂，這又何必埋怨呢？要知道：從宇宙的觀點來看，一百年不過是一個晚上而已。你想通了，心境就自然會開朗了。」

【原文】無能子，其兄弟之子，寒而且饑。一日，兄子謂無能子曰：「吾饑有年矣，夕則多夢高官厚祿，而豐乎車馬衣帛。夢則樂，寤則憂，其可易乎？」無能子曰：「晝憂夕樂，均矣，何必易哉？」曰：「夕樂，夢耳。」無能子曰：「夫夢中之乘肥焉，進美食，與夫寤而所欲者，有以異乎？」曰：「無所異。」曰：「無所異，則安知寐而爲之者夢耶？醒而爲之者夢耶？且人生百歲，其間晝夜相半。半憂半樂，又何怨乎？百年猶一夕也，汝其思之。」（唐、僖宗時之隱者，不著名氏：《无能子》、答通問篇）

【讀後】莊子作夢，變爲蝴蝶，覺得很快樂，不知道自己是莊子了。隔一陣醒來，才又知道自己是莊子，不是蝴蝶。但他沒有提出答案，究竟是莊子作夢變成了蝴蝶？還是蝴蝶作夢變成了莊子呢？請讀者來裁判。李白《春夜宴桃李園序》說：「浮生若夢，爲歡幾何？」蘇東坡《前赤壁賦》說：「寄蜉蝣於天地，哀吾生之須臾。」這都是與無能子「百年猶一夕」的旨意相接近。至於憂與樂的互動互換，說詞也多，似乎仍可依范仲淹所倡「先天下之憂而憂，後天下之樂而樂」的抱負爲佳範。

一九五　神醫董奉栽杏

三國時代，吳國有位董奉（二二〇—二八〇），字君異，侯官人（即福建閩侯，現爲林森縣）。精於醫術。他的事跡，收入在晉代葛洪的《神仙傳》中，可算是一則傳奇。

董奉住在廬山，替人治病，他不要金錢財物作報酬。凡是重病治好後，只要病人栽杏樹五株，輕病治好後，栽杏樹一株。這樣過了若干年，杏樹已有十多萬株，茂密成林了。杏樹既已成爲叢林，引來野獸藏身在杏林中棲息出沒，又因風調雨順，使得杏花怒放，結出纍纍杏果，大告豐收了。

董奉在杏林中搭建了一座穀倉，昭告大家說：「凡是想要杏子果實的，不須告我問我，可以逕自到杏林裡去採摘。」例如帶來一簸箕（音播基、竹篾編的容器）的穀子，倒入穀倉裡，就可以採一簸箕的杏果回去。換言之，希望使送來的穀子和採去的杏果兩者同量，簡明易行（按杏果俗稱杏仁，與梅李桃栗合稱五果。《神農本草》將杏仁列爲重要藥類，可治咳嗽、風寒、痰滯。蛋白質含量豐富，也是高級食品）。許多人都樂於採杏。

有人想佔小便宜，帶來的穀子少，採去的杏果多。這時林深處就有老虎三四隻現身出來，對人又吼又咬，嚇得這人連閃帶跑，也顧不得簸箕裡的杏果隨之散落，逃命要緊。一會兒老虎不追了，這人回到家裡，檢看餘留帶回的杏果，正好只等同於去時穀子的數量，沒有撈到好處。

更有人拿著空的簸箕，到杏林裡去偷杏。此時就有老虎鑽出來驅趕他，一直追到他家門口，嚇得他要斷氣了。家裡人知道是偷杏惹來的禍，趕緊將偷來的杏果送還。不多久，這快要斷氣的人又轉好了。

自此以後，帶去多少穀，便採多少杏，誰也不敢玩花樣。董奉將這些穀子，全部拿出來去賑濟貧民及災民。每年捐出去約三千斛，餘剩的仍然不少。

【原文】 董奉，字君異，侯官人。居山間，爲人治病，不取錢物。重病愈者，使栽杏五株，輕者一株。如此數年，得十餘萬株，鬱然成林。而山中群獸遊戲，竟不生草，於是杏子大熟。董奉於杏林作簞倉，語人曰：欲買杏者，不須來報，逕自取之。祇須將穀一器，置入倉中，即自往取杏一器云云。有人以少穀而取多杏者，即有三四頭虎噬逐之，此人怖懼而奔，杏即傾覆，虎乃還去。到家量杏，一如穀少。又有人空往偷杏，虎逐之，到其家，及啃之至死。家人知是偷杏，遂送杏還，死者亦活。自是以後，買杏者皆自平量之，不敢有欺者。董奉以所得糧穀，賑救貧窮，歲消三千斛，尚餘甚多。（晉、葛洪：《神仙傳》、卷十、董奉）

【原文二】 董奉居廬山，爲人治病，使重病愈者，栽杏五株，輕者一株。如此數年，計得十萬餘株。後杏子熟，奉於杏林下作倉。欲買杏者，悉照買杏之器易穀，以

濟貧窮。人號曰「董仙杏林」。（明、鄭瑄：《昨非庵日纂》、種德第三）

【原文三】晉、董奉，居廬山，有道術。爲人治病，病重者令種杏五株，輕者一株。數年，子熟。作一倉，令買者隨器之大小，易以穀。若置穀少而取杏多，群虎輒吼逐之。所得穀悉以賑貧者，兼供給行旅。歲消三千斛。奉後仙去，其妻女猶守其宅賣杏。有欺之者，虎逐如故。（明、蕭良友：《龍文鞭影》、卷下，「董奉杏林」條）

【另文】蘇仙公者，漢文帝時得道。謂其母曰：「吾已成仙，被召有期。」母曰：「汝去之後，我如何活？」對曰：「明年天下有疾疫，吾家有深井，簷邊有橘樹，可以治病。」來年，果然有瘟疫，遠近皆來求母，索井水一瓶，橘葉一枚，可療一人，活者無算。（晉、葛洪：《神仙傳》，蘇仙公）

【讀後】神醫董奉，植杏濟貧；德術兼施，澤厚心仁。此一故事，是醫界的楷模，爲世人所謳頌。自此以後，表揚醫生的贊語，就多用「杏林春暖」或「譽滿杏林」以稱譽之。

一九六　宰相楊溥薦賢

明代楊溥（一三七二—一四四六），字弘濟，石首人。明惠帝建文年間進士，後任宰相。在朝廷中與楊士奇（一三六五—一四四四）、楊榮（一三七一—一四四〇）稱爲三楊，卒謚文定。

他在朝中任宰相時，兒子從家鄉赴首都來探望父親。見面後，楊溥關心政情，問道：「你一路行來，經過不少州郡，依你所見，哪個縣令最賢？」

兒子反而投訴說：「我中途經過湖北省江陵縣，我認爲那個縣長很不討人喜悅，算他最不賢了。」

楊問：「爲甚麼呢？」

兒子答說：「我一路見過多位縣官，對我都非常關愛，體貼，還送我許多禮物。唯有他接待我時，十分隨便，比別的縣官顯得最爲簡慢、疏遠。他的名字叫范理。」

楊溥倒認爲范理不藉此來討好長官，應是賢士，暗中記住了。原來那范理，字道濟，明英宗時進士。此際官任江陵縣長，不阿諛上司，不逢迎權貴，以直道從政，治績很佳。楊溥就推舉他升任德安府知府（知府爲一府之長，德安府在湖北省，轄四縣一州），甚有惠政，楊溥又再陞他爲貴州布政使，職位更崇隆了。

有人建議范理：「你幾度高就，禮該上書向楊公感恩，以示戴德。」但范理說：「宰相爲朝廷拔擢人才，乃是爲國；我替人民服務，也全是爲公。何須用私函言謝？」一直未曾以書函稟達。

後來，楊溥過世了，范理聞之，大哭一場，表達對知遇之恩的無盡感念。

【原文】楊溥執政時，其子自鄉來省。至京邸，公問曰：「一路守令孰賢？」其子曰：「兒道出江陵，其令殊不賢。」曰：「云何？」曰：「待兒苟簡甚矣。乃范理也。」楊溥默識之。旋擢范爲德安府知府，甚有惠政。再遷爲貴州布政使。或勸范致書謝。范曰：「宰相爲國家用人，非私也，何謝？」竟不致一書。後、楊溥卒，乃哭之，以謝知己。（明、曹臣：《舌華錄》、名語第三、「南楊在內閣」條）

【讀後】爲公是替大眾造福，爲私是幫自己獲利。兩者絕然不同，每當緊要關頭，我們必須愼擇。

一九七　王僧孺幼齡拒蘋果

南北朝時代的梁朝，有位文學家王僧孺（四六五—五二二），自幼就很聰慧。五歲時，老師要他讀《孝經》，僧孺問道：「這本經書教我們的是甚麼？」老師說：「是講述忠和孝兩項正事。」僧孺答道：「既是這樣，我願意時常讀它。」

那時候，有客人送來一籃蘋果給他父親。進入前廳停留時，正好先見到王僧孺，就順便拿取一個蘋果給他，他拒絕了，說道：「大人還沒有看到這籃禮物，小孩子不可以自行先嚐，這是家規所不允許的。」

後來，王僧孺任官為侍御史、尚書左丞、御史中丞、尚書吏部郎等高職。家中藏書數萬卷，與同時期的沈約（四四一—五一三，撰有平上去入四聲八病之聲譜）及任昉（四〇五—五〇八，文筆雄健，稱為任筆沈詩）書庫之藏量不相上下。

此外，事例略同的尚有：漢代孔融讓梨，他說：「我年紀最小，應當只拿小梨，大梨讓給哥哥們吃。」這是例一。

又三國時代陸績，往見袁術。食橘時，私藏三橘入袖中。辭別揖手時，橘子滾出墜地。袁術笑道：「陸郎作客而偷橘乎？」陸曰：「欲歸家獻母。」這是例二。

又晉代王戎，見路旁李樹結果很多，兒童競去摘食，王戎不動，說：「樹在道邊而多子，必是苦李。」食之信然，這是例三。

又同此梁朝，有位王泰，十歲，祖母喚來多位孫兒，將棗子栗子倒在桌上，孫兒們搶拾，王泰不動，說：「我不必去爭，等一下自然會有賞賜。」這是例四。

又元代許衡，暑熱時路過河陽，口渴，路旁梨樹有果，多人爭摘解渴，許衡端坐，說：「非其有而取之，不可！」旁人答：「世局紛亂，鄉人離家逃難去矣，此梨已無主人了。」許衡說：「梨雖無主，吾心獨無主乎？」此爲例五。

以上一二三四五例，請參閱拙撰《妙語啓示錄》，文史哲出版社發行，此處不重敘。

【原文】 王僧孺，幼聰慧，年五歲，授孝經。問曰：「此書何所述？」曰：「論忠孝二事。」僧孺曰：「若爾，願常讀之。」又有餽其父蘋果，先以一枚予之。僧孺不受，曰：「大人未見，不容先嚐。」（唐・李延壽《南史》卷五十九，列傳第四十九、王僧孺）

【讀後】 僧孺不先嚐果，陸績懷橘遺母；
王戎李多必苦，許衡吾心有主；
孔融只揀小梨，王泰免爭棗栗；
六人各有定見，每事都留良例。

一九八　胡耀邦折錢受芋頭

捎來禮物帶話，可否隨便收下？請看胡君耀邦，竟然折錢抵價。

湖南省瀏陽縣籍的中共前總書記胡耀邦，生於一九一五（民國四）年十一月二十日，卒於一九八九（民國七十八）年四月十五日，享年七十五歲。

胡在中學時代，就參加了共產黨。他一生事跡很多，本篇僅摘記他一樁微末小事。

胡耀邦一向自奉儉樸，衣不厭舊，食不求精。在一九六〇年末，他家鄉瀏陽縣文家市公社想要買一台發電機，一直沒法買到，就託在公社工作的胡耀邦哥哥胡耀福，帶著他的堂弟，兩人一同前往北京，想請胡耀邦賜助。瀏陽家鄉的黨支部還備辦了一些土產，交他們帶來北京，作爲見面禮，略表心意。

胡耀邦爲這事寫了一封長信給家鄉的黨支部，信中重要的意見是：

「一、我以前曾請你們公社，不論何事，都不可要我哥哥來北京。這第一、耽誤了生產。第二、耗掉了路費。你們卻沒有照辦。今後可不要再犯。

二、此次路費，是生產大隊支付的。這違反了財政開支的規定，你們怎麼交代？

三、送我的冬筍和芋頭，這是不必要也是不可以的。想退回又不方便，只好按市價折給人民幣二十四元，給你們隊上收作公用。」

胡耀邦這種清正廉潔的作風，並不是一時一事，而是保持了一生。

【原文】依據現代人唐非《胡耀邦傳》摘錄。該書於二〇〇五年十一月由中共黨史出版社、人民出版社共同發行，新華書店經銷。

【讀後】對胡耀邦的評論，各方面因立場相異而互有不同。從本篇來看，在今世這渾濁的時代中，他的廉正表現，倒是蠻不差的。

一九九　王導為相何得每事盡善

有句流行的口頭語說：「官大學問大」，自古已然，如今尤烈。高官在位，不論對政治經濟，或是對科技天文，都能夸夸而談，頻作訓示。阿諛者隨聲附和，齊頌聖明。只有本篇王述，既不賣賬苟同，而且當面戳穿，不妨一閱。

晉代王述（三〇三—三六八），字懷祖，有才有識，但年齡已屆三十，還未出名。父親王承，爲中興第一名臣，祖父王湛，博通經史，可謂出身於書香仕宦門第。

司徒王導（二六七—三三九），晉元帝時爲丞相（也稱大司徒），尊爲仲父。後遵元帝遺詔，輔佐晉明帝。又受明帝遺詔，輔佐晉成帝，歷經三朝，出將入相，官至太傅。當他任大司徒時，請王述任中兵屬，王述很有表現。

每次丞相府集議商討國政時，只要王導一開口講話，滿座官員，莫不齊聲頌贊，認爲識見高超，論斷正確，王導也以爲當然，場場如是，成了慣例。

王述深覺不妥，大膽獨排衆議，於末座起立，公然正色糾道：「主公輔國，確是盡心盡力，但身非堯舜，哪能每項措施，都會極美極善，屢次坦受恭維呢？」王導雖威傾一時，倒也當場表示歉意。

由於處事績效優良，王述外派爲臨海太守，又升建威將軍，再任會稽內史，襲爵藍田侯（因此《世說新語》稱他爲王藍田）。他每次拔升新職，並不假意推辭，但他不願幹的，就絕不接受。長子王坦之勸父親在升官時，禮應稍示謙遜。這是官場慣例，也可彰顯自己的風度。

王述問道：「你認爲我才器不夠，幹不了嗎？」

兒子說：「那倒不是。但謙讓一下，也是美德呀！」

王述不以爲然，駁道：「既然認爲我足以勝任新職，爲甚麼又要假意謙退？別人都說你又強又好（王坦之後來官任中書令），依此看來，你確定還是比不上我啦！」

【原文】王述，年三十，尚未知名。司徒王導，辟爲中軍屬。嘗見導每發言，一座莫不贊美。述正色曰：「人非堯舜，何得每事盡善？」導改容謝之。後述出補臨海太守，遷建威將軍、會稽內史。述每受職，不爲虛讓；其有所辭，必於不受。至是、子坦之諫，以爲故事應讓。述曰：「汝謂我不堪耶？」坦之曰：「非也，但克讓自美事也。」述曰：「既云堪，何爲復讓？人言汝勝我，定不及也。」

（唐、房玄齡：《晉書》、卷七十五、列傳第四十五。又見：宋、劉義慶：《世說新語》賞譽第八、「王藍田」條）

【讀後】沒做大官的，不必盲信大官是天縱聖哲，萬事皆通。而身居大位的，也不可誤認爲自己確是十項全能，百藝百曉。如若上下都錯，不僨事者幾希。

二〇〇　許允娶妻僅是一德不符

三國時代，有位許允（公元？——二五四。字士宗，官至領軍將軍）。當初他結婚時，新娘是阮伯彥（即阮共，官任衛尉卿）的女兒，聰慧淑德，但像貌很醜。行過了交拜婚禮之後，許允不願進入洞房。

一會兒，前廳有客人來訪許兒，新娘吩咐丫鬟前去探看，回說是桓範（後官大司農）來了。新娘說：「這就好了，我猜桓郎會勸說新郎進入洞房來看我。」

桓範果然勸許允說：「阮大人既然嫁來醜女給你爲妻，必定有某種意義在，你該用心去體察一番才是。」

許允聽信了，便進入洞房。但一見到醜女新娘，就想轉身離去。新娘一想，如果這次新郎出去，便很難再回新房了。只好牽住許允的衣角，讓他停步。

許允心中不悅，問道：『婦有四德（即婦德、婦言、婦容、婦工，見《周禮・天官》，又見班昭《女誡》），卿有幾德？』

新娘說：「我所欠缺的，只是容貌不好而已。但是，請問郎君：『士有百行（《詩經・衛風・氓》：士有百行）』，郎君具有多少？」

許允回應道：「我都齊備。」

新娘說：「所稱百行，乃是以德爲首。郎君好色不好德（《論語‧子罕》：吾未見好德如好色者也），哪能誇說都齊備了呢？」

許允面露慚色，無話回答。見她談吐富有深度，言語也顯得從容，不愧大家閨秀，就改而敬重她了。

後來，魏明帝誤信讒言，拘捕了許允下獄問罪，幸虧有賢妻從容獻策，終於還他清白，解除危難。事見《世說新語》賢媛第十九「許允爲吏部郎」條。

【原文】許允婦，是阮衛尉女，奇醜。交禮竟，允不入洞房，家人深以爲憂。會允有客至，婦令婢視之，還答曰：「是桓郎。」桓郎者，桓範也。婦云：「無憂，桓必勸入。」桓果語許云：「阮家既嫁醜女與卿，故當有意，卿宜察之。」許便回入內。既見婦，即欲出。婦料若任其出，無復入理，便捉裾停之。許因謂曰：「婦有四德，卿有其幾？」婦曰：「新婦所乏，唯容陋耳。然士有百行，君有幾？」許云：「皆備。」婦曰：「夫百行以德爲首。君好色不好德，何謂皆備？」允有慚色，遂相敬重。（南朝宋、劉義慶：《世說新語》、賢媛第十九、「許允婦」條。又見：明、蕭良友：《龍文鞭影》、二集、上卷、「阮女乏容」條）

【讀後】今人找結婚對象，常將貌美（婦容）排在第一位。其實，操守品行（婦德），談吐識見（婦言），持家理事（婦工）尤其重要。否則未來相處的共同生活，將難以融洽圓滿也。

二〇一　郭訥聽歌不識曲

晉代郭訥，字敬言，官任太子洗馬。洗馬是東宮太子的屬官，爲太子出行的前導官，又職掌圖籍。

某次，郭訥在洛陽鬧市歌廳，聽歌伎登台唱歌，回來後，贊歎說唱得眞好。

他的好友石季倫（二四九—三〇〇，即石崇，字季倫）問道：「你聽到她唱的是哪一首歌曲？」

郭訥回說：「曲名我不知道。」

石季倫笑著誚他說：「你不知道是何歌曲，怎能說它好呢？」

郭訥答道：「當然能。譬如我們遇見西施（春秋時代越國絕佳的美人，獻給吳王夫差），何須一定先要問清她姓甚名誰，然後才稱贊她絕世嬌美！」

【原文】晉、郭訥，字敬言，官至太子洗馬。訥嘗入洛，聽伎人歌，言佳。石季倫問其曲，郭曰：「不知。」季倫笑曰：「卿不識曲，那得言佳？」訥答曰：「譬如見西施，何必識姓名，然後知美。」（明、俞琳：《經世奇謀》、卷之四，能言類）

【讀後】郭訥之言有理。我們遇到鮮花麗鳥，美食華衣，不必問其名稱，只會感覺佳好。此篇歌曲叫何名，那是歌星及學唱者的事，欣賞者不須必然通曉也。

二〇二　范鎮罷官拒享名

賢士一言一行，總是爲國爲民。倘若釣譽沽名，那就無可置評。本篇引事一宗，試作忠耿良證。

北宋時代，有位范鎮（一〇〇七—一〇八八），字景仁，以進士第一名（殿試首名叫狀元）入朝任官，後來進入諫院，司彈劾之責，是位敢言的監察大員。

那時、王安石（一〇二一—一〇八六）作宰相，推行新法。范鎮多次論斷新法之弊，後又糾舉王安石以個人之喜怒定賞罰，破壞官制。這一封措辭嚴厲的長篇奏疏呈上朝廷，王安石看到，氣得拿著奏疏的手都發抖了。他在極度忿懣之下，親筆起草文稿駁斥，竭力詆毀范鎮，將他的諫官免職，廢爲平民。

天下人聞知此事，都敬佩范鎮敢於與強權對抗。王安石雖然亂說了他不少的壞話，旁人卻認爲更增加了范鎮的光采和榮耀。

丟官之後，蘇軾（一〇三七—一一〇一）見了范鎮，特地向他道賀說：「你雖然免了諫官，但聲譽反倒增高了不少！」

范鎮全無得意之色，愀然歎道：「有品德的人，要能消除災難於未起之時，使天下百姓，在不自覺之間暗中受益，這才是最高的德操。由於災難還未發作就阻遏住了，表面上看不到他有遠見，看不到他有勇氣，無昭昭之名，無赫赫之功，這才是令人欽敬之處。但我卻沒有做到這個地步。如今王安石的新法，全國受到苛擾，使天下百姓，普蒙其害，卻讓我獨享高名，我這是甚麼居心呢？」

范鎮平生與司馬光（一〇一九—一〇八六）是好朋友，而且約好在生前互相替對方寫傳記，死後由對方寫墓誌銘。司馬光生前首先替范鎮寫了傳記，贊佩他的勇敢與果斷。范鎮也在馬司光死後寫了墓誌銘，其中有段話說：「熙寧年間（宋神宗時代），奸臣結爲朋黨，縱容邪佞，險詐黠狡，幸賴神宗明察，識破奸宄。」文詞嚴峭尖刻，指的就是王安石。

司馬光的兒子司馬康（字公休）請蘇軾將這篇墓誌銘寫成碑文。蘇軾說：「寫字我不推辭。但恐刻碑之後，對你司馬氏一家、范家、我家、及王安石家，都將不好（會引禍殃）。」便改用別文了。

【原文】范鎮，字景仁。擢知諫院，糾彈王安石用喜怒爲賞罰。疏入，安石大怒，持其疏至手顫。自草制極詆之，致仕。天下聞而壯之。安石雖詆之深切，人更以爲榮。既退，蘇軾往賀曰：「公雖退，而名益重矣。」鎮愀然曰：「君子消患於未萌，使天下陰受其賜，無智名，無勇功。吾獨不得爲此。使天下受其害而吾享其名，吾何心哉？」鎮平生與司馬光相交，且約生互爲傳，死則作銘。光生爲鎮作傳，服其勇決。鎮銘光墓曰：「熙寧姦朋淫縱，險詖憸猾，賴神宗洞察於中…」。其辭峭峻。光子康囑蘇軾書之。軾曰：「軾不辭書，懼非三家福。」乃易他銘。（元、脫克脫：《宋史》、卷三百三十七、列傳第九十六）

【另文】宋、范鎮、字景仁。累官翰林學士，論新法與王安石不合，遂致仕。蘇軾往賀曰：「君雖退，而名益重矣。」鎮愀然曰：「使天下受其害，而吾獨享其名，吾何心哉？」（明、蕭良友：《龍文鞭影》、二集、下卷、「范豈徇名」條）

【讀後】宋太祖趙匡胤建國，深知武力之跋扈難制，乃在宴會中以溫言軟語，收回了眾多武官的兵柄，史稱「杯酒釋兵權」，免除了造反之憂，這是「防患於未萌」的佳例。《韓非子》也說：「千丈之堤，潰於蟻穴」。堵塞螞蟻孔穴簡易，算不了立大功；但如不爲而潰堤，那就會成爲巨災大難，不好收拾了。范鎮以公爲念，品德高矣。筆者毋庸多贅，今僅記錄他的兩句銘言，提請回味：

「君子消患於未萌」，范鎮丟官緣此因；

「天下受害我享名」，如斯掠美是何心？

二〇三　宋太宗我也忘記了

一位前朝重臣，一位本朝愛將，酒後忿爭悖禮，形成極大遺憾。最好舉重若輕，毋須追送法辦。四兩撥倒千斤，三方都免尷尬。

北宋大臣孔守正（歷任指揮使、團練使、觀察使、都虞侯），隨宋太祖攻晉陽大勝。征范陽大潰遼兵，前後立功甚偉，是北宋前朝老臣。

另有一位大臣王榮（歷任巡檢使、團練使、大將軍、防禦使），最有神力，長於射箭，稱爲王硬弓。作戰屢建大功，到宋太宗時，官任行營都部署之職，是當朝大將。

有一天，宋太宗（九三九—九九七，趙匡義）在北園，召來孔王二愛卿，君臣三人舉行御宴。孔王兩人暢飲大醉，竟互比功勳，各不相讓，愈爭愈忿，喪失了大臣風度，觸犯了朝廷禮儀。

這是嚴重失態。宴會過後，侍臣們建議應將兩人爭執失儀之罪，交付法正（大理院）去裁斷議罰，但宋太宗回說暫時不必。

事後，孔王二人也自知犯了大錯，著實不該失言失態失禮失敬。第二天上朝時，一同向宋太宗自動請罪，願意領受處分。

宋太宗即時宣示道：「昨天，我也喝得大醉了，究竟發生了甚麼事，我也忘記了。兩位賢卿不須自責，過去的事，毋須再談，算了！」就此了斷免究。

【原文】孔守正，侍宋太宗宴，大醉，與王榮論功，兩人忿爭失儀。侍臣請以屬吏，太宗弗許。翌日，孔王俱謁殿請罪。上曰：「昨日朕亦大醉，漫不復省。」遂不問。（元、托克托：《宋史》、列傳第三十四。又見：明、馮夢龍：《增廣智囊補》、卷上、上智、通簡、宋太宗條）

【讀後】孔王兩人失態，起因是皇上邀宴，醉後犯禮，三人都有干係。㈠倘若逕予求刑，似對大臣有欠關愛。㈡若不予追究，又對風紀有所虧欠。㈢若交付審判，則輕重很難裁斷。職是之故，這事若交辦並不好，若不辦也不好，最理想的是本就無事才好。「我也忘記了」就可三面調和：㈠保全了大臣的顏面，不會變成罪人受審。㈡衛護了天子的尊嚴，免掉御宴失控的無能。㈢省卻了法官的爲難，過錯的寬嚴難判。由此看來，凡是身爲高層首長的，有時會遇到棘手的難題，怎樣能輕鬆巧妙的化解於無形，此篇是一範例。

二〇四　裴行儉你非故意的

奇珍異寶，並世無雙，普天之下，就僅這唯一希品，被摔碎了。叫他賠錢嗎？叫他償命嗎？請看看裴行儉怎麼處置？

唐代裴行儉（六一九—六八二），是書法家，也是軍事家。唐高宗命他抄寫《文選》全卷（即《昭明文選》，梁，昭明太子編），高宗稱善。

談及書法，裴行儉說：「本朝褚遂良（五九六—六五八）沒有好筆好墨便不肯寫字，只有虞世南（五五八—六三八）和我兩人，不挑選筆墨，而且下筆又好又快。」

唐高宗儀鳳二年（六七九），西域十姓可汗阿史那都支及李遮匐，煽動突厥及吐蕃（即西藏），侵逼安西都護府。裴行儉奉命爲帥，統兵敉亂，平定了西域，打了大勝仗，並鹵獲了西域大批異國珍寶，十分希貴。蕃地各酋長和漢軍諸將士，都亟想見識這些希世之珍，以開眼界。

裴行儉不欲違逆蕃漢衆官的願望，答允公開展示，而且大張宴席，會齊賓衆，將珍寶一一展出。其中有一件最爲希貴的瑪瑙晶盤（瑪瑙是結晶的玉髓礦物質，有紅黃灰白相間的美麗紋理），堪稱無價奇珍，直徑兩尺有多，文采絕世難見。由軍吏王休烈捧著，從大廳下的臺階一級一級走上來。不料他腳下踩到了衣帶，絆倒了。寶盤由手中向前摔了出去，砸在地上，應聲而碎。王休烈驚惶得魂不附體，跪下來連連叩頭，額上碰出了血，口稱犯了死罪。

悲行儉不動聲色，沒有怒容，反而安慰王休烈說：「寶盤碎了，你沒有拿穩，是有點可惜。但也不要緊，你不是故意的。不必這樣驚慌，碎了也就算了。」他若無其事，沒有露出不高興的臉色。

【原文】裴行儉，工書。唐高宗嘗令行儉書《文選》一部。行儉嘗謂人曰：「褚遂良非精筆佳墨不書，不擇筆墨而姸捷者，唯余及虞世南耳。」儀鳳二年，十姓可汗都支及李遮匐，煽動蕃落，侵逼安西。行儉平之，大獲瑰寶。蕃酋及將士，均願觀之。行儉因設宴出示。有瑪瑙盤，廣二尺餘，文采殊絕。軍吏王休烈，捧盤歷階趨進，誤躡衣，足跌便倒，盤亦隨碎。休烈驚惶，叩頭流血。行儉笑謂曰：「汝非故也，何至於是？」更不形於顏色。（後晉、劉昫：《舊唐書》、卷八十四、列傳第三十四。又見：《新唐書》、卷一百八、列傳第三十三。又見：《續世說》雅量。又見：周煇《清波雜志》）

【讀後】本篇有兩點啓示：㈠胸懷必須寬大。吉凶禍福之來，要能提得起，要能放得下。瑪瑙盤已碎，即使斬了王休烈，寶物仍不會復原，有何裨益？㈡處事不宜疏忽。要預測各種意外狀況，愼作週全策劃。否則百密一疏，主題絕滅了，無從挽救。

二〇五　何易于拉縴迎崔刺史

刺史來遊河，春天農事多，縣長親拉縴，結局會如何？

唐代、有位何易于，出身不詳，也不知何人引薦，做了四川省益昌縣長（舊縣名，約今廣元縣南部）。縣距州府四十里，有嘉陵江通航。

他的上級長官，州刺史崔朴，趁著春暖時節，舉行遊河之旅，打算盡情地欣賞這山光水色。他邀集了貴賓雅客，共登遊輪，巡著江面航行，遊經益昌縣。由於是逆水行舟，刺史就下令徵集民伕，服義務役，替遊輪拉縴前進。

春天百花盛開，兩岸風景優美。遊輪冒著逆流拉行之際，刺史崔朴偶然步上船頭觀望，無意中看到縣長何易于光著腳，穿上麻草鞋，也夾在幾個力伕的行列中，沿著河岸，一同用勁拖船拉縴。還把笏版（這是官員隨身應備之物，供記事備忘之用，也稱手版）反插在背後的腰帶上。

崔刺史大吃一驚，連忙令船靠岸，請何縣長上船問話。

何易于稟告說：「現時正值春季，本縣百姓，男的忙於下田春耕，女的忙於採桑養蠶，兒童也要牧羊餵牛，實在徵集不到足夠的民伕。只有我這個縣長有暇有閒，可以自己來當差拉縴。」

崔朴一聽，滿臉慚愧，下令停止航遊，改循陸路回州府去了。

【原文】何易于，不知何邑人，不詳何所以進，爲益昌令。縣距州四十里。刺史崔朴，乘春興邀賓客泛舟，出益昌，索民挽縴。易于身引舟，朴驚問狀。易于曰：「方春，百姓耕且蠶。唯令不事，可任其勞。」朴愧，與賓客疾驅去。（宋、歐陽修《新唐書》、卷一百九十七、列傳第一百二十二）

【讀後】長官遊船，嘉陵江上；徵佚拉縴，哪敢違抗。

縣令服役，腰插版笏；刺史瞧見，請他解釋。

現值春來，男耕女蠶；全沒空閒，剩我當班。

郭朴聽後，心生愧疚；跳船登岸，改走陸路。

二〇六　王毛仲嫁女請宋閣魁

小人辦喜事，你本不想去，皇帝要你去，到底去不去？

唐代王毛仲，高麗人（即北朝鮮），擅長於管理馬坊、駱駝坊、鷹鷲坊、和獵犬坊，很得唐玄宗（六八五—七六二，即唐明皇）的寵幸和關愛，封爲輔國大將軍。文武百官，爭相向他巴結。

他要嫁女兒了，喜事自然希望辦得極爲風光。唐玄宗關心他，問他還需要甚麼？王毛仲叩頭答奏道：「微臣萬事俱備，只是捧場的大臣貴賓還不夠體面！」

唐玄宗問：「朝中大臣，像張說（六六七—七三〇，封燕國公）、源乾曜（官尚書左丞）這一般大臣，不是呼喚一聲就會必到的嗎？」

王毛仲答道：「這些長官大臣，倒是一齊都會到場的。」

唐玄宗說：「我知道了，你不能請到的只有一位，那就是宰相宋璟（六六三—七三七）吧？」王毛仲道：「正是獨缺這一位尊客！」

唐玄宗笑道：「不必擔心，明天我替你代邀就是了。」

第二天，唐玄宗提醒宋璟說：「我那位愛臣王毛仲的女兒出閣，你與其他衆官都該到他家去賀一賀呀！」

喜宴當天，太陽已升到正午了，毛府賀客盈門。喜酒擺開，滿廳坐無虛席。但大家都不敢動筷子，因爲宰相宋璟這位主要上賓還未到來，人人都在候他。

等了好久，宋璟親來了，賀儀當然照送，衆人簇擁他延入上座。他先酌滿一杯喜酒，轉臉朝西，向空拜謝，這是代表向天子致敬。然而這杯酒還未飲完，宋璟突然感覺到肚子疼痛，彎身俯腰，無法安坐，也不克久留，告辭回去了。

宋璟的爲人，剛正不阿，耿介有節，與前任首相姚崇（六五一——七二一）並稱姚宋。封爲廣平公，故後人又稱他爲宋廣平。

【原文】王毛仲有寵於上，百官附之者輻輳。毛仲嫁女，上問何須？毛仲頓首對曰：「臣萬事已備，但未得客。」上曰：「張説、源乾曜等輩，豈不可呼耶？」對曰：「此則得之。」上曰：「知汝所不能致者一人耳，必宋璟也。」對曰：「然。」上笑曰：「朕明日爲汝召客。」明日，上謂宰相：「朕奴毛仲有婚事，卿等宜與諸達官悉詣其第。」既而日中，衆客未敢舉箸，待璟。久之方至。先執酒西向拜謝，飲不盡卮，遽稱腹痛而歸。璟之剛直，老而彌篤。（宋、司馬光：《資治通鑑》、卷二百十三、唐紀、二十九）

【讀後】首贊宋璟：㈠我已親臨，聖旨交待（遵奉天子旨意）。㈡飲不盡卮，北向先拜（當衆謹守禮儀）。

㈢肚痛難忍，只好告辭（顧及毛仲形象）。

㈣大家讀來，也感爽快（圓滿化解難題）。

續作評語：佞臣雖寵，難邀直士端人；（賢佞不苟同）

涇渭分明，交往認清良莠。（邪正要分清）

天子催客，恪遵聖諭親臨；（奉諭來道賀）

肚痛難留，巧計託詞早走。（腹痛未稍停）

末湊俚句：毛仲雖邀皇帝寵，與吾異道不相侔；

舉杯遙拜爲遵旨，肚痛難當未肯留。

二〇七　司馬敬老

三國時代，有位常林，字伯槐。好學，時常帶著經書去耕田。後來官任刺史、大司農、魏明帝時封他爲高陽鄉侯。

魏國丞相司馬懿（一七九—二五一，字仲達），權高位崇，但尊敬常林爲同邑的前輩，因此每次相會時，司馬懿必定先拜，從不失儀虧禮。

有人向常林建議：「司馬公位高權重，是朝中唯一的貴人，你常林如見他要拜跪時，應該攔住他不必如此多禮。」

常林答說：「司馬公乃是想要加強長幼尊卑的倫序，爲後生做榜樣，所以才行大禮。至於他是不是貴人，這不是我所要了解他的。再則司馬公要不要拜我，這也不是我所能勉強他的。我哪能干預到那麼多呢？」

進言的那人，沒法挑常林的不是，退下去了。

【原文一】常林，字伯槐，明帝即位，封高陽鄉侯。晉宣王（即司馬懿）以林乃鄉邑耆德，每爲之拜。或謂林曰：「司馬公貴重，君宜止之。」林曰：「司馬公自欲敦長幼之敘，爲後生之法。貴非吾之所畏，拜非吾之所制也。」言者踧踖而退。

（晉、陳壽：《三國志》魏志、卷二十三、常林傳）

【原文二】三國，常林，字伯槐。好學，帶經耕鋤。累官刺史。司馬懿以先輩視林。每見必拜。或曰：「司馬公貴重，公宜止之。」林曰：「貴非吾所知，拜非吾所強也。」言者慚退。（明、蕭良友：《龍文鞭影》、二集、下卷、「司馬拜林」條）

【讀後】這位常林，對司馬懿的官高位尊，全不在意，接受大拜，也視爲是對方自發性的表現，處之泰然就好了，我也不必自卑。唯有如此，才是個「眞我」，才會爲別人所重視。

二〇八　秦宓釋天

腹笥邃博兮才學飽，妙解僻問兮難不倒。應聲即答兮捷智巧，蜀有潛龍兮現　爪。

三國鼎立時代，蜀主劉備與吳主孫權兩國結盟，共同抵抗曹操。吳國派尚書張溫作特使，往蜀國報聘通好。蜀國丞相諸葛亮（一八一—二三四）設宴迎賓，主客都到了，獨有那曾任祭酒、現爲左中郎將及長水校尉的秦宓（？—二二六）未到。諸葛亮幾次派員去促駕，要等他來了才開宴。

張溫察覺到大家在等候一個人，頗爲納悶，因問道：「這位秦宓先生是何許人也？」

諸葛亮解釋：「他是我益州（按即今日四川）的學士。」

秦宓終於來了，座位在張溫之側，料必非等閒之輩。張溫想了解他，因便請教道：「秦先生是益州『學士』，想必『學有所恃』，唸過不少的書吧？」

秦宓隨口答說：「在這益州，小孩子全都唸過書，我個人何能例外？」

張溫本也是淵博之士，就想趁機考一考這眼前的秦宓，笑著問道：「秦先生既是飽學，一定下知地理，上通天文。今且以天爲話題，請問天有頭乎？」

秦宓答：「有！」

張溫追問：「頭在何方？」
秦宓答：「《詩經》云：『乃眷西顧，此維與宅』（詩經・大雅・皇矣章中詩句）。由此推知，頭在西方。」
張溫又問：「天有耳嗎？」
秦宓答：「天帝雖然位高，但可聽到下界塵寰之音。《詩經》說：『鶴鳴九皋，聲聞于天』（詩經・小雅・鶴鳴章中詩句）。如果皇天無耳，用甚麼來聽？又如何聽得到？」
張溫再問：「天有腳嗎？」
秦宓答：「有。《詩經》曰：『天步艱難，之子不猶』（詩經・小雅・白華章中詩句）。若果天而無足，怎能走步？」
張溫進一步問道：「天有姓嗎？」
「當然有姓。」
「姓甚麼姓？」
「姓劉。」
張溫詰問：「閣下怎麼知道是姓劉？」
秦宓答：「當今蜀漢天子姓劉，這不就明白了嗎？」（秦宓獨尊蜀漢，已佔上風）
連答連問，如響斯應，使張溫大為畏敬。

【原文】吳遣張溫來聘，百官皆往餞焉。眾人皆集，而宓未往。亮屢遣使促之。溫曰：「彼何人也？」亮曰：「益州學士也。」及至，溫問曰：「君學乎？」宓曰：「五尺童子皆學，何必小人。」溫復問曰：「天有頭乎？」宓曰：「有之。」溫曰：「在何方？」宓曰：「在西，詩曰：乃眷西顧。以此推知，頭在西方。」溫曰：「天有耳乎？」宓曰：「天處高而聽卑，詩云：鶴鳴九皋，聲聞于天。若其無耳，何以聽之。」溫曰：「天有足乎？」宓曰：「有。詩云：天步艱難。若其無足，何以步之？」溫曰：「天有姓乎？」宓曰：「有。」溫曰：「何姓？」宓曰：「姓劉。」溫曰：「何以知之？」答曰：「今天子姓劉，故此知之。」於是溫大敬服。（《三國志》卷三十八・秦宓。又見・曹臣・《舌華錄》）

【讀後】即問即答，沒有斷間。問得奇怪，答得爽快。

氣定心閒，老神在在。連破險招，毫無滯礙。

我若考倒，不算好漢。高潮疊起，怡敏安泰。

秦宓才高，孔明稱讚。張溫聽罷，大爲駭汗。

二〇九　左宗棠新疆建省

清代左宗棠（一八一二—一八八五），字季高，湖南省湘陰縣人，諡文襄，是清代中興名臣之一。後人將曾（國藩）左（宗棠）彭（玉麟）胡（林翼）四人併稱。

左宗棠，自視甚高，有時且自比爲諸葛亮。別人說他狂妄，但胡林翼（一八一二—一八六二）則極爲稱贊說：「請看當前九州之內，還沒有任何一位才識超過他的人。」

清咸豐年間，太平天國興起，要爭奪大清天下，左宗棠轉戰於浙江福建等省，合力消滅了洪楊。後來又剿平了陝西甘肅之回亂，立功甚偉。

清光緒元年，詔命左宗棠爲欽差大臣，督辦新疆軍務。但那時有一股「海防論」偏見興起，許多人認爲以往爲了新疆，每年糜費了好幾百萬銀元，卻未收到效果，應當不再西征，讓新疆獨立。專心來加強黃海東海南海的防護爲首要云云。幸而此一淺陋之論，未爲遠識者接受。皇帝詔命已下，左宗棠即呈送奏本，說出他的進兵計劃：

「俄羅斯乘新疆回族之叛亂，入據喀什噶爾。我方的軍力，應先剿平天山北路的烏魯木齊，然後再進兵入天山南路。倘若不此之圖，那恐怕就會潰縮到每天要後退一百里的困境了。」

皇帝認可了。左宗棠就率軍西征。命大將劉錦棠收復了烏魯木齊，以及天山南路的達坂城。又攻下了吐魯番，新疆平定了。

光緒四年，左宗棠再度奏稟說：

「中國邊境之外患，西北陸境常比東南海境爲劇烈，因此必須鞏固新疆。固新疆就是保住蒙古，而保蒙古就是衛護首都北京。微臣認爲：新疆這塊大國土不可放棄。今爲求長治久安之計，就宜建立行省，改制爲郡縣，此事不容遲疑。」

清光緒帝准奏。新疆就正式成爲行省了，省會設在烏魯木齊（又名迪化）。

左宗棠籌劃西征，先以糧械之補充爲首要任務。他揮兵出塞，到平定凱旋，前後只歷經二十個月，把全疆南北兩路各大城鎮都順利回歸，其主要助力應是軍糧槍械的輸送補給都能及時而且豐饒。眞無法猜知他在戰前籌措時耗費了多少心力？

【原文】 左宗棠，字季高，湖南湘陰籍。嘗以諸葛亮自比，人目其狂，胡林翼亟稱之，謂橫覽九州，無出其右者。清咸豐年間，太平天國興起，左宗棠轉戰於浙閩諸省，後又剿平陝甘之亂。光緒帝繼位，海防議起。論者謂：「以前爲新疆，歲糜數百萬，宜罷西征，專力海防。」幸未採納。光緒元年，命左爲欽差大臣，督辦新疆軍務。左奏云：「俄羅斯乘回亂，入據喀什噶爾，我軍宜剿平北路烏魯木齊，而後加兵南路。若置之不問，恐有日蹙百里之患。」帝准奏。宗棠命劉錦棠收復烏魯木齊，及南路達坂城，克吐魯番。光緒四年，左再奏曰：「中國邊患，西北恒劇於東南。是故重新疆者，所以保蒙古；保蒙古者，所以衛京師。竊以為新疆久安長治之策，則設行省、改郡縣，此事有不能已者。」准奏。乃以烏魯木齊為治所。（蔡可園《清代七百名人傳》第二編・軍事類。又見：趙爾巽《清史稿》卷四百十二・列傳第一百九十九）

【讀後】新疆省面積有一六四萬平方公里，等於四十六個台灣。幸賴左宗棠眼光宏遠，征剿有方，固我邊陲，建為行省，乃得規復為我國西北之屏障，其功蹟應可超逾諸葛之擒服南蠻也。否則，國境退縮一百數十萬里，玉門關亦將無隘可恃，豈不危乎？本篇特予記之，藉向左文襄公虔申敬意。

二一〇　鄧小平香港回收

在收回香港（Hong Kong）和澳門（Macao）兩地與英葡談判的過程中，對國格的維護，對尊嚴的堅持，鄧小平功不可沒。

一八四〇年中英鴉片戰爭，中國戰敗，因而簽訂了《南京條約》，永久割讓香港島給英國。一八六〇年簽訂《北京條約》，永久割讓九龍半島尖端予英國。一八九八年再簽《續約》，英國強行租借九龍半島大幅土地，稱爲「新界」，租期九十九年。（到一九九七年終止）。

中國決意要收回失土，包括香港島、九龍、和新界三部分。雙方無法迴避，勢須談判解決。一九八二年九月二十三日，有鐵娘子之稱的當時英國首相瑪格麗特，柴契爾夫人（Margaret Hilda Thatcher 1925-2013）專程來北京爲此進行會談。鐵娘子首先聲稱：「歷史上存在著這三個條約，不容置疑。如果中國同意英國在一九九七年之後，仍舊繼續管治香港，英國願意考慮中國提出的主權要求。」

但鄧小平意志堅定，比鐵娘子更鐵更硬，反駁道：「主權不是可以討論的問題。一九九七年中國將收回香港、九龍、和新界，這沒有回旋的餘地。因爲這三個條約，都是侵略戰爭的產物，在國際法上是無效的。」

由於鄧小平的堅持，經過數年多次商談，最後達成了協議：英國承諾，將於一九九七年七月一日交還香港等三地。按鄧小平提出的「一國兩制」構想，允許香港繼續實施資本主義，五十年不變，維持繁榮。

同樣的，在一九九九年十二月二十日，中國自葡萄牙手中收回了澳門。

鄧小平籍屬四川省廣安縣，一九〇四年八月二十二日誕生。一九二〇年十六歲，遠赴法國「勤工儉學」。當時他名叫鄧希賢，這個名字一直用到一九二七年。

一九二二年，他在法國參加了共產黨，回國後，從事黨政工作中，歷經三落三起，後來擔任總書記，被評爲中國改革開放和現代化建設的總設計師。他在共黨十二次全國代表大會提出「走自己的道路，建設有中國特色的社會主義。」

一九九二年一月二十一日，他視察深圳時說：「要使一部份地區有條件的先富起來。最後達到共同富裕的目的。」還加重語氣說：「若不改革開放，不發展經濟，那國家將是死路一條。」

鄧小平決定鋪設這一條新路，領導國家從十年浩劫的「文化大革命」所造成的重災中走出來了。終於成爲世界強國之一。

一九九七年二月十九日，鄧小平逝世，舉國同悲。

【原文】摘錄自：近代、鍾文、鹿海嘯、合著：《鄧小平傳》。北京中央文獻出版社二〇〇五年發行、新華書店經銷。

【讀後】鄧小平高明的對付了兩件大事。第一是堅持國土不容分割，主權不容討論，大義凜然。那時英國仍是世界強國，對此一立場也無理由駁倒。最後，得以完整地、尊嚴地收回了香港、九龍、和新界。也以同樣的盛氣，收回了澳門。鄧爲中國立了大功勳，掙得了大面子，值得贊佩。第二是他膽敢提出改革開放這一創新政策，使中國由貧亂的「一窮二白」轉爲強壯。時至今日，中國已成爲全球第二大經濟體，應是由鄧奠基。美國《時代週刊》評曰：「鄧小平倡導全面改革，解放了十億人民的生產力，改變了人民的生活，沒有哪一個國家領導人比得上他。」此點尤該譽揚。其實，鄧所揭櫫的「先富主義」就是經濟掛帥。所謂「建設有中國特色的社會主義」，即是照走資本主義的道路，只是不方便坦白直接地明說罷了。

二一一　紀曉嵐辯釋訴訟勝敗

有位書生，去參加省城考試，晚上夜行趕路。倦了，就便進入郊區路邊一所廢棄的祠廟休憩，聽到隔牆有人談話，就凝神細聽。

一人問：「先生爲何來這裡？有何貴事？」

另一人答：「我正與鄰居雙方互爭土地界線，已經進入法庭在訴訟之中。你先生是法律界的前輩，請指示我這場官司將會誰勝誰敗？」

先前那人笑答道：「你眞是書呆子一個呀！打官司哪有必勝必敗之理呢？就以你這件案子而論，便可能會出現多種結果：

其一、可讓被告獲勝。只須責怪原告說：『被告沒有起訴，而你卻在起訴，是你存心想要爭奪這塊土地的權利呀！』

其二、可讓原告獲勝。只須責怪被告說：『原告將你起訴，一定是你侵害了他的既有權益，你沒有理由逞強呀！』

其三、可讓後來佔地者獲勝。只須反責先前佔地的說：『是你趁他還沒有主張他有權利之前，提早來佔住該地，這是不可以的呀！』

其四、可讓先佔者獲勝。只須反責後佔者說：『土地的界線老早就已確定了，你到現在卻要想推翻原有的界線，這是你妄想挑起是非呀！』

其五、可讓有錢的一方獲勝。只須指責無錢的一方說：『你仗著窮苦來耍無賴，想要有錢的對方害怕打官司而送錢給你來尋求和解，這是不可能的呀！』

其六、可讓貧窮的一方獲勝。只須指責富方說：『你爲富不仁，還繼續不斷的想要霸佔土地，企圖用財勢來壓倒對方，這太貪心了呀！』

其七、可讓強悍的一方獲勝。只須責問弱小的一方說：『社會輿論都主張壓制強者而扶助弱者，你是想利用這種同情心來爭取支持，你錯了呀！』

其八、可讓弱小的一方獲勝。只須責問強悍的一方說：『普天之下，只有強凌弱，沒有弱侵強。對方若不是眞的受了冤屈，哪會有膽冒險來向你抗爭呀！』

其九、可讓雙方都勝。只須裁定說：『你們都沒有正式的契券，也缺少官方的公證書，這件糾紛哪有終止之日？今判你們將土地平分，官司就此了結了呀！』

其十、可讓兩方都敗訴。只須宣告說：『人間的田地，有界線，叫阡陌。但陰間鬼的世界，沒有疆域。因此，當某人睡進棺材之後，身外一切，都屬別人所有。你們兩造互爭的土地，本來就不是祖宗遺留下來的，今天宣佈沒收，充公成爲閒田，不可再訟了呀！』

你看吧！以上種種，都有可能，官司勝敗，哪會有一定的準則呢？」

【原文】一書生赴鄉試，趁月夜行，倦投一廢祠小憩。聞有人聲，屏息細聽。一人曰：「先生何來？」一人曰：「頃與鄰家爭地界，興訟。請揣其勝負。」一人笑曰：「先生眞書癡，夫勝負烏有常也？此事可使後訟者勝，詰先訟者曰：『彼不訟而汝訟，是汝侵彼也。』可使先訟者勝，詰後訟者曰：『彼訟而汝不訟，是汝先侵彼，理曲也。』可使後至者勝，詰先至者：『汝乘其未來，早佔之也。』可使先至者勝，詰後至者曰：『久定之界，汝忽翻舊局，是汝無故生釁也。』可使富者勝，詰貧者曰：『汝貧無賴，欲使彼畏訟而賂汝也。』可使貧者勝，詰富者曰：『汝爲富不仁，兼併不已，欲以財勢壓人也。』可使強者勝，詰弱者曰：『人情抑強而扶弱，汝欲以此聳聽也。』可使弱者勝，詰強者曰：『天下有強凌弱，無弱凌強。彼若非枉，不敢嬰汝鋒也。』可使兩勝，曰：『無劵無證糾結難解。中分以息訟爲允當。』可使兩敗，曰：『人間有阡陌，鬼域無疆畔，一棺之外，皆他人所有，讓爲閒田可也。』由此觀之，勝負烏有常乎？」（清・紀曉嵐《閱微草堂筆記》卷十八・姑妄聽之之四・「曾映華後」條）

【讀後】清代紀昀（一七二四—一八〇五），字曉嵐，官任《四庫全書》總纂，分經史子集四部，故名四庫，歷十年完成。同時珍藏於文淵閣文溯閣文源閣文津閣文匯閣文宗閣和文瀾閣等七處。紀曉嵐謚曰文達，他寫文章，必然通達。本篇摘自紀著之筆記，諒必會有所本，應非信口胡言也。

二一二　中峯師剖論善惡假真

從前，有多位儒士，同去參見高僧中峯和尚（賜號爲佛慈圓照禪師，元英宗時逝世，謚普應國師）問道：「佛家說：善惡報應，如影隨形。但現今某人積善而子孫不昌，某人爲惡而家門隆盛。由此看來，佛說不可相信了。」

中峯回應說：「有不少人，由於凡俗的孽情未滌除，正直的眼光欠開拓，往往錯認以善爲惡，指惡爲善，以致善惡相反了。」衆人道：「善惡怎會相反？」

中峯和尚：「你們試著把何者是善何者是惡？說來聽聽！」

一人回答：「罵人打人是惡，尊敬有禮是善。」另一人道：「貪財奪產是惡，潔身守廉就是善呀！」

中峯開示道：「這些、未必都是正確的。應當是：行事對他人有益才是純善，僅對自己有益便是罪惡。倘若有益於人，即令你罵人打人，都是善行。倘若僅有益於己，即令尊敬有禮，都是罪惡。因此，我們行善，如對大衆有利，這是爲公，爲公才是眞善。如只對自己有利，那是謀私，爲私當然就是假善了。孰眞孰假，都須深究！」

【原文】善有眞有假、有端有曲、有陰有陽、有是有非、有偏有正、有半有滿、有大有小、有難有易，皆當深辨。何謂眞假？昔有儒生數輩，謁中峯和尚問曰：「佛氏論善惡報應，如影隨形。今某人善而子孫不興，某人惡而家門隆盛，佛說無稽矣。」中峯云：「凡情未滌，正眼未開，認善爲惡，指惡爲善，往往相反。」眾曰：「善惡何至相反？」中峯令試言其狀。一人謂：「詈人毆人是惡，敬人禮人是善。」一人謂：「貪財妄取是惡，廉潔有守是善。」中峯曰：「未必然也。有益於人是善，有益於己是惡。有益於人，則詈人毆人皆善也。有益於己，則敬人禮人皆惡也。是故人之行善，利人者公，公則爲眞。利己者私，私則爲假，皆當自攷也。」（今人，史玉涵輯・華藏精舍印行：《德育古鑑》積善說）

【讀後】積善說原文甚長，本篇僅節錄其一行善有眞有假一段，原文且接續論及其他。簡要是：其二、何謂端曲？乃是指凡懷濟世之心則爲端，苟有一毫媚世之心即爲曲。其三、何謂陰陽？凡爲善而欲人知則是陽善，爲善而人不知則爲陰德。其四、何謂是非？乃指現行雖善，但其流足以害人，則似善而實非也；現行雖不善，但其流足以濟人，則是也。其五、何謂偏正？凡以善心而行惡事者，偏也；以惡心而行善事者，正也。其六、何謂半滿？勤而積之則滿矣，懈而不積則猶半耳。其七、何謂大小？若志在國家，雖少亦大；苟在一身，雖多亦小。其八、何謂難易？乃是有財有勢者，行善皆易，易而不爲，是乃自棄；貧賤者行善皆難，難而能爲，斯可貴也。其結語謂善行無窮，不能殫述云云。該文對善惡之辨剖解析，極爲明透，請予通徹領悟。

廿一畫及以上

（這是「人名索引」，改為橫式排列。
請自末頁開始，往前查閱。）

十七畫

十八畫

十九畫

二十畫

十六畫

十四畫

十五畫

十三畫

十二畫

十一畫

九畫

十畫

八畫

六畫

七畫

五畫

人名索引（數字代表篇目）